本书得到了教育部人文社科项目"农业产业█████
生产者行为研究"（项目编号：14YJC7901████
科学规划项目"农业产业集群视角下地理标████
研究"（项目编号：AHSKY2016D97）资助████

U0670556

地理标志农产品发展的经济学研究

——以黄山地理标志茶产业为例

王艳荣 等 著

中国农业出版社

北 京

　　地理标志作为知识产权重要的组成部分，在提升农业质量发展，促进农业产业化发展，增加农民收入等方面具有极其重要的作用。但长期以来，国内外学者对地理标志，尤其是农产品地理标志的研究大多局限在法学的领域，很少有人从经济学角度对地理标志进行探索，很多结论也存在着片面性或有一定的争议。在此背景下，从经济学角度研究地理标志的价值并探索其创建路径的要求迫在眉睫。

　　进入中国特色社会主义新时代以来，我国国民经济的飞速发展一方面促进了人民生活水平的提高，人们的消费观念从"吃得饱"到"吃得好"，对食品的要求从追求数量到追求质量；另一方面经济效益的驱动使部分生产者降低生产标准、忽视食品质量的控制，致使食品质量安全问题频频发生。在这种矛盾的关系中，政府主导的优质农产品"三品一标"应运而生，地理标志农产品作为一种特色农产品越来越受到消费者的青睐。同时，在国内外新冠肺炎疫情的暴发、中美贸易摩擦不断升级和国内全面完成脱贫攻坚任务的背景下，如何发挥消费是中国经济增长的动力，一直是政府和社会各界的焦点。而地理标志农产品由于其生产成本的限制，与普通农产品相比，其价格略高于大部分消费者的支付能力，因此，我国地理标志农产品的生产处于什么样的现状，存在哪些问题？如何从生产者的角度提高对地理标志的认知，保证地理标志农产品的生产质量？又如何提高消费者对地理标志农产品溢价支付意愿？这些都是促进消费增长和农民增收的重要因素。

本书的研究所构建的内容体系能全面考虑地理标志农产品各主体的利益关系，从生产者和消费者两个方面全面探索影响地理标志发展的因素，从经济学的视角研究我国地理标志制度的发展路径。结合目前经济学视角下国内外地理标志农产品的研究进展，以黄山地理标志茶产业为例，分析了生产者（企业与农户）的质量控制行为、消费者对其认知与购买行为、生产者和消费者对当前监管政策的响应。

本书通过关键词聚类分析，对地理标志经济学研究的相关 CSSCI 文献研究热点进行比较，分别从品牌化研究、地理标志保护与产业发展、经济效益、消费者行为和生产者行为等维度对地理标志经济学研究现状进行综述与评价。在此基础上，对经济学视角下地理标志的未来研究趋势，从地理标志的生产者行为、治理中的群体异质性及使用效率提升路径研究等方面进行了探讨和展望。

通过分析安徽省地理标志的发展现状，并利用波特钻石模型分析了黄山市地理标志茶产业发展现状和发展困境，认为黄山市地理标志茶产业在自然条件、茶叶包装设计能力、机械制造业能力等方面较为优越，但在要素保障、相关及支持产业、企业战略结构等方面还存在不足。提出了通过完善要素保障体系、促进相关及支持产业发展、增强政府引导作用、创新企业战略结构等措施来推动黄山市地理标志茶产业的发展；分析了目前地理标志农产品管理现状与存在的问题。

从企业行为的角度研究地理标志农产品发展。将黄山市76家地理标志茶叶加工企业作为研究对象，采用对企业中层以上管理人员进行问卷调查和实地访谈的方法，分析受访企业的基本状况和受访企业产前、产中、产后对地理标志茶叶质量控制的认知及行为状况以及茶企对地理标志茶叶进行质量控制的机制。在调研和访谈数据的基础上，运用二元Logistic回归模型从基本特征、行为态度、主观规范和知觉行为控制等4个方面来分析茶企对地理标志茶叶的质量控制行为的影响因素。

从农户行为的角度研究地理标志农产品发展。基于2017年对安徽省黄山市3个县（区）377户农户的抽样调查数据，采用二元Logistic回归模型实证分析了农户家庭基本因素、生产特征、预期收益、个体行为、外部环境特征等方面对地理标志农户的认知和质量控制行为的影响。发现我国农业生产经营方式还是以分散的小农户为主，年轻劳动力的缺乏在一定程度上使得种植户对地理标志的认知程度不够，其中性别、文化程度、家庭年收入、参加专业合作组织、地理标志农产品的宣传力度、政府监管力度对农户认知程度有显著影响，且影响方向为正。在质量控制行为的研究中农户种茶年限、茶业收入占总收入的比例、茶叶种植面积、预期收益、政府监管力度、地理标志产品相关知识宣传度对农户质量控制行为均有显著影响，且影响方向为正。进一步研究显示，农户是否参加合作社和是否得到专业技术指导对农户质量的控制行为有影响作用。

从消费者行为的角度研究地理标志农产品发展。以黄山地理标志茶叶为例，根据 2018 年对安徽、山东和河北 460 位消费者的调查数据，采用二元 Logistic 回归模型对消费者的地理标志农产品认知状况及其影响因素进行了实证分析，同时实证分析了消费者基本特征、认知程度、个人习惯和购买偏好 4 个方面对地理标志农产品溢价支付意愿的影响。具体来说，处于政府单位和事业单位工作的女性消费者对地理标志农产品附加价值的认同感更强。对地理标志农产品质量安全的关注跟消费者的性别、文化程度和一周锻炼的次数有关；收入越高，对当前我国食品安全越信任，听说的黄山茶叶品牌数越多，购买过黄山地理标志茶叶和对茶叶原产地的重视程度越高的消费者对溢价支付意愿就比较强烈。

从地理标志农产品的发展效益、影响地理标志农产品生产者质量控制行为因素和影响消费者地理标志农产品购买行为的因素等方面得出主要结论。基于结论的分析，提出了相应的对策建议。

本书的研究旨在为我国农业经济发展和农产品区域公用品牌发展提供理论指导，为政府制定农产品地理标志政策提供依据。

著　者

目录 CONTENTS ///////////

第1章 导 论

1.1 问题的提出

我国改革开放和加入 WTO 以来，地理标志作为一种新兴事物，经过几十年的发展，逐渐成为地理标志资源大国，比如西湖龙井、武夷大红袍、金华火腿、阳澄湖大闸蟹等地理标志农产品闻名世界。2013 年，在习近平总书记提出的"一带一路"倡议的带动下，中国正以全新的方式推动世界经济全球化，而地理标志毫无疑问与国际经济贸易联系也日益密切。随着农业生产与农产品市场的发展变化，农产品生产开始走向以"供给侧结构"为改革导向的"提质时代"。2013 年中央一号文件强调："强化农产品地理标志和商标保护"。2016 年中央一号文件提出："加强农产品地理标志保护，实施粮食加工和农产品加工质量品牌提升行动"。2017 年中央一号文件指出："培育农产品品牌，保护地理标志农产品，打造一村一品、一县一业发展新格局"。2017 年 12 月底召开的中央农村工作会议指出，"必须深化农业供给侧结构性改革，走质量兴农之路"。在品牌时代中，有效提升以地理标志为品牌的农产品质量则是"提质战略"取得决定性胜利的关键所在。2018 年中央一号文件指出："强化农产品地理标志和商标保护"，并就这一关键性问题作出战略性布局，"提升农业发展质量，推动农业由增产导向转向提质导向，实施产业兴村，保护地理标志农产品，打造一村一品发展新格局"。2019 年中国与欧盟签订的地理标志双边协定在提升中欧经贸关系的同时，也在指导我国地理标志农产品如何继续健康发展，走向全世界。

2020 年中央一号文件着重提出，今年是全面打赢脱贫攻坚战的收官之年，为巩固脱贫攻坚成果，建立解决相对贫困的长效机制，需要继续坚持精准扶贫，强化产业扶贫、就业扶贫，深入开展消费扶贫，成为今后扶贫工作的重中之重。地理标志作为一个涉农公共性品牌，被誉为农业结构调整的"加速器"和脱贫致富的"金钥匙"。因此，贫困地区要想从"输血式"脱贫向依靠自身能力"造血式"减贫转型，就应充分利用本地区天然的自然环境与独特的人文特征，发挥自身的优势，构建长期性的精准脱贫机制（陈洪超等，2019）。

地理标志作为知识产权重要的组成部分，在提升农业发展质量，促进农业产业化发展，增加农民收入等方面具有极其重要的作用。国内关于地理标志研究的文献数量较多，为国家政策的制定提供了重要依据，但就整体而言，我国地理标志制度的建立和研究都相对较晚，不同领域的专家学者对地理标志研究的起点各异，现有研究成果主要集中在从法律视角探讨地理标志保护制度的建立（王磊，2012），而从经济学视角对地理标志的研究相对较少。为了更直观地了解国内"地理标志"领域的研究状况，2016 年 4 月 20 日，通过在 CNKI 平台中检索，文献类型选择"期刊"，检索字段选择"篇名"，以"地理标志"为检索词，不限定文献出版时间，得到地理标志相关文献 1 650 篇。经过筛选，去除重复与非学术性文章后，最终得到符合要求的文献记录共 1 449 篇。为了得出目前领域内的研究热点，本书采用 UCI-NET 软件对搜集到的文献进行了关键词聚类分析。经计算，频次高于 30 的 35 个关键词的共词网络如图 1-1 所示。

从图 1-1 中可以看出，除了"地理标志"这一关键词外，"专用标志""地理名称""国家工商总局"也处于网络图的中心，说明这些关键词与其他关键词共同出现在同一篇文献中的次数最多，在地理标志研究中处于核心地位，"产品质量""农产品"虽不在中心位置，但结点箭头越多，说明关联性越大。"商标注册"

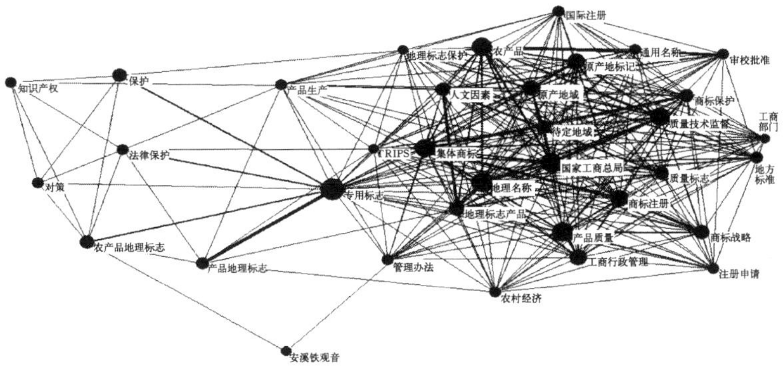

图 1-1　共词网络图

"管理办法""农村经济"这些词虽处于网络的边缘，但也属于研究热点。这表明，现有文献总体而言缺乏学术性，大多数的文章都是属于说明性的，描述某一种地理标志农产品的申请、管理、历史渊源、特性等，对基础理论的研究非常少，更谈不上前沿研究。

　　为深入分析，从这 1 449 篇经济学论文中搜索 CSSCI 期刊论文，仅得到 73 篇文献。本书以这 73 篇 CSSCI 期刊论文构建文献池，对国内地理标志的经济学研究进展进行梳理。通过整理已搜集文献的发表年代和被引量，得到如下折线图（图 1-2）。学界对地理标志的经济学研究集中在 2011—2014 年，近两年的研究成果反而减少。究其原因，可能在于经济学界认为地理标志属于知识产权的范畴，对于其从经济学角度研究的重视程度不够，但我国近年来所认定的地理标志商品数量呈快速增长之势，地理标志制度对我国特色农产品发展的作用不容忽视。

　　文献分布的主要期刊有农业经济、农业技术经济、生态经济、中国农村经济、西安电子科技大学学报社会科学版、天津大学学报社会科学版等；在地理标志的经济学研究领域内突出学者主要包括天津大学陈通教授、南京农业大学周曙东教授、中国农业大学李秉龙教授、中国农业科学院王志本研究员、广西广播电视大学苏悦娟高级经济师、黄山学院占辉斌副教授等。从以上分

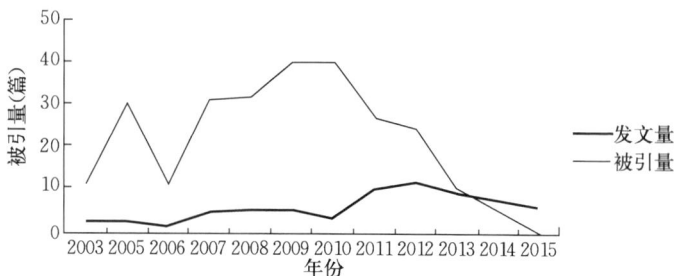

图 1-2　文献的年代分布与被引量

析中可以看出，国内少有人从经济学角度对地理标志进行探索，有关地理标志的综合价值、品牌治理和经济效益都还缺乏较为系统的理论框架，很多结论也存在片面性或有一定的争议。在此背景下，从经济学角度研究地理标志的价值并探索其创建路径的要求迫在眉睫。

从地理标志农产品的研究视角来说，地理标志保护和农产品质量安全意义重大，这不仅关系到农村经济的发展和广大农民的切身利益，甚至关系到国家的重大战略利益和文化形象，我国地理标志农产品无论是在国际市场还是国内市场却屡屡出现质量安全事故，这大大削弱了其国内外的市场竞争力，严重破坏了我国农业产业化经营和农业发展。因此，现阶段在农业产业集聚的大环境下，对地理标志农产品生产者的行为研究更为迫切，这对于我国农产品质量安全保障、新农村建设的推进、农民收入的增加都具有显著的促进作用。

从消费者的角度来说，面对经济全球化的波折，我国经济出现新的下行压力，特别是中美贸易摩擦以及新冠肺炎疫情暴发给市场带来了不利的影响，消费者作为商品的最终使用者，其消费能力是促进市场发展的最终驱动力。因此，如何促进消费拉动经济增长成为政府和社会各界关注的焦点。2018 年国务院政府工作报告着重强调，"顺应居民需求新变化扩大消费，着眼调结构增加投资，形成供给结构优化和总需求适度扩大的良性循环"。2019 年，在此基础上继续出台促进居民消费的相关政策，以此促进居民消费。随着我国国民经济的快速发展，消费者生活水平从追求温饱到全面小康，体现出消费者对食品质量特别是农产品安全提出了更高的要求，随着供给侧结构性改革的不断深化，中高端的产品供给成为消费者新的消费需求。而地理标志农产品作为农产品中的高端产品，具有浓厚的地域特色和人文特征，较高的产品质量和声誉使其潜在的消费市场巨大，研究消费者行为对其经济效应有较强地促进作用。

近年来，国家越来越重视农产品地理标志的保护。地理标志 90％以上都属于农产品类或与农产品相关，保护地理标志大多时候也就是保护地理标志农产品。从地理标志农产品生产者行为的角度和消费者行为的角度完善我国特色的地理标志保护制度，将对我国地理标志的发展提供有效的支持。因此，现阶段系统地进行经济学视角下的农产品地理标志研究，为我国在该方面的发展提出有益的建议是我们理应研究的学术使命，也是地理标志领域的研究趋势。

1.2 研究目的和意义

1.2.1 研究目的

本项研究拟在对行为理论、农产品质量控制理论、经济学相关理论以及波特竞争优势理论分析的基础上，选择以黄山地理标志茶叶为例，探讨地理标志农产品的发展现状及存在问题，实证研究地理标志农产品生产者的质量控制行为意愿及影响因素、研究消费者对地理标志农产品认知程度和溢价支付意愿的影响因素。本项研究的目的在于揭示地理标志对农产品生产者行为及消费者行为影响的一般内在规律，以促进地理标志农产品产业的健康发展。

问题 1：地理标志农产品的发展现状如何

问题 2：影响地理标志农产品发展的因素有哪些

问题 3：促进地理标志农产品发展的措施有哪些

问题 4：地理标志农产品生产者实施质量控制机制有哪些

问题 5：影响生产者提高地理标志农产品质量的因素有哪些

问题 6：影响地理标志农产品信任度以及对地理标志农产品信息关注的因素有哪些

问题 7：消费者对地理标志农产品溢价支付意愿的影响因素有哪些

问题 8：经济学视角下，如何有效地促进我国地理标志保护制度发展

1.2.2　研究意义

（1）**理论意义**。我国地理标志保护制度的发展正处于摸着石头过河的阶段，如何完善我国农产品地理标志制度需要理论上的指导。而本项研究在现有文献的基础上，运用经济学理论构建了地理标志对农产品生产者行为和消费者行为影响的理论分析框架，扩展了研究领域，丰富了地理标志理论的相关研究，具有一定的理论意义。通过研究，分析了地理标志农产品的发展现状，揭示了生产者实施对地理标志农产品实施质量控制行为的基本特征，有助于提高生产者对地理标志农产品发展以及质量控制内在规律的认识。在拓展消费者对地理标志农产品认知内容的基础上，分析影响消费者对黄山地理标志茶叶认知程度的因素，深入研究消费者对黄山地理标志农产品溢价支付意愿的影响因素，以丰富消费者溢价支付意愿影响因素的研究。

（2）**实践意义**。基于本项研究成果，从生产者的角度分析了影响企业和农户进行地理标志农产品质量控制的影响因素，提出地理标志茶产业的发展策略，以推动生产者对地理标志农产品质量的整体提升，提高农产品的质量水平。从消费者的角度，研究消费者的认知程度，对引导消费者行为具有十分重要的作用，结

合对消费者认知程度的分析结果，对影响消费者溢价支付意愿的因素进行研究，不仅可以为生产者、销售商把握消费者个性化需求制定营销策略提供依据，还可以为政府制定地理标志农产品政策，有针对性地提升消费者认知程度提供参考，对地理标志农产品的健康发展有较强的实践意义。

1.3　文献综述

1.3.1　国内研究现状

国内对地理标志的领域研究主要集中在地理标志知识产权的法律保护角度，而从经济学的角度对地理标志产品的研究相对较少，主要包括以下几个方面。

（1）地理标志品牌化研究。 国内研究普遍认为注册了地理标志就拥有了巨大的品牌资产价值。我国农产品地理标志品牌化，既是知识产权保护国际化的必然要求，也是有效增加农产品附加值和国际竞争力，提高我国农村居民家庭收入的重要途径之一（许文苹，2011）。目前，我国地理标志农产品存在着品牌商誉保护意识薄弱、缺乏质量跟踪管理与追溯体系以及深加工技术含量偏低等问题（郭红生，2009），造成地理标志集体声誉的衰退与丧失。基于此，许文苹（2011）设计了地理标志产业组织协同信息控制平台，为各地理标志产业中介组织实现产业内各经济单位的组织协同提供方法论支持。姬志恒（2013）按照多案例研究思路和扎根理论分析方法，归纳了核心企业主导型、无组织型和政府管理型 3 种地理标志品牌治理模式。在品牌治理的基础上，地理标志品牌发展的对策包括 3 个方面。一是地理标志品牌结盟策略，通过拓展产业市场空间，可以提升产业整体市场竞争实力（谢向英，2011）；二是水平营销策略，树立生态型品牌的理念是做大、做强地理标志农产品品牌的创新思路（郭红生，2009）；三是地理标志区域品牌政府营销策略，从战术层面上采取多种营销形式，推进地理标志区域品牌化等（苏悦娟，2013）。

将品牌与产业集群结合研究是地理标志品牌化研究的另一思路。胡铭（2008）认为农产品地理标志作为一种地域性、独特性及制度赋予的特定权利，对其他经济资源具有聚集效应，农业产业集群的形成和发展又将会保障、提升地理标志农产品的质量、信誉与品牌，从而促进地理标志农产品的产业化发展（崔俊敏，2009）。因此，通过农业产业集群的发展，可以利用集群的优势，以品牌共享和品牌联营的战略模式来推动地理标志农产品走相互促进的发展之路（苏悦娟，2008）。

（2）地理标志保护与产业发展。农产品地理标志的保护利用及其产业发展，成为新时期我国农业农村发展的一项重要工作（曹琳，2012）。农产品地理标志作为保护农业知识产权、促进农产品贸易的重要手段，在世界范围内受到广泛关注和重视，符合我国经济发展的长远利益，在提升地方特色产品形象，增加农副产品附加值方面具有不可替代的作用，对促进农村经济发展、农业结构调整、农民收入增加，都具有重要意义（陈萌山，2013；黄贤涛，2012）。

在知识产权体系中，地理标志最具有"亲农性"（李艳军，2009）。学者们以茶、东北大豆、衢州椪柑等产业为例（李艳军，2009；王志本，2006；熊德平，2012），从不同视角提出地理标志在农业现代化与农产品国际贸易中的应用，分析农业体系在农产品地理标志保护中的重要作用，并总结了我国农业产业实施地理标志保护存在的问题，主要体现在以下几个方面：一是管理权利冲突，农业部、质检总局、工商总局三系统注册格局短期内较难统一，法规交叉重叠，监管各司其职，较难实现执法统一和协调等一系列问题，难以发挥保护效应（尚旭东，2013）；二是生产者机会主义行为，一些地理标志保护范围内的企业和个人存在生产假冒地理标志农产品现象，质量安全、品质保障、商标维权较难维护（尚旭东，2013）；三是地理标志企业规模不大，研发能力弱，龙头企业的带动作用不足，对地理标志长远和共同利益关注不够，存在"公地悲剧"现象（周曙东等，2007）。

农产品地理标志保护路径的研究，对促进我国地理标志健康发展具有重要作用，主要包括：加强地理标志的宣传工作，积极营造理念氛围，让企业、农户和行业协会充分认识到地理标志在产品竞争中的重要作用及相关要求与流程（邵伟杰，2009）；完善法律法规，优化法律保护模式，统一注册主管机构，完善地理标志保护管理体制机制；明确政府职能，发挥行业协会作用，做好行业的自律性管理，建立更有效的权力制衡及监督管理机制；加强注册保护，强化产品质量，推广使用地理标志防伪标签技术，从源头上控制地理标志假冒产品的出现，严格执行地理标志产品相关质量技术标准（陈玉兰等，2011；周曙东等，2007；李启平等，2014）。

（3）地理标志提升经济效益。 国内对地理标志农产品的研究普遍认为产品的质量、声誉和主要特征归因于地理产地，因此，地理标志能带来经济效益，有助于农村发展。国内研究侧重于选取某一个地理标志农产品进行实证研究，如陈玉兰等（2012）基于地理标志果品库尔勒香梨，运用面板数据模型实证研究了地理标志，使得香梨总成本降低，产量、平均售价、产值、净利润与成本利润率都增加；周曙东、张西涛（2007）对陕西苹果和全国其他苹果产区成本收益率进行成本收益数据分析，结果显示地理标志能显著提高陕西苹果的成本纯收益率；李启平等（2014）利用两次全国地理标志调查所取得的数据，认为地理标志促进了农业经济增长、农业的专业化和规模化，有助于农业经济发展。对于促进农民增收问题的研究，夏龙等（2015）通过建立空间滞后模型，显示地理标志农产品对农民收入具有正向的溢出效应。但不是所有研究结论都是正向的，由于种植面积盲目扩大导致的产量剧增等原因，地理标志农产品价格大起大落，农民收入反而下降（翟玉强，2012），赵金利等（2014）通过对江苏省地理标志资源的溢出效应进行实证分析，发现地理标志对农民收入的促进作用尚未体现在地市层面，只是对一小部分农户的经济利益带来积极影响，远未发挥其应有的作用。

农产品地理标志的价值是生产者因为拥有地理标志而获得的超额收益，其潜存的价值是在农业之内寻求农业可持续发展的重要路径。孙庆忠（2012）以福建平和琯溪蜜柚产业的地方实践为例，说明地理标志产品在客观上支持农村动态发展和当地人对家乡文化的强烈认同，让传统生活方式和农业文化遗产获得了新生。也有学者从实证的角度验证地理标志价值，如乔洁等（2012）通过构建价值评估体系，量化了苏南、苏北两地典型地理标志的价值，得出江苏省地理标志类型较为单一，分布均匀的结论。

（4）地理标志农产品的消费者行为。消费者对地理标志的态度是地理标志获得成功与否的关键因素。地理标志是无形的质量保证书，对消费者的意义在于有力地保证了消费者权益，并为消费者的消费行为提供保障。从研究方法来看，国内研究均从实证的角度调查某一地区消费者对地理标志产品的支付意愿。从研究结论来看，尚旭东等（2014）应用二元 Logistic 模型对盐池滩羊主销区消费者问卷调查，认为消费者对地理标志农产品并不了解，关注度也不高，认知能力缺乏，支付意愿也不强烈。杨建辉等（2015）用最优尺度回归方法通过对山东省消费者问卷调查得出相似结论，认为相较于购买无公害农产品、绿色食品和有机产品，消费者对地理标志农产品购买占比最低。但是，也有学者认为地理标志能够成为驱动经济增长和市场导向的手段和战略，如周安宁等（2012）应用特征价格模型分析了淘宝网抓取的"碧螺春"茶叶交易数据，认为消费者愿意对茶叶的地域属性和地理标志农产品的标签支付溢价；占辉斌等（2010）根据对黄山茶叶消费者实地调查所得到的数据，得出消费者愿意购买黄山地理标志茶叶并且愿意为其多支付价格的结论。总体而言，目前我国对地理标志农产品的宣传力度不够，消费者对农产品标志认知不足，地理标志农产品的购买意愿受到很多因素的影响（尚旭东等，2014），因此，如何提升消费者对地理标志的分辨能力和认知程度显得更加重要。

1.3.2 国外研究现状

国外对于地理标志的研究注重于实证分析，研究范围主要集中在地理标志产品的生产者行为、消费者行为、地理标志的经济效益以及地理标志的生产中的群体异质性等四大方面，其研究综述如下。

（1）地理标志产品的生产者行为。 地理标志保护制度被认为是保护个体生产者利益的重要途径，生产者使用地理标志有着明显的经济动机（Dimara et al.，2007），地理标志对于生产者来说，是最有价值的资产（Agarwal & Barone，2005），地理标志保护能够提高产品的市场竞争力。生产者会依据这些不同产品的名声作为消费者偏向的标准来获取质量的附加费，地理标志鼓励生产者给附加值定价（Stigler，1964）。据此，Luisa Menapace（2012）通过修正质量声誉模型发现，地理标志提高了生产者的声誉，致使生产者愿意生产更高质量的产品，但也并不是所有结论都是正向的，原因可能在于地理标志难以解决供应链上利益相关者利益分歧相关的问题，以及不完全竞争导致的市场准入问题。即使当地理标志过程更具参与性时，产品营销产生的附加值可能在属于供应链不同阶段的公司之间不公平地分配，价值链的上游阶段，特别是小农户，往往被排除在福利体系之外。如Bilge Dogan et al.（2012）以墨西哥和其他美洲国家为例，证实地理标志产品认证的高价格和消费者意识的层次较低对小农户减少贫困方面影响有限，对地理标志制度上的生产主体没有带来任何实质上的意义。Johansson（2007）根据调查研究指出，农民并不认为使用地理标志会带来收入的提升。Galtier et al.（2013）认为，地理标志仍然是纯粹的行政管理，许多潜在原产地产品和当地的参与者很难在地理标志产业价值化的过程中调动起来积极性，没有生产者的真正参与，地理标志的使用水平很低。

（2）地理标志产品的消费者行为。 消费者对地理标志的态度是地理标志获得成功的关键因素（Marsden et al，2000；Murdoeh et al，2000）。Teuber（2010），Verbeke & Roosen（2009）认为质量标志有时是消费者一个重要的购买因素，证据显示，在不知道与标明的地理产地相关的特异性的情况下，消费者仍会对产品上的地理标志质量标签作出反应。LuisaMenapace（2011）研究消费者对具有地理标志和不具有地理标志的两种食用油态度的研究，发现消费者更倾向于具有地理标志的产品；Loureiro et al.（2010），Loureiro and McCluskey（2007），Calvo（2005），Roosen et al.（2003），Gracia and Perezy（2004）研究了消费者对地理标志牛肉的态度和支付意愿；Correa（2006）在对欧盟国家的 16 214 万名消费者的调查中发现，几乎一半的欧洲消费者为购买地理标志产品愿意支付一定的价格溢价。溢价是建立在消费者感知上的，根据 Bilge Dogan（2012）研究，土耳其消费者的品质意识弱于其他发达国家，城乡居民由于教育水平和收入的差距导致其对质量的认知也有很大的不同，因此，土耳其地理标志产品的附加值不高。

（3）地理标志的经济效益。国外研究普遍认为产品的质量、声誉和主要特征归因于地理产地，Bowen（2010）认为地理标志如果被适当地利用和很好地保护，可以成为产生巨大经济价值的营销工具。因此，地理标志能带来经济效益，有助于农村发展（Belletti and Marescotti，2002；Albisu，2002；Loureiro and McCluskey，2000；Rossen et al.，2003）。Bardaji. B（2009）通过价格分析，研究欧洲农业质量政策的有效性，估算地理标志认证的经济效益；Callois（2004）的研究发现，地理标志的质量指标是增加农村地区的旅游活动强有力的体现，Rachael M. williams（2007）运用重要的定性社会科学研究方法证明地理标志保护在农村地区取得了明显的经济效益；Reviron（2009）以摩洛哥的苏斯—马萨—德拉地区生产的摩洛哥坚果油为例，表明当地理标志产品的全球销量增加后，这些经济活动也带动了其他产品销售和增加了旅游活动区域。Maza et al.（2008）以山羊产业为例，证实农场中经过地理标志认证山羊的销量百分比显著影响着牧场农场的经济结果。Folkeson（2005）以欧盟2081/92条例保护下的地理标志产品为研究对象，从经济价值的角度分析了欧洲不同地理标志产品对其产地的影响。

（4）**地理标志生产中的群体异质性的研究**。近年来，一个关于地理标志新的研究方向引起研究人员的关注，即农业产业集群的主体何时以及如何通过地理标志建立起来一套联合开发市场的共同规则（Claire Duranda，2015；Xing Zhao，2014）。鉴于此，一些研究通过地理标志治理的角度强调集群主体开发市场机会的内部壁垒和外部壁垒。内部壁垒的研究主要指集群区联合建立质量标准的体制下销售商品的道德风险危机以及避免这种危机的相应协调机制（Gerz and Boucher，2006；Moschini et al.，2008）；外部壁垒的研究包括：地理标志的国际声誉缺失（Bureau，2003），地理标志与其他商标等无形资产的竞争增大（Rangnekar and Kumar，2010；Bouamra and Chaaban，2010），地理标志的冒用侵权（Ilbert and Petit，2009）等。

在现有研究中，却忽视了地理标志治理内部壁垒所面临的一个关键问题，即农业产业集群主体在彼此合作水平上的群体异质性对地理标志治理的影响。异质性一般被界定为差异性，是指对变化的一种把握，是将变化的性质科学化、规律化，与同质性是相互对立而又彼此支持的两个方面。在不同集体行为的背景下，群体异质性根据成员的特征，对于组织的合作水平具有混合影响（Khanna，2000）。相应地，更低水平的合作会在私人激励机制中产生矛盾，会挑战组织的治理（Ran and Van Tongeren，2009）。在农业发展的背景下，有研究发现群体异质性的增长会阻碍农民专业合作社发展，影响下游垂直协作的合作战略（Ran and Van Tongeren，2009）等。然而，现有国内外研究中仅有Profeta et al.（2009）认为地理标志农产品的生产群体是个"内部差异性很大的群体"，其在论述欧洲地理标志保护时，提到高的群体异质性对拥有地理标志并已建立治理制度的集群群体的生产行为具有内部威胁；Domenico（2012）以帕尔玛火腿为例探讨了异质性对地理标志规定制度的影响，得出异质性对地理标志产品声誉的破坏性等。

1.3.3 研究述评

从国内的研究现状可以看出，从经济学角度研究地理标志的问题较少，从国内的研究现状可以看出，目前地理标志经济学研究的高水平文献量少且琐碎，研究没有系统的整合，从经济学方向对地理标志研究的视角不够开阔。学者在加强地理标志保护，促进产业发展方面已取得共识，但在地理标志制度发展方面取得的效益，发展路径等问题上还是观点各异。研究具有从宏观层面向微观层面拓展的趋势，侧重于地理标志产品发展的对策分析，定性阐述地理标志制度对产业发展的影响，而对生产者行为、品牌治理等具体细化的内容研究相对有限。目前学术界对地理标志的经济学研究呈现出理论与实证并进，理论研究强于实证研究。其中，地理标志保护及品牌化的研究主要以事实描述和政策性建议为主，鲜有从理论的角度对作用机制进行深入分析并予以证实；研究地理标志的经济效应等多采用了实证分析，但重复性研究较多，较少有创新，而正是因为方法上的创新不够，模型建立时自变量选取的区分度不大，导致现有文献对地理标志的研究缺乏针对性，没能从根本上区分地理标志产品与普通产品。

从国外的相关研究来看，农产品地理标志的研究已经形成了较为典型、成熟的理论体系，但对地理标志现实效应的研究却仍没有定论。因此，为了能让其发挥出应有的积极作用，很多国家已经加强对地理标志的治理，但保护地理标志的成效却并没达到期望水平，其中一个非常重要的原因在于地理标志农产品的生产者特别是小农户对地理标志的态度对其使用效应的影响很大，国外学者在这个问题上基本能达成一致。因此，如何能够调动生产者积极使用和维护地理标志品牌，便成为地理标志保护制度能否成功的一个关键因素。在国外的研究现状中，地理标志产品的生产者行为研究属于一个较新的研究领域，而且国外只是注重于实证分析，缺乏理论指导，其实证的结论未必适用于我国。

地理标志在我国也是一个备受重视但又并未完全解决的问题，我国在选择地理标志的宏观调控模式时，受到美国和欧盟相关制度相互冲突的影响，以及我国自身的文化和历史的原因导致了由国家工商行政管理总局、国家市场监督管理总局、农业农村部这3个独特的模式并存，加之实施机制薄弱，导致了地理标志的集体持有与地理标志生产者之间的冲突。因此，如何能发挥地理标志效应，是当前政府亟待解决的问题，也是接下来学术界要着重研究的课题之一。虽然国内学者开始渐渐关注这一议题，但专门研究地理标志使用效应的文献较少，并且微观层面的数理论证更少，相关研究尚存在进一步完善的空间。

1.4　研究思路、研究方法和体系框架

1.4.1　研究思路

本项研究结合目前经济学视角下国内外地理标志农产品的研究进展，以黄山地理标志茶叶为例，分析了生产者的质量控制行为、消费者对其认知与购买行为、生产者和消费者对当前监管政策的响应。

第1章：介绍本项研究的选题背景，研究的国内外综述、主要目标、基本思路和主要研究方法，以及研究的主要创新点。

第2章：概念界定与理论基础。本章分为两个部分，第一部分介绍地理标志相关的概念，包括地理标志、地理标志产品和地理标志农产品等概念。第二部分介绍相关的理论，包括行为理论、农产品质量控制理论、经济学相关理论以及波特竞争优势理论等。本章对相关理论进行总结和评析，为研究奠定理论基础。

第 3 章：分析地理标志农产品的发展现状及策略。先总述安徽省地理标志的发展现状、存在问题及发展对策，然后描述黄山市地理标志茶产业的发展现状，以"太平猴魁"为例介绍地理标志茶叶的发展情况，再运用波特钻石模型从生产要素、需求状况、相关及支持产业、企业战略、结构与竞争、市场机会以及政府因素 7 个方面来分析黄山市地理标志茶产业的发展战略，总结了目前地理标志农产品管理现状与存在的问题。

第 4 章：研究基于企业行为的地理标志农产品发展。介绍了受访企业的基本状况、受访企业产前、产中和产后对地理标志茶叶质量控制的认知和行为状况，以及茶企对地理标志茶叶进行质量控制的机制。在调研和访谈数据的基础上，运用二元 Logistic 回归模型从基本特征、行为态度、主观规范和知觉行为控制等 4 个方面来分析茶企对地理标志茶叶的质量控制行为的影响因素。

第 5 章：研究基于农户行为的地理标志农产品发展。介绍了受访农户对地理标志茶叶质量控制的认知和行为状况以及农户对地理标志茶叶进行质量控制的机制。在调研和访谈数据的基础上，运用二元 Logistic 回归模型从农户家庭基本因素、生产特征、预期收益、个体行为、外部环境特征 5 个方面对地理标志农产品农户质量控制行为的影响。

第 6 章：研究基于消费者行为的地理标志农产品发展。以黄山地理标志茶叶为例，根据 2018 年对安徽、山东和河北 460 位消费者的调查数据，采用二元 Logistic 回归模型，对消费者的地理标志农产品认知状况及其影响因素进行了实证分析，并实证分析了消费者基本特征、认知程度、个人习惯和购买偏好 4 个方面对地理标志农产品溢价支付意愿的影响。

第 7 章：政策建议。从地理标志农产品的发展效益、影响地理标志农产品生产者质量控制行为因素和影响消费者地理标志农产品购买行为因素等方面得出主要结论。基于结论的分析，提出了相应的对策建议。

1.4.2　研究方法

　　经济学研究是介于科学研究和非科学研究之间的一种混合型研究方法。本项研究主要运用宏观分析与微观分析、规范分析与实证分析、定性分析与定量分析相结合等研究方法。在具体分析时综合运用了文献检索方法、统计学方法、实地调查方法、计量经济方法等。

　　（1）文献研究方法。文献研究作为学术研究的基本方法，通过国内外大量与地理标志和生产者及消费者认知及溢价支付意愿相关研究成果的查阅和梳理，企业质量控制相关文献的梳理，归纳相关研究成果，把握相关领域最新动态，得出研究思路。

　　（2）统计学方法。对安徽省质量监督局和安徽省农业农村厅提供的相关数据进行整理，运用统计软件对安徽省地理标志农产品的数量和分类进行统计分析。本项研究采用定性分析与定量分析相结合的方法，使理论阐述和经验实证分析与较全面的最新统计资料和图表结合起来，以避免脱离实际状况的主观推论，使研究既有坚实的理论基础，又有充足的数据佐证。

　　（3）实地调查方法。为了给实证的科学性提供第一手的数据支撑，本项研究依照目标设计了调查问卷，并采取实地发放的方式来获取反馈。此外，对黄山市茶企的生产管理人员进行了面对面访谈，对农户进行入户调查，保障数据的准确性。通过大型超市实地调查及线上问卷等方式调研消费者关于黄山地理标志茶叶认知及溢价支付意愿情况，获取翔实、真实的数据，为本研究的实证分析提供数据支撑。

　　（4）计量经济方法。从实地调研和网络问卷中获取数据，并对调查数据进行归纳，得出一般性规律后，运用二元 Logistic 模型机 Stata、SPSS 软件对数据进行处理，研究生产者对地理标志农产品质量控制行为的影响因素，以及消费者对地理标志农产品认知程度和溢价支付意愿的影响因素。

1.4.3 体系框架

本项研究拟在综合分析研究国内外学者关于地理标志研究成果的基础上，运用产业经济学、微观经济学、计量经济学等有关原理，分析地理标志农产品发展的现状及问题。在此基础上，进一步将研究问题可操作化，设计问卷、进行实地农户访谈，获取第一手资料，运行计量模型对地理标志农产品生产者的质量控制行为、消费者行为分别进行了实证研究，从定性和定量的角度，分析地理标志对生产行为及消费行为的影响方向和影响程度，然后根据研究结论提出相应的政策建议（图1-3）。

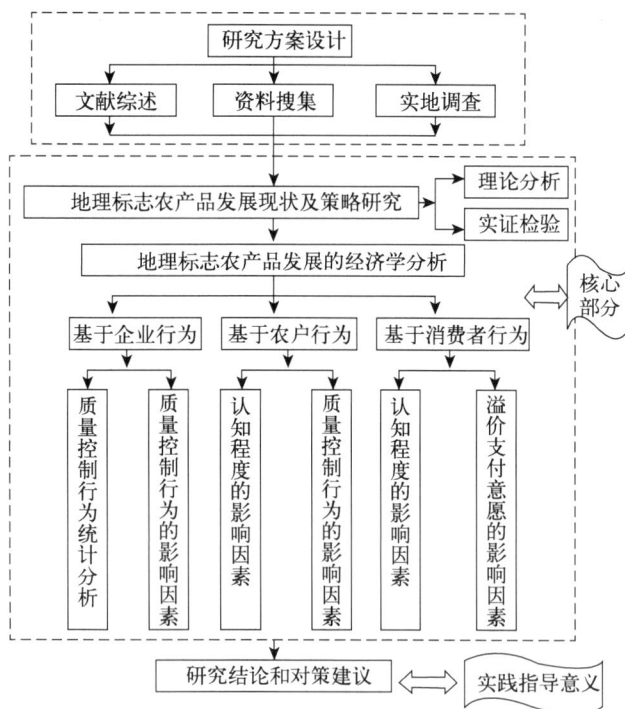

图1-3 技术路线

1.5　研究的主要创新

（1）**研究视角的新颖性**。如前所述，国内对于地理标志的研究侧重于法学的视角，本项研究通过对相关文献的梳理，发现国内对地理标志经济学的研究有很大空白。国内外对地理标志农产品支付意愿及购买行为的影响因素做了比较多的研究，但是，研究溢价支付意愿的成果相对比较少，直接关于地理标志产品加工企业及农户质量控制行为的研究更为稀少。本项研究从地理标志农产品认知内容的角度进行分析，把握当前生产者对地理标志的态度，消费者对农产品内在属性的真正需求，因此研究视角上具有一定的创新性。

（2）**研究内容的系统性**。本项研究内容具有清晰的逻辑层次关系，所构建的内容体系能全面考虑地理标志农产品各主体的利益关系，从生产者和消费者两个角度全面探索影响地理标志发展的因素，从经济学的视角研究我国地理标志制度的发展路径，研究内容体系系统，科学，对现阶段我国地理标志农产品的发展和地理标志保护政策的制定具有一定的参考价值和借鉴意义。

（3）**研究方法的综合性**。本项研究综合运用理论模型、计量分析与典型案例作为检验研究假设的研究手段，通过对地理标志主体的问卷调查方法，开展地理标志生产者和消费者的研究，研究方法体系上具有综合互补性特色，有助于提高理论研究的解释力、对策建议的代表性和实际应用价值。例如，在实地调研的基础上，运用波特钻石模型对地理标志茶产业的发展现状进行分析，以及在参考计划行为理论原有框架的前提下，兼顾企业生产决策的客观差异，从基本特征、行为态度、主观规范和知觉行为控制等 4 个方面分析茶企对地理标志茶叶实施质量控制行为决策的影响因素。本项研究在前文认知程度分析的基础上，在研究溢价支付意愿的影响因素中加入消费者认知信任度，具有一定的创新性。

第 2 章　概念界定与理论基础

2.1　地理标志相关概念界定

2.1.1　地理标志定义

TRIPS 协议对地理标志的定义："地理标志是指证明一产品来自某国或某地区或者该地区内某一地点的标志。该产品的一些特定品质、声誉或者其他特点本质上可以归因于该地理来源"。我国《商标法》第 16 条对地理标志的定义是：地理标志是指"标示某商品来自某地区，该商品的一些特定质量、信誉或者其他特征，主要是该地的自然因素或人文因素决定的标志"。原国家质监局将"地理标志产品"定义为："产自于特定的地域，所具有的特定质量、声誉或者其他的特性主要由该产地的自然因素和人文因素决定，经审核批准准许用地理名称进行命名的产品"。农业农村部将"农产品地理标志"定义为："农产品产自特定地域，产品品质和相关特性主要由自然生态环境和历史人文因素所决定，并准许以地域名称命名的特有农产品的标志"。

综上所述，TRIPS 和国家各部门的定义不尽相同，但都是强调地理标志和地理标志农产品与其特定的区域有关。本项研究的地理标志和地理标志农产品是指由国家市场监督管理总局（原国家工商行政管理总局、国家质量监督检验检疫总局）以及农业农村部（原农业部）任意一个部门发布公告予以保护的地理标志产品中的农产品。孙亚楠（2014）归纳的地理标志的 7 个特征主要包括地域性、共有性和排他性、不可转让性、永久性、品质性、价值性、衍生性和溯源性。地域性是指地理标志是由其当地的自然环境和人文环境所决定的；共有性和排他性是指只有商品的起源地才可以使用这个地理标志且其他地域的商品即使与其质量相同也不能使用该地理标志；不可转让性是指当地都可使用这个地理标志，这个权利不可独占也能被转让；永久性是指地理标志不会随时间的消逝而消失；品质性是指地理标志商品有着自己独特的品质；价值性是指地理标志商品生产者可以利用当地地理标志去创造利润；衍生性和溯源性是指地理标志可以在一定程度上影响当地产品的声誉、经济等，消费者也可根据地理标志追溯到原产地（聂凤云等，2011）。

2.1.2　地理标志保护制度

在法律层面上对地理标志予以保护不仅是对地理标志一种技术上的鉴别和判断，更主要的是注重对地理标志进行法律保护的终极目标，明确附着在地理标志上的权利特点和权利内容，从而最终指导立法的方向。

1999 年 8 月，国家质量技术监督局颁布《原产地域产品保护规定》，这是中国第一部专门保护地理标志的部门规章；2001 年 3 月，国家出入境检验检疫局颁布《原产地标记管理规定》及其《实施办法》，对原产国标记和地理标志的受理和登记等做了规定；2001 年 10 月，全国人民代表大会常务委员会通过了《中华人民共和国商标法》的修订，开始运用商标法律制度和原产地域产品保护制度对地理标志进行双重保护，确立了对地理标志的证明商标和集体商标保护；2002 年 8 月，国务院颁布的《商标法实施条例》第 6 条规定，地理标志可以作为证明商标或集体商标申请注册；2002 年 12 月，修订的《中华人民共和国农业法》第 23 条规定，符合国家规定标准的优质农产品可以依照法律或行政法规的规定申请使用有关的标志，符合规定产地及生产规范要求的农产品可以依照有关法律或者行政法规的规定申请使用地理标志；2003 年 4 月，国家工商行政管理总局颁布了新的《集体商标、证明商标注册和管理办法》，对地理标志的证明商标和集体商标注册和保护做了进一步的充实和完善；2005 年 6 月，国家质量监督检验检疫总局在总结、吸纳原有《原产地域产品保护规定》和《原产地标记管理规定》的基础上，制定发布了《地理标志产品保护规定》，这个规定的制定、发布和施行，标志着地理标志产品保护制度在中国的进一步完善。

2018 年以前，根据《中华人民共和国农业法》《中华人民共和国农产品质量安全法》及《农产品地理标志管理办法》，由中华人民共和国农业部批准登记的农产品地理标志；根据《中华人民共和国商标法》《中华人民共和国商标法实施条例》及《集体商标、证明商标注册和管理办法》，由国家工商行政管理总局批准作为集体商标、证明商标注册的地理标志；根据《中华人民共和国产品质量法》《中华人民共和国标准化法》《中华人民共和国进出口商品检验法》及《地理标志产品保护规定》，由国家质量监督检验检疫总局批准实施保护的地理标志产品（图 2-1）。2018 年以后，按照国务院机构改革方案，我国新组建农业农村部，不再保留农业部；组建国家市场监督管理总局，不再保留国家工商行政管理总局、国家质量监督检验检疫总局、国家食品药品监督管理总局。因此，我国由农业农村部负责农产品地理标志的申报与管理；由市场监督管理总局负责地理标志商标与产品的申报和管理工作。目前，我国已初步构建了地理标志产品保护的管理体制，同时形成了一套从受理、审核到监督管理的地理标志

图 2-1　农产品地理标志、中国地理标志和地理标志保护产品标志

产品保护制度。地理标志专门保护制度正在成为中国保护地理标志知识产权、提升特色产品质量、促进区域经济发展和对外贸易的有效手段，发挥着越来越大的作用。

2.2　行为理论

2.2.1　理性行为理论

理性行为理论（TRA）最早在 1975 年由美国学者菲什拜因（Fishbein）和阿耶兹（Ajzen）提出，它的前提假设为人是理性人，而个体所采取的行为可以被合理推断出来。该理论认为个人的行为受行为意向合理推断，而行为态度和主观准则决定着行为意向。人的行为意向是由两方面构成，一是个体的态度，二是个体的主观准则。该模型提出任何因素只有通过影响个体态度和主观准则才会使个体行为发生改变。像性别、学历和职业等个体特征不会直接对行为造成影响，而是会通过主观准则和个体态度等对行为产生间接影响。行为是基于个人意志力的表现，但在实际中许多外部因素和其他非意志因素会约束个体行为的控制程度，因此该理论对那些不完全由意志所控制的个人行为很难作出合理的解释。

现实情况中，个体行为并不完全受个体行为意向的控制，因此阿耶兹（Ajzen）引入了感知行为控制变量，在理性行为理论的基础上提出计划行为理论（TPB）。计划行为理论认为个体行为不仅只受到行为意向的影响，也会受到实际条件的制约。通过增加感知行为控制变量来研究不在个体意志控制下的个体行为，TPB 认为人的行为模式是可以经过深思熟虑控制的（计划行为理论模型见图 2-2）。其理论是建立在 5 个要素之上，第一是态度，态度是人对一个事物或正面或负面的看法，是一个概念化的产物。第二是主观规范，这是人在作出选择时所面临的社会压力，或者是在预测一项行为时，那些具有影响力的个人与团队对决策的影响大小。第三是知觉行为控制，人会由于过去的经验对预期的阻碍进行判断，当个人认为自己所掌握的资源与机会越多、所预期的阻碍越少，则对行为的知觉行为控制就越强。第四是行为意向，是对某项行为概率的判定。第五是行为，行为就是个人最终采取的行动。行为意向间接地影响行为，行为意向又是由主观规范、知觉行为控制和态度所决定。

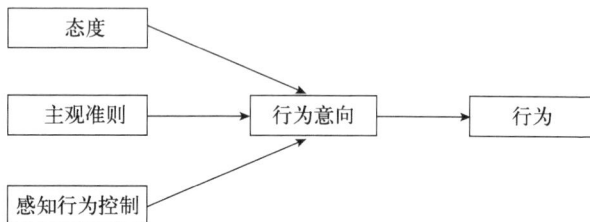

图 2-2　计划行为理论模型

2.2.2　生产者行为理论

生产者行为是指站在生产者的角度上，如何最大化地利用自己可支配的生产要素而达到最大利润所做的选择和决策。主要涉及企业行为理论与农户行为理论的研究。

（1）企业行为理论。 不同的理论对企业有不同的定义。企业行为理论是微观经济学的一个分支，主要研究的是企业的本质及其运行规律，关注的主要问题是企业投入与产出关系的生产理论，成本与收益关联的成本理论和各种市场结构的市场理论。

生产理论经历了从古典经济学到新古典经济学再到现代经济学不同时期的发展。新古典企业理论把企业看成一个黑匣子，抽象企业的内部组织，把企业看作单一的代理人，企业家被认为是企业的人格化代表，因而企业行为就等同于企业家行为。新古典企业理论中，独立决定的企业家是利润最大化者。如果边际收益与边际成本相等，利润则实现最大化。在生产的过程中，生产者需要把各种生产要素如劳动、资本、企业家才能等组合投入变成相应的产品，而在生产技术水平不变的条件下，就会引入一个生产函数的概念 $Q = f(X_1, X_2, \cdots, X_n)$。$X_1$ 到 X_n 就是投入的各种生产要素，Q 为最终产量。该函数表明在技术水平一定的情形下某一特定要素组合投入下的最大产量。委托—代理理论则考虑到了企业组织内部关于契约中的机会主义行为，认为企业非利润最大化的情况主要发生在所有权和控制权相分离的情况下，利用博弈论分析的框架，分析道德风险和逆向选择两种表现形式，试图设计一种良好的实施机制防止这两种行为，减少代理成本。现代企业理论认为企业的存在是为了节约交易成本，企业与市场是资源配置的两种可相互代替的手段，企业与市场的替代只是用一种合约去替代另一种合约。威廉姆森发展了科斯企业理论的另一个部分，被称为"资产专用性"理论，指出在不牺牲生产价值的条件下，资产可用于不同途径和由不同使用者利用的程度。这一理论认为，企业的出现是因为资产的专用性，如果交易过早地终止，所投的资产将完全或部分地无法改作他用，而通过纵向一体化的行为可以使企业减少由于机会主义行为而带来的损失。

　　成本理论是企业理论的重要组成部分，企业只有对成本进行全面详细的分析之后，才有可能为实现最大利润的目标作出正确的选择。成本理论则主要把成本分为了会计成本和机会成本，会计成本指的是厂商在生产过程所支付的可以在会计账目上反应的成本，而机会成本是生产者在生产过程中因为选择某一种方式而放弃的可能在其他方面所获得收入。成本管理要为经济效益服务，必然要讲究成本效益，这就要求成本管理要从"投入"与"产出"的对比分析看待投入的必要性、合理性，即考察成本高低的标准是产出与投入之比。成本函数 $C = f(Q)$ 则表示成本与产量的关系，C 是成本而 Q 代表产量，总成本则是固定成本与可变成本的总和，随着产量变动而变动，而长期综合成本就是企业生产在达到一定产量下不断调节生产规模所能达到的最低成本。生产者行为的利润最大化就是研究生产函数与成本函数，使得产量与价格的乘积减去成本后也就是利润达到最大化。

企业的市场行为是指企业在市场上为实现其目标（如利润最大化和更高的市场占有率）所采取的适应市场要求不断调整的战略性行为。企业的市场行为主要包括4个方面的内容：①以控制和影响价格为基本特征和直接目的的市场价格行为，包括价格竞争行为和价格协调行为。价格竞争行为常见为掠夺性定价和限制性定价，价格协调行为是指企业之间在价格决定和调整过程中相互协调而采取的共同行为。②以促进销售、提高市场占有率为主要内容的促销行为，如广告行为是企业在市场上经常采用的一种主要的非价格竞争方式。③以产权关系和企业规模变动为基本特征的企业组织调整行为，如兼并行为。④企业技术进步。总体而言，完全竞争企业比完全垄断企业有更强的创新动力，寡头垄断的市场结构比完全垄断更有利于技术进步。

（2）农户行为理论：理性与非理性。农户行为理论主要围绕"农户行为"是否理性而展开。西方经济学中的"经济人"假说认为经济人都是利己的，在从事经济活动时总是受个人利益的动机所驱使，每个人都试图在经济活动中得到更多的收益，但经济学的研究不涉及伦理和道德观念。现实中的任何经济主体的行为都不可能完全符合经济理性，农民自然也不例外。当然，农民由于处于特殊的外在环境，使得农民经济行为是否具有理性，特别是建立在"理性经济人"前提下的西方经济学分析框架是否能够用来分析农民行为的争论更为激烈。

在此理论基础上，理性小农学说代表人物西奥多舒尔茨提出了"贫穷而有效率"的观点，认为农户作为"经济人"并不逊色于任何资本家。在其代表作《改造传统农业》中，他通过对某些农民行为观察发现，传统农户在自己的小型、独立和需要筹划的领域里，能够根据长此以往的生产经验，把一切活动都安排得很有效率。将其所支配的生产要素作出最优配置。在农户所处的外部限制条件下，他们的行为是有效率的。他们可以在既定条件下，做出能够给自己带来最大效用的选择，具有高效率，符合理性经济人原理。波普金在舒尔茨理论的基础上著有代表作《理性小农》，认为家庭农场最宜于用资本主义的"公司"来比拟描述，而作为政治行动者的小农，最宜于比作一个在政治市场上的投资者。因为他们懂得在权衡长短期利益及各种风险因素后，为追求最大生产利益而作出合理地选择。

　　然而，现实经济生活中的人并不是古典经济学所研究的"经济人"，而是"契约人"。"契约人"的行为特征不同于"经济人"的理性行为，而具体表现为有限理性，即主观上追求理性，但客观上只能有限地做到这一点的行为特征。西蒙提出"有限理性管理人"的理论，认为，由于决策制定要受到时间、空间、精力等各方面因素的制约，而决策者目标的单一性，导致决策者掌握的信息和处理信息的能力是有限的。因此，西蒙认为人在决策过程中是介于"完全理性"和"非理性"之间的"有限理性管理人"。威廉姆森认为理性有限是一个无法回避的现实问题，因此就需要正视为此付出的各种成本，在现实的经济生活中，人们建立不同的经济组织，选择不同的合约形式都是为了弥补个人在外界事物不确定性、复杂性时的理性的不足。诺思认为人对环境的计算和认知能力是有限的，在有限理性下，制度通过设立一系列的规则可以有效地减少不确定性，提高人认识环境的能力。俄国经济学家恰亚诺夫是最早从经济学角度分析农民经济行为是否具有经济理性的学者之一。他从农民的本来的心理状态出发对农户经济行为进行了分析，认为家庭是农民农场经济活动的基础，而家庭经济以劳动的供给与消费的满足为决定要素，当劳动的投入增加到主观感受的"劳动辛苦程度"与所增产品的消费满足感达到均衡时，农场的经济活动量便得以规定。而由于生物学规律，家庭规模与人口构成中的劳动消费比率呈周期性变化，因而农场经济活动量也随之变化。这种"人口分化"而非"经济分化"是形成农户间差别的主因。因此，恰亚诺夫认为农户是非理性的，农户经营方式是拥有一定数量土地，依靠自身劳动，其产品主要用于自身消费而不是在市场上出售追求最大利润。

2.2.3 消费者行为理论

消费者创造着商品的需求，但在消费者理性的前提下他会从自身经济效益进行考虑，根据自身的需求和资源来作出最优选。在进行决策的过程中，消费者需要在两种相反的思考下进行权衡博弈，一是作为消费者，为了满足自身的需求需要消费大量的消费品。二是由于自身经济资源的限制，它需要作出取舍。因此，引出了消费者最优行为这一概念，考察消费者如何把有限的收入合理分配化，获得最大的收益。消费者对地理标志农产品的决策是一种个体行为。关于个体行为的研究最具有代表性的就是勒温提出的人类行为公式：$B=f(P，E)$。其中 B 表示个体行为，它受两方面的影响，一方面是 P 代表的个体特征，另一方面为 E 代表的社会环境和物理环境对人的影响。

（1）消费者认知理论。认知是一种复杂的行为。1967 年"认知心理学之父"Neisser 在其著作《认知心理学》中首次对认知心理学下定义："认知心理学是感觉输入的变换、减少、解释、贮存、恢复和使用的所有过程"。广义的认知心理学包括构建主义心理学、心理主义和信息加工心理学。构建主义心理学的代表人物皮亚杰提出了认识是一种以主体已有的知识和经验为基础的主动建构的观点并提出一定的刺激（S）被个体同化（A）于认识结构（T）之中，才能对刺激（S）作出反应（R）的 S－(AT)－R 公式（孔宪遂，2002）。心理主义心理学主要是用心理来解释心理的心理学，他没有完整地知识体系（李光裕，1999）。信息加工心理学也被认为狭义的认知心理学，其代表人物西蒙提出把人脑看成类似于计算机的信息加工系统，用信息加工的方式来分析人的认知过程。后来，随着学者对认知概念研究的深入，提出认知的概念是指人们获取知识并应用知识的过程。大脑在接收外界刺激信息后，经过大脑系统的加工转化成人的心理活动，再支配个人的行为，这个过程就是认知的过程（杨军成，2007）。

在认知过程中，心理学家认为认知是心理活动的基础，也是个人行为活动产生的前提。认知的过程就是经历从感觉、知觉、记忆、想象、思维到语言等阶段，人的大脑由接受低级的外界讯息到复杂的信息加工输出，心理活动由感性认知到理性抉择的复杂过程。整个认知的过程在具有普遍规律的同时更受个人心理的引导（李巍，2004）。

消费者认知决定着消费者的行为，消费者认知是产品被消费者接受和购买的重要依据（陈学军，2003）。消费者认知理论是消费者行为研究理论的重要组成部分，消费者认知一开始通过人的感觉器官接受商品信息，然后经过信息加工和处理等心理活动对不同的产品做出购买决策的复杂过程。唐·舒尔茨曾经利用"心智模式"运行过程的分析提出消费者在做出购买产品决策时是依赖认知而非事实。消费者会根据他们自以为重要、真实、正确无误的认知，而不是具体、理性和具有经济价值的信息做出决策。消费者脑中的"事实"实质上就是他们认知到的信息（汪鋆，2005）。

（2）消费者需求理论。消费者需求是指人们在各种可能的价格下愿意并且能够购买某种商品的数量（高鸿业，2018）。消费者需求是需要与能力的统一。到目前为止，关于"需求"的研究非常多，其中学术界关注比较多的有马斯洛需求理论、双因素理论等。马斯洛需求理论是在 1943 年发表的《人的动机理论》一文中提出的，马斯洛将人的需求从低到高划分为 5 个层次，分别为：生理需求、安全需求、社交需求、尊重和自我实现。生理需求和安全需求是人类最基本的需求，社交需求、尊重需求和自我实现需求为较高层次的 需求，只有低层次的需求得到保障后，高层次需求才能够被实现。赫茨伯格提出的双因素理论与马斯洛需求理论类似，其研究证实了人的需求具有多样性、多层次性等复杂特点。其中保健因素相当于马斯洛需求理论中的生理、安全和社交的部分，而激励理论相当于尊重和自我实现的部分。以上的需求理论都是从人类的需求和行为之间的联系出发，来激励人的行为。消费者作为一个理性经济人，其心理活动和行为规律符合马斯洛需求理论相关的观点。

(3) 消费者决策理论。消费者行为是指个人或群体为满足自身的需要而选择、购买、使用、处置消费物品的过程。它由消费者内部因素和外部因素决定，内部因素主要包括消费者个人动机、性格、情感、态度等；外部因素主要是客观存在的社会环境和个人基本特征等，比如文化、社会地位、消费者个人年龄、性别、职业等。作为一个较为系统的消费者决策过程，主要包括问题认知、信息搜集、评价选择、购买、使用和购买后评价阶段（衡凤玲，2004）。为了更好地研究消费者决策行为，国外一些学者提出几种较为典型的消费者购买决策模式。

恩格尔-科拉特-布莱克威尔模式（EKB模式）：EKB模式将消费者心理看成中央处理器，详细描述了消费者购买决策的过程：认知需求、收集信息、方案评估、购买决策、购后行为。

尼科西亚模式：尼科西亚在《消费者决策程序》中强调消费者决策过程，第一，从信息源到消费者态度，即厂商把活动信息发布给消费者，消费者经过自己的处理形成对商品的态度。第二，对信息的调查和评价。消费者在形成对商品的态度后，收集与商品有关的信息并进行评价，然后产生自己的购买动机。第三，通过对信息的评价作出的决策行为。第四，反馈。消费者实施购买行为后，利用购买经验来指导今后的购买行为。

科特勒模式：科特勒提出的消费者行为的一般模式为，在营销和环境的外部刺激下，通过具有消费者特征和决策过程的消费者黑箱处理，从而产生购买决策。其中影响消费者黑箱的四大因素主要是文化、社会、个人和心理。科特勒的购买行为模式如图

2-3 所示。

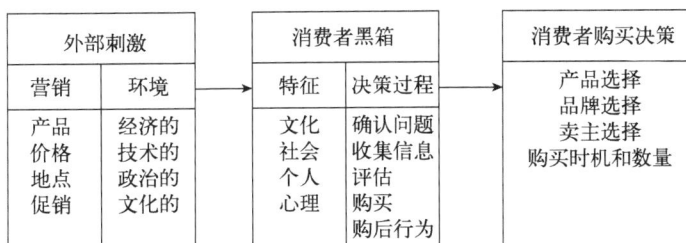

外部刺激		消费者黑箱		消费者购买决策
营销	环境	特征	决策过程	产品选择 品牌选择 卖主选择 购买时机和数量
产品 价格 地点 促销	经济的 技术的 政治的 文化的	文化 社会 个人 心理	确认问题 收集信息 评估 购买 购后行为	

图 2-3　科特勒的购买行为模式图

霍华德—谢思模式：该模式认为影响消费者决策过程的因素包括投入因素、外在因素、内在因素、产出因素。这种模式逻辑性强、内容全面，足以用来解释不同类型的产品，如新老产品、消费品和工业品的购买行为。特别是它能够解释一定时期内消费者的品牌选择行为。但这种模式过于繁杂，不易掌握和运用。霍华德—谢思模型如图 2-4 所示。

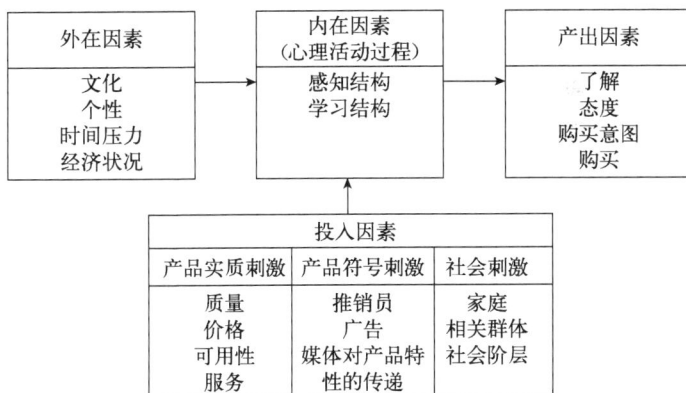

图 2-4　霍华德—谢思模型

2.3 农产品质量控制理论

2.3.1 农产品质量安全

质量（quality）是指反映产品、过程及服务的实体满足明确的或隐含的需要能力的全部特性和特征的总和，是在生产、加工、流通等多个环节过程的最终表征。农产品质量是指农产品适合一定的用途，满足人们需要所具备的特点和特性的总和，能给消费者带来效用的产品，也即是产品的适用性。农产品质量具有内在特性和外在特性两个方面，内在特性有产品的结构、物理性能、化学成分、可靠性、精度、纯度等；外在特性包括形状、外观、色泽、音响、气味、包装等。此外，还包括经济特性如成本、价格等，以及其他方面的特性如交货期、污染公害等。农产品的不同特性，区别了各种产品的不同用途，满足了人们的不同需要。

农产品质量安全是食品安全的基础，是关系千家万户舌尖上安全的民生工程，反映农产品的可靠性、食用性和内在价值，包括在生产、贮存、流通和使用过程中形成、残存的营养、危害及外在特征因子，既有等级、规格、品质等特性要求，也有对人、环境的危害等级水平的要求。根据我国《农产品质量安全法》第二条规定，其定义为"农产品质量符合保障人的健康、安全的要求"。随着对农产品质量安全规制等方面研究的不断深入，对农产品质量安全和食品安全又有了新的解释、扩充。卢良恕等（2002）认为"食物安全"应该包括食物的数量安全、品质安全、资源生态环境安全 3 个方面。蒋永穆等（2011）认为中国特色农产品安全涉及 3 个层次：第一层次包括粮食、数量、主权 3 个方面的安全；第二层次包括来源、质量、结构 3 个方面的安全；第三层次包括分配、价格、时空 3 个方面的安全。郭洁等（2013）农产品质量安全既有等级、规格、品质等特性要求，也有对人、环境的危害等级水平的要求。

农产品质量安全存在两个方面的特征：一是农产品质量安全是以一定的标准为依据的。依据相关法律法规，农产品质量安全标准体系是以各层次质量安全的农产品的一整套国家标准和行业标准为主，以相关的地方标准、企业标准为辅，从产地环境认证，产品生产、加工、贮藏、运输、销售的各个环节，从质量体系认证到最终产品质量论证，保证农产品质量安全的一系列严格的标准和程序，只有符合技术规范要求的农产品才能认定为质量安全的农产品。二是农产品质量安全具有相对性。不同的技术规范标准，对应着不同的农产品质量安全等级。如无公害农产品、绿色农产品和有机农产品，质量要求、卫生条件、健康和安全的技术规范和要求各不相同，质量安全水平等级为有机农产品最高，而绿色农产品又高于无公害产品。通常可以用"三品一标"（即无公害农产品、绿色农产品、有机农产品和地理标志农产品认证）反映农产品质量安全水平。

2.3.2　农产品质量控制理论

现代质量控制学说形成于 20 世纪 90 年代，认为质量控制活动是由生产环节的质量控制、生产过程的监测和事后成品的检验等主要活动组成的。因此，质量控制并非是一个点，而是一个系统的体系，监测和监督贯穿于投入品生产、生产过程、加工、包装和储运等各个环节，任何一个环节出了问题，都会影响最终的产品质量。为了达到质量控制的目标，可以采用多种手段。如尝试构建标准化认证体系、质量认证体系、全过程的质量管理、鼓励质量控制技术采用；通过供应链的纵向契约协作或所有权一体化的组织控制，加强对质量控制过程的监督和监测，建立可追溯系统（夏英，2001；张云华等，2004）。

农产品质量控制是指为确保农产品能够满足农产品质量安全的要求所采取的各种活动和措施，达到有效满足市场消费者需求，实现提高收益的目的。农产品质量控制重点就是采用各种质量控制技术和活动，消除质量形成各环节和全过程上所有阶段引起不合格或不满意效果的因素，以达到农产品质量安全的要求。农产品生产环节的质量控制体现在农药、化肥的施用是否符合生产标准的要求，是否达到质量安全的要求。农产品加工环节的质量控制体现在是否遵循了标准化生产和控制技术采用。农产品产后环节的质量控制体现在是否进行了质量认证体系认证等。地理标志农产品质量控制的主体不仅包括企业本身，还有原材料的供应（针对大型农业企业）以及企业与农民的合作，公共监督和政府监督。

农产品质量安全全程控制理论是全面质量管理（TQC）理论在农产品领域中应用，是指把专业技术、经营管理、数理统计和思想教育结合起来，建立起"从农田到餐桌"的一整套的质量管理体系，从而用最经济的手段，生产出符合标准和令消费者满意的农产品（张吉国，2004）。农产品质量安全全程控制理论已被世界各国广泛采用，主要包括以下几个方面内容。

第一，农产品质量安全全程控制理论是研究农产品质量安全、维持农产品质量安全和改进农产品质量安全的有效体系和管理途径，是在新的经营哲学指导下以质量安全为核心的管理科学，不是单纯的专业管理方法或技术。该理论是市场经济的产物，以质量第一和用户第一原则为指导思想，以消费者满意作为生产者对农产品质量的最终要求，以市场和用户的适应性标准取代传统的符合性标准。

第二，农产品质量安全全程控制以全员参与为基础。农产品质量安全管理涉及四大因素：人（操作者）、机（农机设备）、料（种子、投入品）、环（生产环境）。各因素相互作用，相互依赖，但"人"处于中心地位，起着关键作用。劳动者的工作质量是一切过程质量的保证，因此，通过对生产者系统的质量教育和培训，提高生产者的素质，是保证农产品质量安全最有效措施。

第三，农产品质量安全全程控制侧重于保障。农产品质量安全管理从过去的事后检验、把关为主转变为以预防改进和事前控制为主，从管结果转变为管因素，发动全员，依靠科学理论、程序、方法，使农业生产的产前、产中和产后都处于受控状态。通过全程控制，对可能出现问题的环节预先加以评估和防范，并以此为基础，实行问题食品的追溯和召回制度。

第四，农产品质量安全全程控制理论只是提出了一般的理论，各国在实施农产品质量安全管理时应根据本国的实际情况，考虑本国的农业生产特点，提出适用的可操作性的具体办法，逐步推广实施。如目前广泛采用的良好农业规范（GAP）、良好操作规范（GMP）、良好卫生规范（GHP）、标准卫生操作程序（SSOP），以及危害分析和关键点控制（HACCP）等方法，在不同的国家有不同内涵和推广模式（魏启文，崔野韩，2006）。

2.3.3　农产品质量控制行为

农产品质量控制行为，是农产品相关主体为保障农产品在生产、加工、储藏、运输及销售的过程中保障安全、健康而实施的各种行为，包括农产品生产、农产品品质认证、农产品质量控制技术采用等，涉及农资生产者与销售者、农产品的生产者、加工者与销售者、市场的管理者和政府多个主体的行为控制，农产品产品链上的各个经济主体都应对农产品质量安全负责，农产品质量安全规制具有全面性。

农户生产过程中的行为处于农产品产业链的生产环节，是农产品质量控制行为的重点，是指在农产品生产过程中，能够按照国家规定控制或降低农用化学投入品的使用量，增加有机肥和生物肥的使用量，按农产品生产标准和规范进行生产操作的行为，主要包括农业生产要素质量控制行为、农业标准化生产遵从行为和农产品质量控制技术采用行为等。农户的质量安全农产品生产行为的理性选择过程是在考虑自身能力、外部环境的影响后进行的相对明智的决定。

农产品加工企业的质量控制管理包括 4 个方面。第一，生产过程前中后的全程管理，比如生产前对农作物种子的严格筛选，生产中对相关技术的严格把控。第二，从政府到企业再到员工的全方位管理，比如政府质量监督体系的建立完善，生产企业对于生产水准的改进，员工自身素质的提高等。第三，质量管理方式的多样化，将管理经验与科技发展相结合，解决生产过程可能出现的困境。第四，强调政府、消费者、社会力量的全面参与，消费者作为产品导向，反馈产品需求，政府提供政策支持，尽量保障农产品质量，而社会力量可以补充监督。

2.4 经济学相关理论

2.4.1 公共产品理论

公共产品理论属于公共经济学范畴。公共产品（Public Goods），是相对于个人产品而言的。根据萨缪尔逊（1954）的定义，公共产品指每一个人对这种产品的消费，并不能减少任何他人对该产品的消费。

2.4.1.1 公共产品特征

相对于私人产品，公共产品具有两个方面的特征。一是非排他性，这是指人们在消费公共产品时，无法排除他人同时也消费该产品，或者排除在技术上可行，消费者都能够同时从既定的供给中获益但费用过于高昂而使得排除没有意义，从而实际上也是非排他的。二是非对抗性，也称为公共产品消费时的合作性。这是指对于公共产品来说，新增他人参与消费的边际成本为零。公共产品的这些特性会导致"搭便车"和"公地悲剧"的发生。

对于公共产品而言，这两个特征缺一不可，但现实生活中，完全具备以上两种特征的公共产品，并不多见。许多产品或缺少这一特征，或缺少那一特征。同时，对于各个特征来说，还有程度强弱之分。因此，完全具备以上两种特性的产品为纯公共产品，不完全具备的为非纯公共产品。它们之间散布着无数的处于中间状态的非纯公共产品和非纯个人产品。

公共产品的区分是从物品的自然属性上着眼的，即仅从消费该产品所具有的物质特性来把握，并不按产品是公有还是私有来划分。公有产品尽管不能排除社会或集团的所有成员都来消费，但只要该产品的消费是对抗性的，即新增消费的边际成本大于零，则该公有产品并非公共产品。国家与公共产品的关系是：国家本身是一件公共产品，国家的政策、制度，法令等，也是公共产品，政府干预经济，就是一种提供公共产品的表现；公共产品的纯度越高，就越是要由政府提供。公共产品并不一定非由政府提供不可，个人也可以提供。但由于公共产品的非排他性，存在某些人付费提供公共产品，而他人则可以免费享受该产品的现象，就使得现实中的公共产品很少由个人提供，而大体上是由政府提供，并通过征税为其提供费用来源。

2.4.1.2　公共产品理论主要内容

公共产品理论主要包括 5 个方面的内容：①关于国家职能问题。国家是公共产品的主要提供者，因而国家能干些什么，尤其是国家有哪些经济职能，就必然成为公共产品理论首先要研究的问题。政府在履行资源配置、公平分配和稳定经济这些经济任务时，克服分配不公、市场失效和经济波幅过大等缺陷，这些也都是西方政府所提供的重要公共产品。②关于公共经济问题。即在市场经济和私人经济的基础上，探讨公共经济的存在和国家对经济的介入等问题。公共产品存在的地方，必然是市场机制运行失效和私人经济难以存在的地方。这是由公共产品的特征决定的，它使得私人提供公共产品将无法按其价值收费。③关于公共产品的主观价值与公共供应问题，在边际效用价值论的指导下，公共产品理论以人们的主观效用为价值的标准，赋予了无形公共产品的主观价值，这就使得人们能以统一的货币尺度去衡量对比公共产品的供应费用与所产生的效用间的关系。④外溢性问题。外溢性，是指某个人或企业的行为对他人或其他企业产生正负影响，却没有为此而承担应有的成本费用或获得应有的报酬。外溢性具有很强的公共产品性质。⑤关于公共产品的帕累托效率问题。即在供应公共产品时，不仅要考虑社会总资源的有效配置问题，还要考虑在公共经济内部如何有效使用资源的问题等。

2.4.1.3 地理标志产品的公共产品属性

公共产品可以被视为社会建设，由公约、集体行动和政策决定。地理标志产品从多方面展示出公共产品的属性，包括名称、标识符、产品、权利和机构设置。地理标志属于集体资产，其信誉可以成为一种公共产品，集体内部单个生产者对地理标志的使用不会影响或减少其他成员对该地理标志的使用，地理标志不具有竞争性。地理标志作为公共产品，如果不能满足消费、生产和决策3个公开标准，就有可能同时受到生产不足和不良生产的影响。地理标志与其说是一种防御模仿的机制，不如说是一种主要的社会结构，这种结构源于不同参与者之间的讨论和谈判，包括企业和其他参与者之间存在的协调和集体行动。随着时间的推移，由于外部市场环境的变化，新的立法，气候变化和内部地理标志使用者数量的变化，新的经济、社会环境和技术试验可能导致影响不同参与者的利益及行动策略。这些都可能导致地理标志这种公共产品建设和使用领域出现新的协调问题。解决这些问题需要修订个人和集体战略，建立新的联盟，最重要的是进行制度改革。

2.4.2 信息不对称理论

信息不对称是指在市场经济活动中，交易双方对于彼此信息的获取是一个关键因素，但交易双方对有关信息的了解是有差异的，掌握信息比较充分的人员，往往处于比较有利的地位，而信息贫乏的人员，则处于比较不利的地位，利益受损的风险就会增大。

总体来说，信息不对称分为两大类：一是外生的不对称信息。这类信息不是由当事人的行为造成的，某种意义上是一种先天的、外生的，这类信息一般出现在合同签订之前。诸如合同的当事人一方购买另一方的产品，一方并不了解另一方的资信、谈判能力、偏好等，反过来作为买方也是如此。当出现这种问题时，要解决的问题是要设计一种机制，以便于能够获得对当事人有用的信息，或诱使当事人披露真实的信息。二是内生的不对称信息。在签订合同的时候，当事人双方拥有的信息是对称的，但签订合同之后，一方对另一方的行为无法监督、约束，比如商品买卖双方在签订合同后，卖方可能不会严格按事先约定的产品的规格（有可能偷工减料、以次品充好等）、或不按时供货，买家有可能不会及时付款等。这类行为一般发生在合同签订之后。

在信息经济学中，第一类外生的不对称信息称为隐藏知识，或叫逆向选择，由于交易双方信息不对称和市场价格下降产生的劣质品驱逐优品，信息不利的一方在面对信息优势方难以做出决策，进而出现市场交易产品平均质量下降的现象，最终影响到市场效率。第二类内生的不对称信息称为隐藏行为，或叫道德风险，是指在不确定或不完全合同使得负有责任的经济行为主体不承担其行动的全部后果，在最大化自身效用的同时，做出不利于他人行动的现象，具体表现就是机会主义、搭便车等行为。

传统信息不对称理论认为：信息不对称会造成市场失灵，但是实际上信息不对称不仅会造成市场失灵，也同样会造成政府失灵。这里就信息不对称和市场失灵、政府失灵的关系以及如何解决信息不对称造成的市场和政府失灵的问题进行简单说明。

2.4.2.1　信息不对称和市场失灵

阿克尔洛夫、斯宾塞、斯蒂格利茨等 3 位获得诺贝尔经济学奖的经济学家分别从商品交易、劳动力和金融市场 3 个不同领域研究了这个课题。这 3 位诺贝尔经济学奖获得者分别从旧车市场、劳动力市场、保险市场对信息不对称进行了研究，他们的研究成果揭示了由于信息不对称的存在可能导致市场出现逆向选择的问题，劣胜优汰，造成市场失灵。3 位学者认为解决信息不对称造成市场失灵的方法并不一定需要政府干预，市场主体可以通过创新交易机制、创新产品设计等方法消除有信息不对称造成市场失灵。既然通过创新交易机制、创新产品设计等方法能够消除有信息不对称造成市场失灵，那么也就是说，在一些条件下信息不对称并不一定会造成市场失灵。

2.4.2.2 信息不对称与政府失灵

政府失灵是指政府在制定、实施公共政策过程中偏离公众目标、浪费和滥用资源，政府官员腐败的现象。政府失灵主要表现有：一是政府干预经济活动达不到预期目标；二是政府在行使职权过程中花费了过高的成本；三是政府干预经济活动时带来不利的事先未曾预料到的副作用。信息不对称是造成政府失灵的根本原因。由于民众和官员之间的信息不对称造成政府失灵或是政府和市场之间信息不对称造成经济调控决策失灵。

由于政府和全体社会成员是一种代理关系，民众和政府官员之间存在信息不对称无法避免，而且由官员组成的政府也会追求自身利益最大化。在这种情况下，最好的解决民众和官员之间信息不对称造成政府失灵的方法，就是建立一种能够实现官员利益和社会利益一致的官员利益分配机制。对于破解政府和市场之间信息不对称造成经济调控决策失灵的方法，既然正确经济调控的决策必须以充分可靠的信息为依据，现代市场经济活动复杂多变，政府所获得的信息都不可能是完全的，那么政府对社会经济活动就可以不干预，让市场其决定性作用。

2.4.2.3 农产品交易中的信息不对称

对于农产品来说，在生产、流通、销售、消费各环节中都存在着信息不对称现象。其中，生产环节的信息不对称主要体现在生产者对于农产品的质量控制。农产品的质量安全信息在生产者与消费者之间、生产操作者与管理者之间以及政府与消费者之间均存在不对称。

从生产者与消费者的角度来说，农产品在生产过程中的质量控制、生产细节很难让消费者知晓，消费者只有通过其他机构的检测或鉴别才能了解的有关食品安全和营养水平等方面的特征，如涉及食品安全的激素、抗生素、胆固醇、沙门氏菌和农药残留量等，而消费者付出代价却不一定能获得符合其要求的产品，使得农产品交易中存在着严重的道德风险问题。从生产操作者与管理者的角度来说，在农户与合作社及龙头企业的合作中，农户有可能没有按照规定的技术标准进行生产，但由于生产的分散化和监督成本等问题，又不可能对农户的产品进行全数质量检验，导致这种信息不对称的问题很难解决。

在农产品交易领域，消除信息不对称是指通过研究生产者的行为规律，试图发现信息优势的卖方向市场传递有效的市场信号，帮助消费者发现区分不同产品质量的卖方信息。农产品的质量安全是一个系统的问题，通过建立联合体、合作社等经济组织能够在一定程度上提高农产品质量，但是很难解决质量安全的信息不对称问题，尤其对于农产品安全的信任属性而言，很难达到安全信息的正确、有效传导。市场机制下农产品安全管理政策效能的高低关键取决于合适的信息制度，包括企业的声誉形成机制、产品质量认证体系、标签管理、法律和规制的制定、各种标准战略及消费者教育等。对于信息不对称带来的市场失灵问题，最关键的问题是农户本身直接面向市场所提供的农产品，如何增加信息的透明度，进而约束农户生产行为是保障农产品生产领域质量安全的关键。通过加强政府干预措施、加强产品信息披露以及通过建立农产品质量标准化体系等措施，能够有效改善生产领域产品质量。

2.4.3　外部性理论

外部性（Externality）理论的概念在经济学界尚未明确，但其本质都大致是指外部性是一个经济主体（包括厂商或个人）的经济活动对另一个经济主体产生一种非市场化的影响，而这种影响不能在市场里被明确价值。一般认为，外部性的概念最早是20世纪初由马歇尔提出的，马歇尔在《经济学原理》一书中正式提出了"内部经济"和"外部经济"，并用两者描述了"组织"与产能的关系。斯蒂格利茨认为，"当个人或厂商的一种行为直接影响到他人，却没有给予支付或得到补偿时，就出现了外部性"，或"未被市场交易所体现的额外成本和额外收益称为外部性"。按萨缪尔森的理解，"生产和消费过程中当有人被强加了非自愿的成本或带去了不需要补偿的收益利润时，外部性就会产生。更为精确地说，外部性是一个经济机构对他人福利施加的一种未在市场交易中反映出来的影响"。

2.4.3.1 外部性分类

福利经济学的创始人庇古1920年出版的《价值与财富》一书中论述了外部性，将其分为"正的"和"负的"外部经济，认为"外部性造成了私人边际产品与社会边际产品之间的不一致"，进而导致市场失灵，而依靠政府干预的"庇古税"和依靠市场调节的科斯定理可以更好地解决这一问题。

正外部性是指个人收益不等于社会收益。在正外部性的条件下，经济主体的私人收益小于社会收益，但社会从私人经济活动中所得到的额外利益，并未通过一定的手段或途径转移到该经济主体手中。这使该经济主体不会增加生产或消费，可以说给其他主体带来正面影响就是正外部性。在此情况下，从社会福利的角度看，该经济主体对资源的使用不足。

负外部性是指个人成本不等于社会成本。在负外部性的条件下，经济主体的私人成本小于社会成本，该经济主体也并不承担超过私人成本的那部分成本，因而该经济主体的生产量或消费量就超过了社会所能接受的最佳数量，也就是给其他主体带来负面影响。从社会福利的角度看，该企业对该社会资源的使用就过量了。从福利经济学观点来看，无论是正外部性还是负外部性，都会导致资源配置的非帕累托。

经济学家根据外部性产生的领域把外部性分为生产外部性和消费外部性。生产外部性就是生产行为所带来的外部性，消费外部性就是消费活动所导致的外部性。消费者获得了享受安全农产品的直接收益，也会给全社会带来体现在价格以外的额外收益，即产生了正外部性。不论是高质量还是低质量的安全农产品，在其影响效果上都会造成外部性，这种外部性会影响到农业产业链的各个环节。高质量农产品的销售，消费者不仅能满足生存要求，还有益健康，形成的社会效益明显，对消费者具有正外部性。而假冒伪劣农产品的生产和经营活动伤害了消费者利益，消费者在以后也会产生顾虑，导致对农产品市场的不信任。同时，由于化肥、农药等化学投入品的大量使用，污染了生产环境，产生了整体的负的外部性。外部性具有非排他性，因此，通过市场机制自动设置价格来不能实现管制，需要政府采取相关措施进行干预与规制。避免农产品经营过程中的负外部性是至关重要的。

2.4.3.2　外部性的内部化途径

庇古首次用现代经济学的方法从福利经济学的角度系统地研究了外部性问题，在马歇尔提出的"外部经济"概念基础上扩充了"外部不经济"的概念和内容，将外部性问题的研究从外部因素对企业的影响效果转向企业或居民对其他企业或居民的影响效果。

庇古通过分析边际私人净产值与边际社会净产值的背离来阐释外部性。边际私人净产值是指个别企业在生产中追加一个单位生产要素所获得的产值，边际社会净产值是指从全社会来看在生产中追加一个单位生产要素所增加的产值。他认为：如果每一种生产要素在生产中的边际私人净产值与边际社会净产值相等，它在各生产用途的边际社会净产值都相等，而产品价格等于边际成本时，就意味着资源配置达到最佳状态。

庇古认为，边际私人净产值与边际社会净产值之间存在下列关系：如果在边际私人净产值之外，其他人还得到利益，那么，边际社会净产值就大于边际私人净产值；反之，如果其他人受到损失，那么，边际社会净产值就小于边际私人净产值。庇古把生产者的某种生产活动带给社会的有利影响，叫做"边际社会收益"；把生产者的某种生产活动带给社会的不利影响，叫做"边际社会成本"。

2.5　波特竞争优势理论

波特钻石模型（Michael Porter diamond Model）是由美国哈佛商学院著名战略管理学家迈克尔·波特于 1990 年在《国家竞争优势》一书中提出来的，它是用来分析一个国家的某个产业是否具有产业竞争力的理论。波特认为，一国某产业能否在国际竞争中占有优势主要取决于以下 4 个关键要素：生产要素、需求状况、相关及支持产业以及企业战略、结构和同业竞争，因为这 4 个因素形成一个菱形结构，与钻石的形状非常相似，所以该理论被称之为为钻石理论，其中：①生产要素，包括有形资产及基础设施，当地信息以及知识基础，每一种要素都要按照数量、质量和专业水平进行衡量。②需求条件，指当地需求的质量而不是大小，它包括对高科技产品或处理程序的需求、差异化的专业需求以及当地消费者推动公司进行创新。③相关产业和支持产业的表现，通常指各种产业和供应商。相关和支持性产业和优势的产业是一种休戚与共的关系，尤其是"产业集群"这种产业链现象，说明很多优势的产业和其他产业是一种密不可分关系。④企业的战略、结构和竞争对手，指企业在一个国家或地区的基础、组织和管理形态以及国内市场竞争对手的表现。在以上 4 个要素之外还存在两大变数：政府与机会。政府政策是不可漠视的，政府能够提供企业所需要的资源，创造产业发展的环境。机会是可遇而不可求的，机会可以影响四大要素发生变化（聂凤云等，2011）。波特的国家竞争优势理论实际上是对 20 世纪 70 年代以来发展经济学、产业经济学、技术创新理论、国际贸易理论、经济地理学、工业社会学等相关学科进展的综合集成。该模型现在被广泛应用于区域产业竞争力的研究中。依据波特的钻石模型理论，并结合地理标志茶叶特点，创新性的用以分析安徽省黄山市地理标志茶产业发展的现状（图 2-5）。

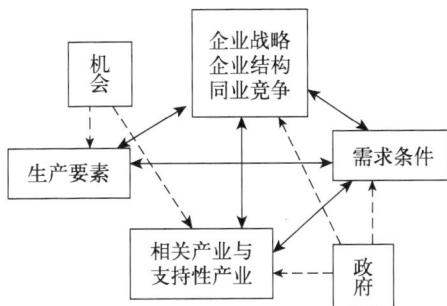

图 2-5 波特钻石模型图

集群的概念也是首先由波特引入。波特把产业集群与国家竞争优势结合起来，提出了对产业集群分析的新思路，对产业集群的研究作出了巨大的贡献。波特也进一步讨论了钻石模型与产业集群之间的关系。他认为当钻石模型中的要素在地理上集聚就能使钻石系统拥有活力，其结果是集群现象的产生。在地理上互相靠近、在技术上互相支持并具有国际竞争力的相关产业和支持产业所形成的产业集群是国家竞争优势的重要来源。同时，产业集群的竞争优势是难以被模仿的，具有持续竞争力。产业集群对区域竞争和产业集群内的企业竞争都是至关重要的，在产业集群中，有竞争力的产业提升另一个产业是正常趋势，它的扩张方向是由产业集群内部普及到全国，这可以使产业集群内的企业更好地接近劳动者和公共物品以及获得产业集群内相关机构的服务。

2.6 本章小结

地理标志产品因其特定品质、声誉或者其他特点，本质上可以归因于该地理来源，经审核批准准许用地理名称进行命名的产品。本章定义了地理标志的概念，总结了地理标志的特征，并介绍了我国地理标志制度的发展。在进行地理标志农产品发展的经济学研究之前，对行为理论、农产品质量控制理论、公共产品理论、信息不对称理论、外部性理论和波特竞争优势理论进行简单的梳理并简单归纳如下。

第一，从行为经济学理论出发，对理性行为理论、生产者行为理论、消费者行为理论的发展和内容进行了介绍。理性行为理论是本章研究企业和小农户执行农产品质量安全控制行为意向形成机理的基础理论模型；生产者行为理论考虑到企业与农户如何最大化地利用自己可支配的生产要素而达到最大利润所做的选择和决策；消费者行为理论是消费者理性的前提下从自身经济效益进行考虑，根据自身的需求和资源来作出最优选，这为后续研究做了理论铺垫。

第二，农产品质量安全全程控制理论是全面质量管理（TQC）理论在农产品领域中应用，是指把专业技术、经营管理、数理统计和思想教育结合起来，建立起"从农田到餐桌"的一整套的质量管理体系，从而用最经济的手段，生产出符合标准和令消费者满意的农产品。农产品质量控制行为，是农产品产品链上的各个经济主体都应对农产品质量安全负责，农产品质量安全规制具有全面性。农产品质量控制的理论与行为是农产品质量安全认证的基本指导思想，农产品质量安全认证中的标准、规范和准则是这两方面的具体体现。

同时，本章对公共产品理论、信息不对称理论、外部性理论的内容和在农产品质量安全问题形成原因中的作用进行了梳理和分析，通过对政府管理和信誉的分析，总结了农产品质量安全问题形成的原因和管理的要点；对波特竞争优势理论的分析，为后续分析黄山市地理标志茶产业现状做了准备。

第3章 地理标志农产品发展现状及策略研究

3.1 安徽省地理标志农产品发展现状及存在问题

安徽省地处华东腹地，近海临江，区位优势明显，农业资源丰富，农产品比重大，拥有许多以原产地闻名的农产品，在农产品地理标志方面有着丰富的资源和得天独厚的优势。地理标志农产品作为最具代表性的农产品，在农产品市场中有着独特的地位，是安徽省农产品产业化的重要途径与方向，也是区域公用品牌的重要载体，起到促进农产品品牌化，提升农产品知名度和品牌价值的作用。现阶段是我国脱贫攻坚与乡村振兴战略实施交汇的特殊时期和关键点，如何发展好地理标志农产品，提高农产品相关品质，对实现安徽省农业高质量发展，加快推进农业供给侧改革具有重要的意义。

3.1.1 安徽省地理标志农产品发展现状

虽然我国地理标志制度历史较短，起步时间晚，但是自2010年启动地理标志产品登记工作以来，安徽省地理标志产品的数量增长迅速。截至2020年1月，安徽省有各类地理标志产品共计317个，其中农产品270个，分别为农产品地理标志82个，地理标志保护农产品52个（共81个，农产品占比64.19%，图3-1），农产品地理标志商标136个（共154个，农产品占比88.31%，图3-2）。在两者的数量构成中，农产品占比均超过50%，足见地理标志在农产品销售，农产品品牌建设以及农业发展中的分量。

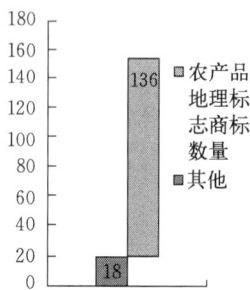

图 3-1 地理标志商标中
农产品的占比

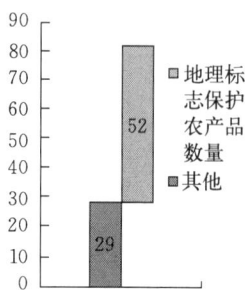

图 3-2 地理标志保护产品中
农产品的占比

3.1.1.1 地理标志数量逐年增加

由图 3-3 可以看出，在全省 270 个农产品类地理标志中，农产品地理标志占其总数的 30%，地理标志保护农产品占其总数 19%，农产品地理标志在 3 类农产品中数量最多，占比超过一半，为 51%。

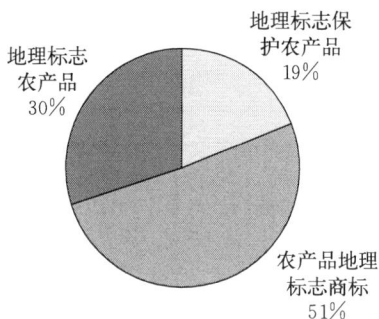

图 3-3 各类地理标志中农产品占总农产品地理标志比重

（1）农业部门农产品地理标志登记情况。 安徽省十分重视农产品地理标志的申报注册，自 2010 年开始有农产品地理标志通过农业农村部的注册登记。

由图 3-4 所示，截至 2020 年 1 月，安徽省共有地理标志农产品 82 件。登记数量逐年增加，并在近些年增长迅速，年均注册增长量在 7 件左右，增长较多的年份（例如 2018 年和 2019 年）地理标志农产品的注册数量多达 17 件和 20 件。由数据可以看出，安徽省地理标志农产品历年来发掘状况较好，地理标志农产品注册数量可以得到稳步提升。并且在发展过程中，对于地理标志农产品后续的培育建设也作出了较大努力。

	2010年	2011年	2012年	2013年	2014年	2015年	2016年	2017年	2018年	2019年
总数	7	11	13	21	27	29	35	45	62	82
年增长量	7	4	2	8	6	2	6	10	17	20

图 3-4　2010—2019 年安徽省地理标志农产品数量情况

数据来源：农业农村部数据整理。

（2）质检部门地理标志产品登记情况。 研究数据显示，安徽省为 2002 年启动地理标志产品的申报注册，这在 3 类地理标志中是最早的。到 2020 年 1 月，共注册 81 件，其中黄山市为 13 件，六安市和安庆市分别为 11 件和 10 件。在地理标志保护产品中，农产品占 52 件，其中黄山市、六安市分别为 8 件，安庆市为 7 件。由图 3-5 可以看出，安徽省地理标志产品 2002—2018 年每年注册数量的变化情况，2015 年新增注册数量最多，为 12 件，其次是 2013 年和 2014 年，均为 10 件；从图 3-5 可以看出安徽省地理标志产品一开始发展缓慢，每年新增注册数量较少，2012 年后，随着政府的重视程度地提高，除了 2017 年，每年新增注册数量均较高。

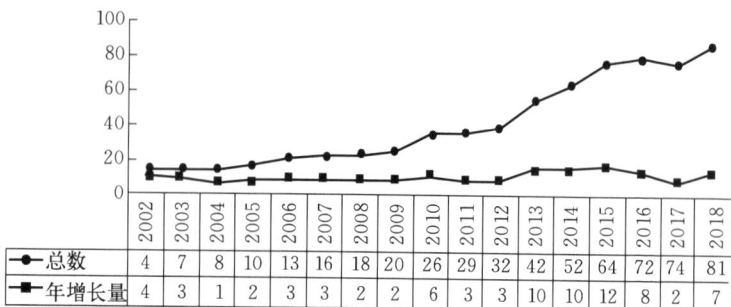

	2002	2003	2004	2005	2006	2007	2008	2009	2010	2011	2012	2013	2014	2015	2016	2017	2018
总数	4	7	8	10	13	16	18	20	26	29	32	42	52	64	72	74	81
年增长量	4	3	1	2	3	3	2	2	6	3	3	10	10	12	8	2	7

图 3-5　2002—2019 年地理标志产品增长数量

（3）工商部门地理标志商标登记情况。 研究数据显示（图 3-6）从 2008 年开始申报地理标志商标以来，安徽省地理标志商标的数量逐年增加，从最开始的 3 件到 2019 年的 154 件，且各个地区差异较大，总体上看地理标志农产品商标占比较大，有 136 件。从 2014 年起，安徽省地理标志商标进入迅速发展时期，其中，2016 年和 2018 年的注册数量最多，注册 26 件，其次是 2014 年，注册 22 件。

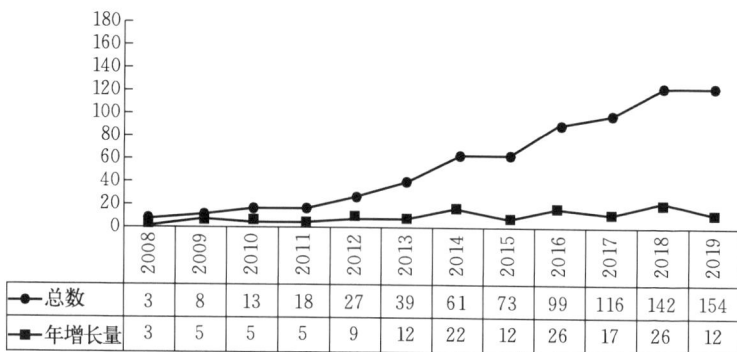

	2008	2009	2010	2011	2012	2013	2014	2015	2016	2017	2018	2019
总数	3	8	13	18	27	39	61	73	99	116	142	154
年增长量	3	5	5	5	9	12	22	12	26	17	26	12

图 3-6　2008—2019 年安徽省地理标志商标数量情况

3.1.1.2　区域分布呈现两极化趋势

（1）安徽省地理标志农产品数量及区域分布情况。 按纬度高低由北至南将安徽省划分为皖南、皖中和皖北 3 个部分。从空间上来看，安徽省地理标志农产品两极化分布明显，总体上呈现出皖北、皖中和皖南渐增，皖北量少而皖南集中量多的两极化趋势。

如图 3 - 7 所示，到 2020 年 1 月，安徽全省除铜陵市暂时未有注册农产品地理标志外，其余 15 市均拥有已注册农产品地理标志。不同市之间数量差异较大，其中，宣城市以 21 件的数量居全省第一，合肥市 12 件紧随其后，芜湖市以 8 件位列全省第三，淮北市和马鞍山市居于全省排名之末，仅有 1 件，淮南市、安庆市和蚌埠市均拥有 2 件，排名较后。宿州、淮北、亳州、阜阳、淮南和蚌埠 6 个市已注册的地理标志农产品总计 17 件，占全省农产品地理标志总数的 20.73%，而皖南 6 个市中仅宣城一市的数量就已占全省地理标志农产品总数的 25.6%，超越皖北 6 市之和；宣城、黄山、合肥和芜湖 4 个市的地理标志农产品数量达到 46 件，占全省总数的 56.1%，贡献了总数的一半以上。

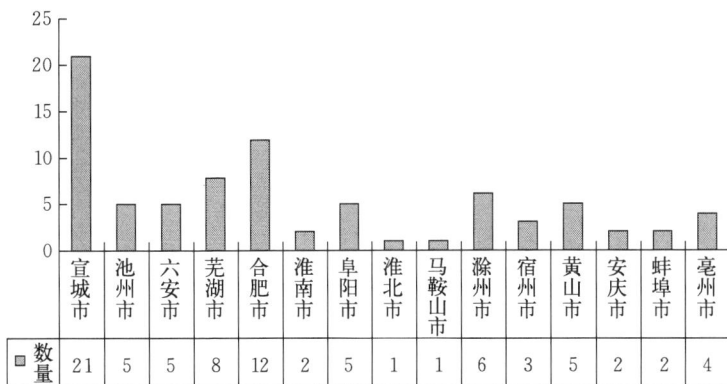

	宣城市	池州市	六安市	芜湖市	合肥市	淮南市	阜阳市	淮北市	马鞍山市	滁州市	宿州市	黄山市	安庆市	蚌埠市	亳州市
数量	21	5	5	8	12	2	5	1	1	6	3	5	2	2	4

图 3 - 7　安徽省地理标志农产品数量及区域分布情况
数据来源：农业农村部数据整理。

（2）安徽省地理标志保护农产品数量及区域分布情况。 如图 3 - 8 所示，黄山市和六安市均拥有 8 个地标保护农产品，位列全省第一；安庆市以 7 个地理保护农产品紧随其后，位列第二；池州市、马鞍山市、宿州市以及铜陵市各 3 个；宣城市、淮北市和亳州市各 2 个，剩下的芜湖市、合肥市、淮南市和阜阳市仅拥有一个地理标志保护农产品。仅黄山市、六安市、安庆市 3 个市所拥有的地理标志保护农产品总数达到 23 个，占到全省地理标志保护农产品总数的 44.23%，接近半数；而宿州市、淮北市、亳州市、阜阳市、淮南市和蚌埠市 6 个市之和为 12 个，仅占全省总数的 23%。皖南地区表现相当出色。

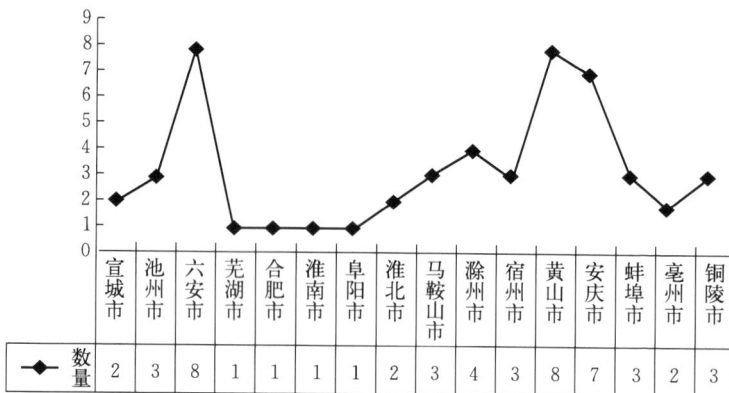

	宣城市	池州市	六安市	芜湖市	合肥市	淮南市	阜阳市	淮北市	马鞍山市	滁州市	宿州市	黄山市	安庆市	蚌埠市	亳州市	铜陵市
◆ 数量	2	3	8	1	1	1	1	2	3	4	3	8	7	3	2	3

图 3-8　安徽省地理标志保护农产品数量及区域分布情况

数据来源：市场监督管理局数据整理。

（3）安徽省地理标志农产品商标数量及区域分布情况。如图 3-9 所示，六安市以 37 个地理标志农产品遥遥领先省内其他市（区），占到了全省总数的 27.2%；安庆市、阜阳市和宣城也都拥有 10 个及以上数量的地理标志农产品商标，分别为 19 个、11 个和 10 个；宿州市 8 个，黄山市 7 个；铜陵、马鞍山和滁州各市均拥有 6 个；池州和芜湖市各 5 个，合肥和蚌埠市各 4 个，亳州和淮北市各 3 个；淮南市以 2 个的数量居于最末。六安、安庆、宣城和黄山 4 个市共拥有数量为 73 个，占全省总数的 53.7%，达到了半数以上。

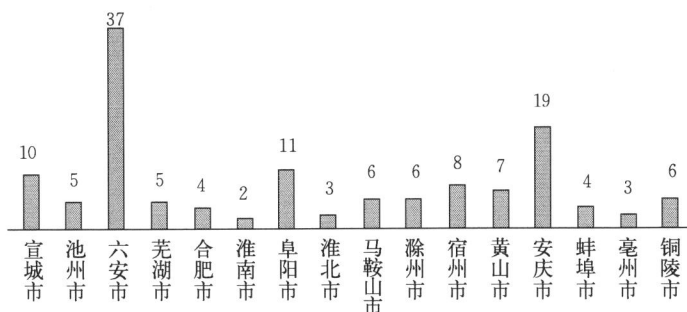

图 3-9　安徽省地理标志农产品商标数量及区域分布情况

数据来源：市场监督管理局数据整理。

3.1.1.3　地理标志中农产品种类丰富

安徽省是农业大省，第一产业农业在全省经济结构中一直占有很大的比重。安徽省已获登记保护的地理标志中农产品的分类丰富，可以看出安徽省地理标志中农产品资源丰富，涵盖范围较广，具有较高的发展潜力。其中地理标志农产品中涵盖了茶叶、粮食油料、蔬菜、瓜果、坚果、水产品、中草药、畜禽等八大类，茶叶占比最高为 27%，其次是水果为 16%。地理标志保护农产品与分类情况与地理标志农产品相似，同样分为八大类，茶叶占比为 29%，水果为 21%。安徽省农产品地理标志商标分类情况，相较增加花卉分类，数量最多的是畜禽类产品，占比18%；蔬菜类其次，占比 16%。

（1）地理标志农产品分类情况。 如图 3-10 所示，茶叶类地理标志农产品以 27% 的比例位于安徽省地理标志农产品登记注册数量第一，共 22 个；水果类地理标志农产品以 16% 的比重位列数量第二。除此，水产品、蔬菜类以及中草药类地理标志农产品也在其中占有相当重要的份额，分别为 15%、13%、9%。相较之下，坚果类、粮食油料以及畜禽类则较少，分别为 6 个、6个和 5 个。总体来看，安徽省已登记注册的地理标志农产品类别集中于茶叶、蔬菜和中草药材等经济作物和水产养殖产品，充分利用地理优势种植的茶叶和中草药等地理标志农产品在品牌建设上成就突出，多样化趋势显现。

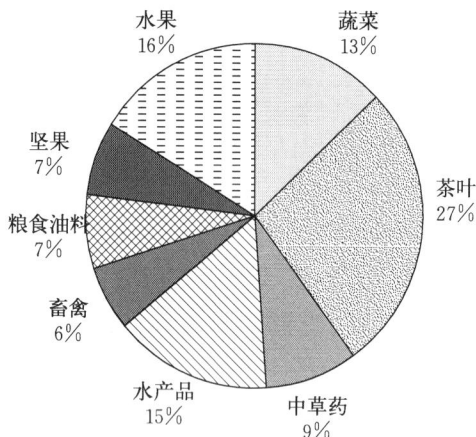

图 3-10　安徽省地理标志农产品分类情况
数据来源：农业农村部数据整理。

（2）**地理标志保护农产品分类情况。**如图 3-11 所示，安徽省地理标志保护农产品中茶叶类的数量最多，共 15 个，占比达到了 29%；水果类以 11 个的数量和 21% 的占比位列第二；中草药类共 9 个，占比 17%；水产品类和蔬菜类均为 5 个，占比 10% 左右；粮食类共 3 个，占比 6%；坚果类和畜禽类各 2 个，占比均为 4%。从图中可以看出，安徽省地理标志保护农产品的分类情况以及类别占比情况与地理标志农产品相类似，均是茶叶类数量最多，占比最高，水果类数量其次，种类丰富，多样化趋势明显，各地充分利用地理、历史背景优势，发展具有当地特色的农产品地理标志。

（3）**地理标志农产品商标分类情况。**如图 3-12 所示，与安徽省地理标志农产品和地理标志保护农产品分类情况相关数据显

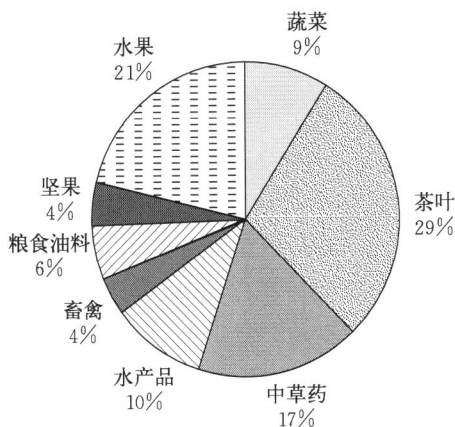

图 3 - 11　安徽省地理标志保护农产品分类情况

数据来源：市场监督管理局数据整理。

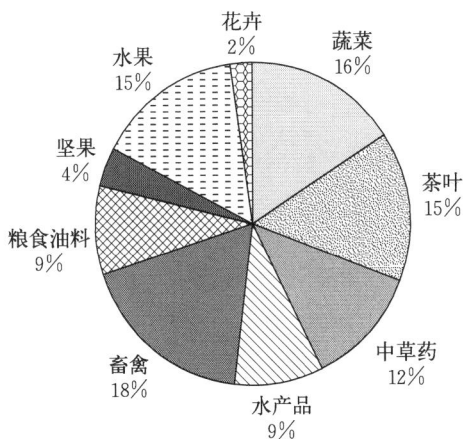

图 3 - 12　安徽省地理标志农产品商标分类情况

数据来源：市场监督管理局数据整理。

示不同，安徽省地理标志农产品商标中数量最多的是畜禽类产品，共 25 个，占比 18％；蔬菜类以 22 个的数量和 16％的占比位列第二；茶叶类和水果类商标均有 21 个，均占比 15％；中草药类商标共 16 个，占比 12％；粮食油料类和水产品类的商标均有 12 个，均占比 9％；坚果类商标共 5 个，占比 4％；花卉类商标 2 个，数量最少。

3.1.1.4 产业集群化发展效果显著

农业产业集群是在农业生产组织模式中的创新，是以农户或农业关联企业为中心，以政府的政策支撑为保障体系，在空间上集聚形成的包含紧密相连的农户、企业、机构及市场等在内的密集柔性网络合作有机体；最根本的特点是在竞争和合作中共同获得竞争优势，共同创造效益，共同促进农业产业发展。随着地理标志农产品的发展，安徽省注重发挥资源优势，一批优势产业集聚形成，初步构建特色农产品产业体系，着力培育主导产业和特色产品，为农业集群式的发展奠定了坚实基础。以宣城市为例，截至 2018 年年底，全市共有市级以上农业产业化龙头企业 455 家，省级重点企业 92 家、国家级重点企业 6 家。宣城各市（区）以种养、加工、销售一体化，"互联网＋"乡村休闲游、水果采摘游、"茶旅"休闲农业一体化等形式的产业集聚迅速发展；合肥以"环新桥机场"农业产业集聚圈规划建设了一批景观主题公园、休闲农业庄园等。另外，各地方政府还积极推进龙头企业带动产业链联动，通过地理标志农产品吸引区域内外的优质要素，以期实现产业集群的规模化发展，支持农业产业的发展繁荣。地理标志农产品在提升农产品品质、增强农产品特色、促进产业集聚、推动区域经济发展等方面发挥着显著性作用。

农业产业集群的发展重点应围绕"特色、优势、潜力"展开，重点发展区域特色强、竞争优势强、科技含量高、成长空间大、带动作用大的农业产业集群。同时，安徽特色农产品集群的多种发展模式表明，由于各地在产业基础、市场环境等方面存有差异，农业集群的形成过程和主导因素也极为不同。因此，在农业产业化、集群化的发展过程中必须因地制宜，深入考察区域的产业基础、比较优势和市场基础，找准最能发挥本地优势的环节，选择适当的集群发展路径和模式，是成功构建农业产业集群的关键。地理标志农产品因其高度的地域性和特色性，在带动其他要素资源发展的同时对地区农业产业集聚效应的形成有较大的促进作用；反过来，农业产业集群的发展也可以加强地理标志农产品品牌建设，提升地理标志产品的产业化发展。总之，地理标志产品因其独特的自然条件和文化特征，形成具有高知名度、认可度和接受度的产业集群。

3.1.2 安徽省培育农产品地理标志的主要做法

近年来，安徽省把农产品品牌建设作为发展高效特色农业、提升农业竞争力和增加农民收入的重要措施来抓，积极组织开展品牌引领行动，大力实施"绿色皖农"品牌培育计划。围绕特色品牌农业的开发，深度发掘地域性显著、文化内涵丰富的种养业、农产品加工业和休闲观光业等资源，打造"三品一标"，以品牌赢得市场。通过总结安徽省各地（市）在地理标志品牌建设工作中的探索实践和典型经验。

（1）加大政策性扶持，推动全省农产品品牌发展。近几年，安徽省各地相继出台了一系列政策文件，支持鼓励现代农业发展和品牌建设，对各地企业争创名优品牌起到了积极引领作用。如宿州市委市政府相继出台了《关于加快推进国家现代农业示范区建设的若干意见》和《关于加快现代农业"两区"建设的奖励扶持办法（修订）》，对名优品牌、"三品一标"、农业标准化示范基地等，进一步加大了资金奖励力度；蚌埠全市和各县（区）安排专项资金支持农业"三品一标"建设，市财政设立100万元专项资金用于"三品一标"认证和品牌创建奖励。淮南市不断加大对农业"三品一标"建设的投入力度，制定政策，对获得中国驰名商标和省、市名牌产品及认证通过的"三品一标"产品可予一定的奖励。各县（区）也根据当地实际情况出台了配套政策，其中，凤台县 2015 年兑现了农产品"三品一标"认证奖励资金 21 万元。芜湖市重视农业市场研究与开发，工作中注重培养和发现典型，并进行推广，激励新型经营主体创优质创品牌。

（2）实施标准化经营，切实保障农产品质量安全。全省各市建立健全农产品质量安全监管体系，为开展农产品检测、确保农产品质量安全提供了强有力的手段。合肥市建设县级农产品质量安全监管站 6 个、乡（镇）农产品质量安全检测室 90 个，企业自律检室 82 个，在全省率先形成了以"市级检测中心为龙头、县级检测站为骨干、乡镇快速检测室为基础、企业自律检室为补充"的全市农产品质量安全检验检测体系，实现了农残检测农业乡镇"全覆盖"。滁州市、宿州市已形成以市农产品质量检测中心为重点、县检测站为主体、乡（镇）监管站为辅助以及基地和市场检测点为补充的市、县、乡 3 级农产品质量安全检测网络体系，农产品质量安全监管工作基础进一步夯实。六安市加大农业标准化示范基地创建力度，全市经环境监测合格的绿色食品粮食基地 150 万亩*，水产养殖基地 60 万亩，无公害蔬菜、绿色食品蔬菜基地 60 万亩，辐射带动全市农业标准化生产水平不断提高。加强标准制定和引导落实，宿州市先后制定了辣椒、黄瓜、茄子等无公害蔬菜种植地方标准，执行相关标准 40 多项，引导农民按照标准化生产的要求从事农业生产，从而提升农产品品质。

（3）加强宣传培训，努力提升农产品品牌形象。品牌产品、品牌企业、品牌产业的宣传培训是提升品牌效益，提高市场影响力的重要措施。安徽省农业委员会利用电视、广播、报纸、网络等媒体，宣传推介品牌，努力扩大安徽省农产品品牌知名度。各地积极组织名特优农产品参加各种展示展销会，提升品牌效应。六安市每年举办六安茶谷开茶节、羽绒文化节、霍山黄芽茶文化

---

* 亩为非法定计量单位，1 亩≈667 m^2。——编者注

节、万佛湖鱼头文化节、金安翠桃产销对接会等重大节庆活动，组织新型农业经营主体参加合肥农交会、国际农交会、上海、武汉农展等高水平的农产品展会，通过品牌的宣传推介，有效推动名优农产品与国内外大市场的对接，促进农产品拓展销路和招商引资、引智。阜阳市充分利用科技下乡、重要节日、纪念日活动等形式，广泛宣传"三品一标"知识，把"三品"生产监管列入新型职业农民培训工程内容，并与阜阳电视台《田野风》栏目合作，开辟了绿色食品专题宣传栏目。黄山市从2005年开始，连续多年在北京、上海等地举办茶叶等名优农产品展示交易活动，积极组织企业参加农业部、安徽省政府举办的"三大农展"。2015年以来，黄山市先后举办了首届"黄山茶会"和"2016北京国际茶展"。这些宣传推介活动，有力地提升了安徽农产品品牌形象，提高了安徽农产品的市场占有率。

（4）壮大经营主体，培育农产品加工流通品牌。安徽各市在推进产业化经营的过程中，积极引导企业在区域公共品牌、农产品地理标志的基础上创建自有品牌，支持龙头企业申报和推介驰名商标、名牌产品，加快推进农产品品牌经营主体培育发展壮大。芜湖市在品牌营销和拓宽农产品销售渠道上表现突出，"三只松鼠""吾悦""溜溜梅""同福碗粥""果仓王国""憨豆熊"等新兴农产品电子商务企业快速发展，具有较高知名度，其中"溜溜梅"企业年青果加工量近10万吨，销售额达5亿元，产品覆盖全国300多个大中城市，市场占有率达60％以上；蚌埠市2015年培育发展省级农业产业化龙头企业45家，市级农业产业化龙头企业180家。农业龙头企业牵头农民专业合作社、家庭农场、种养大户等进入产业化经营体系，构建了品牌农业的发展基石。另外，大力发展一村一品专业村镇，奠定品牌发展的产业基础，目前，黄山市立足生态和资源优势，创建特色农业的市级以上"一村一品"专业示范村、镇已达到151个，其中国家级5个，省级44个。

3.1.3 安徽省地理标志农产品发展中存在问题及成因分析

因地理标志农产品具有区域性、品牌共享性、发展有限性等产业特征，使得地理标志农产品不同于一般农产品，也就决定了地理标志农产品品牌建设的特殊性。

3.1.3.1 存在问题

（1）重视申报而轻视品牌建设。 全省虽致力于地理标志农产品品牌的开发，但在具体实践中，存在对品牌建设和保护的轻视；同时，与其他农业大省相比，安徽各地市在地理标志农产品注册数量上仍有较大差距。例如铜陵市暂时未有注册地理标志的农产品，淮北市和马鞍山市仅有 1 件，淮南市、安庆市和蚌埠市均只拥有 2 件；在应付申报任务方面存在形式主义现象，许多地方政府在申请地理标志农产品批准后未对其后期发展作出详细规划甚至出现闲置情况；由于政府的宣传力度跟不上当前市场发展速度，导致地理标志农产品的品牌效应得不到充分发挥；市场上存在的大量假冒伪劣产品严重损害地理标志农产品品牌声誉；相关保护措施和标准规范执行的缺位，导致消费者对市场信心不足。许多农业经营主体缺乏足够的品牌意识，忽视品牌形象塑造和优势培育，认识不到品牌在现代农业发展中的战略地位和作用。"酒香不怕巷子深"的传统观念在一定程度上仍然存在，舍不得花钱创品牌。即便一些企业在已经注册地理标志后，只将地理标志品牌当成一种荣誉束之高阁，不善于运用品牌战略提高商标知名度、增强市场竞争力。多数企业和农户对农产品品牌的理解只停留在表面，没有注入地方特色文化，忽视了农产品品牌文化内涵的研究挖掘，品牌在市场经济和推动农业发展中的作用还没有充分发挥。

（2）地理标志使用效率不高。 产业化龙头企业是农产品品牌建设主体和关键。目前，安徽省省农产品加工企业虽然很多，但地理标志农产品企业数量一般，规模普遍较小，实力弱，所生产的农产品多为初级加工品，附加值低，行业带动作用有限，品牌建设战略定位不足，各市企业均呈现出粗放式的生产和管理现状，难以为农产品品牌建设提供有力支撑。就淮南市而言，目前仅有国家级农业产业化龙头企业 1 家，为全省 4 个较少的市之一；省级的 37 家，居全省第 12 位，仅为全省的 4.2%，缺乏在全省响当当的龙头企业。面对精细化的市场需求，农产品地标市场既需要知名度较高的名品，也需要特色鲜明的个性化精品。表 3-1 显示安徽省各个地理标志农产品的核准企业数量。所谓地理标志农产品核准企业数量是指经国家核准，该企业允许在其生产的地理标志农产品上使用地理标志农产品专用标志，获得地理标志农产品保护。从表 3-1 中可以看出霍山石斛核准企业数量最多，为 65 家；其次为六安瓜片，有 40 家企业；位列第三的是砀山酥梨，有 25 家企业。由表中核准企业数量可以看出，安徽省地理标志农产品专用标志核准企业数量较少，而且大部分均为安徽省特色地理标志农产品，而不是全国范围的名特优地理标志农产品。省内除个别大企业外，大多数品牌建设主体竞争力普遍偏弱，辐射带动能力不强，难以对品牌进行有效开发、利用和保护。

表 3-1 安徽省地理标志农产品核准企业数量

地理标志农产品	核准企业数量	地理标志农产品	核准企业数量
五城茶干	5	黄山贡菊	10
霍山石斛	65	霍山黄芽	16
松萝茶	2	砀山酥梨	25
天柱山瓜蒌籽	8	明绿御酒	1
宁国山核桃	9	西山焦枣	4
符离集烧鸡	3	怀宁贡糕	11

（续）

地理标志农产品	核准企业数量	地理标志农产品	核准企业数量
宣酒	1	李兴桔梗	2
高炉家酒（高炉酒）	1	天华谷尖	1
女山湖大闸蟹	1	三河米酒	1
石臼湖螃蟹	3	五城米酒	4
沱湖螃蟹	5	迎驾贡酒	1
石台富硒茶	3	潘集酥瓜	3
滁菊	7	涡阳苔干	1
漫水河百合	1	安茶	6
六安瓜片	40	凤丹	2
铜陵白姜	12	总计	261
八公山豆腐	7		

（3）地域差异大且社会关注度低。 由于地理位置、自然环境、城市定位和发展规划的不同，安徽省地理标志农产品不论是在数量分布还是在品牌规模上都呈现北小南大的两极化趋势。从空间分布来看，皖北、皖中、皖南渐增，皖北量少而皖南集中量多，安徽全省在地域上分布不平衡。到 2020 年 3 月，安徽全省除铜陵市暂未注册地理标志农产品外，其余 15 个市均拥有注册地理标志农产品，但不同市之间数量差异较大，其中，宣城市以21 件居全省第一。安徽省作为农业大省，地区之间农业发展的差异极大，影响经济水平的发展。在安徽省地理标志农产品与地理标志保护产品分类中茶叶类数量最多，水果类其次；农产品地理标志商标中禽畜类占比最大，其次是蔬菜类，说明地理标志农产品种类发展的不平衡。很多农产品以绿色健康为主题，农产品品牌形象趋同，缺乏个性特征、文化底蕴，既容易被竞争对手模仿，又难以在消费者心中实现品牌忠诚，对违反品牌管理的个人及组织缺少必要的处罚措施，盗用、冒用农产品品牌的事件也时

有发生。由此可见，安徽省地理标志农产品产业化、规模化进程缓慢，品牌竞争力不强。从国内角度看，安徽省地理位置虽靠东部与南部，但非沿海地区，地理优势不明显，存在感和社会关注度较低，相关政策的落实关系到全省长期和共同利益的发展，不可避免地存在"公地悲剧"现象。

（4）地理标志农产品品牌声誉不够出色。根据中国品牌建设促进会发布的 2019 年中国地理标志产品区域品牌价值百强榜显示，安徽省有 5 个地理标志产品品牌榜上有名，分别为宣纸（排名第 16）、六安瓜片（排名第 21）、霍山黄芽（排名第 43）、霍山石斛（排名第 43）、舒城小兰花（排名第 92）。其中，地理标志农产品品牌共 4 个，3 个为茶叶类，占比 60%，在参评的 17 个茶叶类品牌中占比 18%，仅次于占比 41% 的福建省。安徽省上榜的地理标志产品不仅品牌数量少，而且综合价值相对指数也不高。《2019 中国果品区域公用品牌价值评估报告》显示，安徽省只有一个上榜果品品牌——怀远石榴，位列全国第 69 位，品牌价值为 11.55 亿元，与当前品牌价值排名第 1 位的烟台苹果的 141.48 亿元相比，差距明显。

根据浙江大学 CARD 中国农业品牌研究中心发布的 2019 年全国地理标志农产品品牌声誉百强榜，评选对象要求为获得两个及以上部门登记或注册商标保护的地理标志农产品，共计 1 089 个。安徽省有包括果品、茶叶、中草药等共计 33 个品牌参与了评比，排名结果如表 3-2 所示。

表 3-2　安徽省地理标志农产品的品牌声誉前百强

排名	品牌名称	所属市区	产品类别	全国排名
1	霍山石斛	六安市	中草药材	24
2	砀山酥梨	宿州市	果品	27
3	祁门红茶	黄山市	茶叶	45

（续）

排名	品牌名称	所属市区	产品类别	全国排名
4	岳西翠兰	安庆市	茶叶	57
5	怀远石榴	蚌埠市	果品	86
6	桐城小花	安庆市	茶叶	98

数据来源：浙江大学 CARD 中国农业品牌研究中心。

百强榜中，安徽省上榜 6 个品牌，分别是霍山石斛、砀山酥梨、祁门红茶、岳西翠兰、怀远石榴和桐城小花，分属中草药材、果品和茶叶 3 种产品类别。其中，茶叶品牌共 3 个，占比 50％，果品品牌共 2 个，占比 33.3％；省内排名第 1 位的中草药材霍山石斛在全国排名第 24 位，省内最后一名的茶叶桐城小花全国排名第 98 位，品牌声誉排名跨度较大。总体来看，数量少且产品类别不丰富，与农业强省山东、江苏、四川等相比差距较大。因此要加大在品牌知名度和市场辨识度等方面的培育力度。

《中国地理标志品牌发展报告（2018）》中，通过选取产业基础、产业发展潜力、社会生态影响和市场影响力 4 个二级指标，计算权重。评价得出的强竞争力地理标志品牌中，江苏省 6 个、四川省 5 个、浙江省 5 个、安徽省 3 个，其中农产品强竞争力品牌 2 个，分别为茶类的黄山毛峰和中药材类的霍山石斛。

3.1.3.2 成因分析

（1）地理标志农产品保护意识薄弱。 农民人口占安徽省总人口比例较大，受教育水平阻碍着农户对地理标志农产品的认知程度，进而其参与度和积极性影响着地理标志农产品的发展。同时由于保护意识的薄弱，大量假冒伪劣的地理标志农产品充斥市场，对地理标志农产品的品牌价值和信誉度造成严重影响，阻碍着地理标志农产品的发展。同时，农村经济合作组织发展相对薄弱，风险共担、利益共享的企农利益联结机制尚不稳固，制约了标准化、规模化生产，进而制约了农产品品牌建设。

（2）地理标志农产品使用缺乏监管。目前，安徽省品牌工作职责分散在相关部门，缺乏一个高层次的工作推进机制。由于地理标志农产品发展历史短暂，同时相关政策标准、法律法规和市场监管机制的不健全，在机构改革前，抓农产品品牌建设的政府职能部门主要有农业、工商、质监等部门，3个重点部门分属不同行业部门，各部门内部又有多个科室在负责此项工作，相互联系、沟通、协调少；3种品牌创建渠道、程序各不相同，评比标准和创建重点不统一，品牌建设工作的合力尚未形成。这些情况，使得在地理标志农产品商标使用上存在着非法冒用或伪造原产地名称等现象，影响了地理标志农产品的发展。虽然有些市制定了对农产品品牌建设的扶持政策，但是扶持方式多是"三品一标"的后补助形式，省里缺乏强有力的推进手段，全省扶持农产品品牌建设和发展的长效机制尚未真正建立起来。

（3）地理标志农产品质量监管力度不够。安徽省农业规模化、标准化生产程度较低，龙头企业和合作社的原材料缺乏统一、优质、标准化原料基地，农产品规模、品质有待提高；农产品质量安全工作有待进一步加强。人员、经费不足，农产品质量检测覆盖面仍然较窄，且质量安全追溯制度还没有建立，无法真正从源头上控制农产品质量安全。例如，由于对地理标志农产品缺乏有效的质量监管措施，部分农产品存在以次充好的现象，影响地理标志农产品品牌声誉和市场价值。同时检测技术的落后导致相关地理标志农产品的质量标准无法与国际标准接轨，从而影响地理标志农产品的出口贸易。而且相关行业技术、管理、法律人才的流失也影响着地理标志农产品的发展。

（4）区域发展不平衡。作为农业大省，"三农"问题一直是安徽省经济发展中的短板，区域经济发展的不平衡导致地理标志农产品的注册数量在地域分布上呈现不平衡的现象，种植、畜牧、水产发展不平衡，加工产品和畜禽水产品认证数量较少，部分市有较大发展潜力和空间。各市均不同程度上缺乏名牌，且多存在"小、散、弱"现象，加之产业链条较短，精细深加工产品缺乏，影响整个产业的长远发展。如六安市的皖西白鹅、霍山石斛、大别山灵芝等特色农产品市场知名度较高，但主要以小规模生产经营为主，品牌共享意识差，同种产品品牌多、规模小，市场份额很小。黄山市地处山区，除茶叶和木竹外难以形成主导优势产业，专业化、规模化、品牌化短期内很难得到改变。同时各地政策措施和政府宣传力度的差异，阻碍着各地在地理标志农产品注册、保护、发展等方面工作的开展。

3.1.4 安徽省地理标志农产品发展的对策建议

农产品地理标志是政府主导的安全优质农产品公共品牌。保障农产品质量安全，必须"产""管"结合，"产出来"是前提。地理标志通过全面施行农产品产地环境监测、规范农业投入品使用、推行质量全程控制、严格产地准出和市场准入等一系列措施，为农产品质量安全提供了强有力的保障。加快发展地理标志是"产出高效、产品安全、资源节约、环境友好"的核心要求，是农业"转方式、调结构、促升级"的具体体现，是实施现代生态农业产业化"五大示范行动"的重要抓手。目前，安徽省地理标志面积的认证覆盖率不到30％，与先进地区相比还有较大差距。加快地理标志发展，充分发挥其在现代农业中的引领示范作用，势在必行。

3.1.4.1 树立农业经营主体的品牌意识

政府应加大对地理标志农产品相关政策的扶持力度和保护力度。加大宣传和推广，积极营造保护氛围，做好宣传工作，进一步营造农产品品牌建设氛围，积极组织农业企业参加各类展销会，全方位、多层次、持续性地宣传安徽农业品牌，提高安徽农业品牌的知名度和影响力。组建具有公益性、综合性、专业性的安徽省名特优农产品展示展销中心，充分展示我省现代农业发展成果，宣传推广全省特色、品牌农产品，以展促销，展销结合。在全省形成重品牌、树品牌、保品牌的工作合力。明确政府职能，发挥行业协会作用，出台相关扶持政策，对农产品品牌企业，要在资源要素保障方面给予政策倾斜，在农业产业化、农业科技进步等项目安排实施中，积极给予鼓励扶持。加大资金投入，对品牌申报注册可给予一定补贴，对申报成功的品牌和企业给予一定的奖励，充分调动企业和生产经营者创建农产品品牌的积极性和主动性。积极招商引资，提高地理标志农产品的市场竞争力，推进地理标志农产品产业化经营，运用地域优势发展特色产业；注重与国际规则接轨，打破农产品技术贸易壁垒；利用互联网平台展示特色地理标志农产品，提高大众对地理标志农产品的认知度和认可度。

3.1.4.2　扩大品牌建设和品牌竞争力

当地名特优地理标志农产品可以在利用特有的声誉优势和潜在顾客群的基础上加大品牌建设，提升其影响力和市场竞争力。生产经营者应严格执行相关地理标志农产品标准和生产技术规范。政策部门应完善相关质量标准，加快推进农业标准化、规模化生产，实现农产品基地绿色、有机认证化，尽快建成一批稳定、优质、标准统一的农产品原料基地。推行农产品质量安全可追溯制度，建立健全质量监督体系，强化产品市场监督，以提高地理标志农产品质量，为农产品质量安全和品牌创建提供保障。加大人才引进，对从业人员加强技术培训，积极宣传质量管理理念。同时要加强注册地保护，提高企业、社会的生产积极性。加强地理标志农产品深加工能力，发展附加价值农产品，促进品牌价值的提升。

3.1.4.3　加快发掘地理标志资源进程

安徽省具有悠久的农耕文明、饮食文化和丰富的自然资源，拥有许多以原产地闻名的农产品，但现已注册的地理标志农产品数量有限，因此注册潜力巨大，应加快名特优农产品的注册进程，挖掘安徽省地理标志农产品内在潜力。进一步明确全省农产品发展的指导原则、发展目标、主要任务和扶持措施。在全省选择特色鲜明、品质优良、市场潜力大的优势区域和产品，突出特色，立足资源禀赋和产业基础，做好特色文章，实现差异竞争，错位发展，避免低水平同质化竞争，打造若干知名区域农产品品牌。政府在推行规划和政策制定上加强注册审核，鼓励企业参与到地理标志农产品的申报工作中。

3.1.4.4 鼓励支持龙头企业发挥带动作用

以优势特色农产品加工企业为重点，加大招商引资力度，尽快提升产业化龙头企业农产品的层次、规模和品质，夯实品牌建设基础。对于注册地理标志农产品数量较少的地区，政府应积极组织相关培训活动，提高工作人员和农户对地理标志的认知程度，在提高社会参与积极性的同时加快挖掘具有特色优势的地理标志农产品；政府开通地理标志农产品相关网络通道，广泛听取发展特色农产品的意见建议。大力发展农村经济合作组织，逐步建立起覆盖生产、流通各环节的农村经济合作组织，迅速提高农民组织化程度，鼓励当地龙头企业与小农户、专业合作社合作，促进形成"企业＋合作组织＋基地＋农户"风险共担、利益共享的企农利益联结新机制，共同完善地理标志农产品产业链和供应链，带动地理标志农产品产业化发展，促进经济稳步提升。

3.2 黄山市地理标志茶产业发展现状

3.2.1 黄山市地理标志茶叶简介

安徽省黄山市具有培育和发展茶产业的现实条件。从自然环境来说，黄山市位于安徽省最南端，在自然地理上，属中亚热带北缘；黄山山脉自东北向西南横贯全境，为以中山为骨架的中低山和盆骨相间的地貌类型，境内山峦重叠，地势陡峭，沟谷交错。茶园主要分布在中低山及丘陵盆地。黄山市属于中亚热带湿润性季风气候区，气候温暖，冬少严寒，夏无酷热；雨量充沛，湿度大，云雾多；日照时数和日照百分率偏低，光能资源偏少；热量丰富，无霜期长。年平均气温 6～15 ℃，平均年降水量 1 670 mm，最高达 2 708 mm，降水多集中于 5—8 月，空气相对湿度在 80％以上，日照时数 1 674～1 876 h，日照百分率 39％～45％，太阳辐射总量为 440～473 kJ/cm^2，无霜期 255 天左右。土壤类型主要为黄棕壤、黄红壤、黄壤等，表层腐殖质层较厚，有机质含量高，pH 5～6。植被繁茂，森林覆盖率达 75.3％，植物资源 3 000 多种，其中松树、杉木等林木 1 000 种以上，提供各种工业原料的野生或栽培植物亦多达 2 000 多种。茶叶作为一种重要的经济作物，在茶区经济发展中举足轻重。

　　到 2019 年年末，安徽省茶叶类地理标志共有 34 个（表 3-3），其中黄山茶叶类地理标志有 7 个，分别是黄山毛峰、太平猴魁、黄山贡菊、休宁松萝茶、黄山白茶、大方茶、安茶，占比 20.59％，位居全省前列。特别需要说明的是，黄山市祁门红茶以 24.26 亿元的品牌价值连续第 6 年入选"中国茶叶区域公用品牌价值十强"，同时，祁门红茶品牌还获得"2015 中国茶叶最具传播力品牌"称号，"祁门红茶"地理标志证明商标在 2004 年注册申请，但由于产区地域范围存在着争议，2018 年被宣告无效，故而"祁门红茶"未计入地理标志中。近年来地理标志保护对于当地农产品的发展起到了很大的促进作用，例如太平猴魁作为黄山的三大名茶之一，自 2015 年年底申请地理标志保护后，品牌价值从 111.4 亿攀升至 2018 年的 236.5 亿，并在 2017 年 8 月被推介为"安徽省十佳地理标志商标"，荣获中国茶叶"最具品牌经营力品牌"称号。

表 3-3   安徽省茶叶类地理标志分布情况

城市	茶叶类地理标志个数（个）	占比（%）
黄山市	7	20.59
合肥	1	2.94
马鞍山	1	2.94
六安市	7	20.59
安庆市	4	11.76
滁州市	1	2.94
池州市	5	14.71
宣城市	7	20.59
亳州市	1	2.94

注：数据来源于安徽省市场监督管理局、安徽省农业农村厅。

黄山毛峰茶，2002 年获批国家地理标志保护产品称号，保护范围限于国家质量监督检验检疫行政主管部门根据《地理标志产品保护规定》批准的范围，即现安徽省黄山市管辖的行政区域内屯溪区、黄山区、徽州区、歙县、休宁县、黟县的产茶乡（镇）。在地理标志产品保护范围内特定的自然生态环境条件下，选用黄山种、槠叶种、滴水香、茗洲种等地方良种茶树和从中选育的无性系良种茶树的幼嫩新梢为原料，经特有的加工工艺制作而成黄山毛峰茶，是具有"芽头肥壮、香高持久、滋味鲜爽回甘、耐冲泡"的品质特征的绿茶[①]。

太平猴魁茶，2003 年获批国家地理标志保护产品称号，保护范围限于国家质量监督检验检疫总局行政主管部门根据《地理标志产品保护规定》批准的范围，为安徽省黄山市黄山区（原太平县）现辖行政区域。黄山区位于东经 117°50′—118°21′，北纬

———————

① 引自中华人民共和国国家标准 GB/T 19460—2008，地理标志产品黄山毛峰茶。

30°00′—30°22′，以山地为主。太平猴魁茶产区大都位于海拔
300 m 以上，四周植被繁密，森林覆盖 90％以上，选用柿大茶为
主要茶树品种的茶树鲜叶为原料，经传统工艺制成，具有"两叶
一芽、扁平挺直、魁伟重实、色泽苍绿、兰香高爽、滋味甘醇"
品质特征的茶叶[①]。

黄山贡菊，2004 年获批国家地理标志保护产品称号，保护
范围限于国家质量监督检验检疫总局行政主管部门根据《地理标
志产品保护规定》批准的范围，为安徽省黄山市歙县现辖行政区
域。歙县地处东经 118°15′—118°53′，北纬 29°30′—30°7′，境内
峰峦重叠，黄山贡菊主要分布在海拔 200～600 m 的低山坡地。
黄山贡菊又称徽州贡菊，指在地理标志产品保护范围内特定的自
然生态环境下，选用菊科植物——贡菊，按照要求所种植的贡菊
新鲜的头状花序，经采摘、摊晾、烘焙等特殊工艺加工而成，其
外形呈扁球形或不规则球形，具有"色白、蒂绿、花心小、质柔
软、气味芳香、均匀不散朵"品质特征的菊花[②]。

休宁松萝茶，2012 年获批国家地理标志保护产品称号，保
护范围限于国家质量监督检验检疫总局行政主管部门根据《地理
标志产品保护规定》批准的范围，为安徽省黄山市休宁县的海阳
镇、万安镇、蓝田镇、流口镇、溪口镇、齐云山镇、璜尖乡、源
芳乡、鹤城乡、商山镇、五城镇、东临溪镇等 12 个乡（镇）。松
萝茶选用以松萝种为主的地方群体种，按照标准要求所种植的鲜
叶为原料，经摊青、杀青、揉捻、做形、干燥、提香等工艺加工
而成的茶叶，具有"条索紧卷匀壮，色泽绿润，香气高爽，滋味
浓厚，带有橄榄香味，汤色绿明，叶底绿嫩"的品质特点[③]。

黄山白茶，2015 年获批国家地理标志保护产品称号，保护

---

① 引自中华人民共和国国家标准 GB/T 19698—2008，地理标志产品太平猴魁茶。
② 引自中华人民共和国国家标准 GB/T 20359—2006，地理标志产品黄山贡菊。
③ 引自安徽省地方标准 DB34/T 1356—2013，地理标志产品松萝茶。

范围限于国家质量监督检验检疫总局行政主管部门根据《地理标志产品保护规定》批准的范围，为黄山市歙县现辖行政区域。歙县现有白茶基地 500 亩，白茶育苗基地 200 亩，白茶种植户达 1 500 户。白茶种植面积达 4 000 亩，茶叶初产值达 6 000 万元。黄山白茶以国家级茶树良种——黄山大叶种中的变异品种白茶的茶树新梢为原料，经杀青、做形、干燥等绿茶加工工艺制作而成，依据外形不同分为条形和扁形两类，具有黄山白茶感官品质特点的茶叶[①]。

大方茶，2016 年获批国家地理标志保护产品称号，保护范围限于国家质量监督检验检疫总局行政主管部门根据《地理标志产品保护规定》批准的范围，为黄山市歙县现辖行政区域。大方茶采用歙县竹铺种或适制品种茶树新梢为原料，发芽密度大，育芽力特强，芽叶短壮，白毫显露，叶绿色，抗寒性强，产量高，经鲜叶拣剔分级、摊青、杀青、做型、摊凉、拷扁整型、辉锅或干燥等特定工艺制成的扁形绿茶。具有外形挺秀、扁平光滑、色泽墨绿、有熟板栗香、香郁持久、味甘醇爽口的品质特征[②]。

安茶，2013 年获批国家地理标志保护产品称号，保护范围限于国家质量监督检验检疫总局行政主管部门根据《地理标志产品保护规定》批准的范围，为祁门县除凫峰、柏溪、安凌之外的15 个乡（镇）。安茶采用祁门槠叶群体种及以此为母本选育的"安徽 1 号""安徽 3 号"等无性系良种。安茶加工主要分为初制、精制、蒸制成型、贮藏陈化等 4 个阶段。安茶属于黑茶，当年制成的安茶外形条索紧结匀齐，色泽黑褐油润，香气高长，滋味醇爽，汤色橙黄明亮，存放 3 年以上的安茶，火气退尽，茶性温和，茶味也更醇正，叶底也由初制成的青匀转为黄褐明亮[③]。

---

① 引自安徽省地方标准 DB34/T 1757—2012，地理标志产品黄山白茶。
② 引自安徽省地方标准 DB34/T 1354—2018，地理标志产品大方茶。
③ 引自安徽省地方标准 DB34/T 1841—2013，地理标志产品安茶。

3.2.2 黄山地理标志茶叶种植效益

黄山市作为全国有名的茶叶之乡，茶产业与当地经济发展和茶农收入紧密相连。据相关统计资料显示，2017 年黄山市茶园面积 52 201 公顷，占全省茶园总面积的 29.54%，全市人均茶园面积是全省人均的 16.7 倍；2017 年黄山市茶叶产量 28 464 吨，占全省茶叶产量的 24.72%。2017 年黄山市茶叶总产值为136 252 万元，占安徽省茶叶中产值的 24.00%。2019 年，改造低产低效茶园 5 万亩，建设高效生态茶园 3 万亩，实现茶叶产量4 万吨，一产产值 38 亿元（表 3-4）。

表 3-4　黄山市茶叶种植情况表

年份	市茶叶产量（吨）	市茶园面积（公顷）	省茶叶产量（吨）	省茶园面积（公顷）	茶叶产量占全省的比重（%）	茶园面积占全省的比重（%）
2000	15 978	48 602	45 376	108 373	35.21	44.85
2005	18 249	46 292	59 619	117 606	30.61	39.36
2010	23 963	48 405	83 276	133 529	28.78	36.25
2015	28 800	50 901	112 915	167 900	25.51	30.32
2016	27 561	52 470	112 141	171 801	24.58	30.54
2017	28 464	52 201	115 143	176 730	24.72	29.54

注：数据来源《安徽省统计年鉴》（2000—2018 年）、《黄山市统计年鉴》（2000—2018 年）。

由表 3-4 可知，黄山市茶叶虽然拥有地理标志的优势，但根据数据分析来看近年来的茶产业的发展却趋于平缓，甚至落后于安徽省整体茶叶的同期发展，其全省占比也逐年下降，造成这种现象的原因有三。

（1）黄山市劳动力资源的缺乏。黄山市有相当一部分茶农是住在山中世代以种茶为生，但近年来年轻一代都远离茶叶种植，而老一代限于体力等因素在种植茶叶方面也力不从心，劳动力的匮乏使得个体茶农的种植。此外在茶厂也存在人力匮乏的问题，茶厂的选址多与原料区相近，从而造成其多地处偏远山区，交通的不便使得其对普通工人特别是中层以上管理人员的吸引力大大不足，使其在生产、管理、销售等方面都发展困难。

（2）茶园机械化管理水平较低。全市衰老丛栽茶园仍占较大的比重，且大部分是山地茶园，无性系良种茶园比例仅31.4%。龙头企业规模小、实力弱，特别是近年来受国内经济下行压力的持续影响，农产品加工企业增幅放缓。茶园机械化作业的基础薄弱，适宜陡坡茶园推广使用的轻便化茶园管理机械较少。

（3）品牌效益没有凸显。黄山市地处山区，基地规模小，专业化、规模化、品牌化短期内很难得到改变。政府和厂家对其相关的宣传力度和文化挖掘做得都不够，产品质量追溯体系也没有完善，市场监管不充分，种种原因导致其品牌价值所发挥的经济效益十分有限，不能很好地来推动黄山市茶产业的蓬勃发展。

3.2.3 "太平猴魁"地理标志发展的经验借鉴

3.2.3.1 相关介绍及发展历程

黄山市黄山区位于安徽省南端，地处黄山脚下。这里气候温和、雨量充沛、四季分明，森林覆盖率达79%。"八山一水半分田，半分道路和庄园"，独特的气候与地形地貌成就了黄山区另外一个美誉——中国名茶之乡。作为中国十大名茶太平猴魁的唯一产地，此处在2018年被认定为安徽省黄山市黄山区国家地理标志产品保护示范区（太平猴魁茶）。

太平猴魁，中国传统名茶，属绿茶类，产于安徽省黄山市北麓的黄山区，为尖茶之极品，久享盛名。该茶色、香、味、形独具一格，有"刀枪云集，龙飞凤舞"的特色。每朵茶都是两叶抱一芽，平扁挺直，不散，不翘，不曲，俗称"两刀一枪"，素有

"猴魁两头尖，不散不翘不卷边"之称，茶叶中所含的化学成分达 500 多种，具有多种功效。

1935 年太平猴魁年产量达到 500 千克，以后一路下滑，至 1949 年产量惨跌至 95 千克。

新中国建立后，计划经济的体制严重束缚了太平猴魁的发展，太平猴魁的年产量一直徘徊在 500 千克左右。

1987 年，国家取消了茶叶统购统消政策，太平猴魁年产量历史性地突破 1 000 千克。此后产量逐年增加。2002 年，黄山区政府提出了在确保产品质量的前提下，扩大猴魁茶的生产制作区域。

2003 年，太平猴魁获得了国家原产地域产品保护标志。使太平猴魁走出了猴魁原产地的限制，走上了在太平范围内大面积种植加工的道路。凡符合猴魁场地要求的区域农户，严格按照太平猴魁国家标准要求，精细加工制作。2003 年，太平猴魁的年产量达到 12 600 千克。

2006 年注册了"太平猴魁"地理标志，对太平猴魁茶叶的品质、产区进行了严格的划分，制定了管理的办法和章程，对太平猴魁的生产、制作、销售进行规范，以保护太平猴魁茶叶的优良品质。地理标志的注册使太平猴魁茶产业取得了快速健康发展，当地的茶农通过地理标志的注册获得了丰厚的收入。

"太平猴魁"自地理标志成功注册后，茶叶价格不断提高，产量不断提升，茶农收入节节攀高，助农增收作用明显显现。2009 年，全区茶叶总产量 1 310 吨、产值 2.05 亿元，综合产值 6 亿元；2010 年产量 1 170 吨，产值 2.73 亿元，综合产值 8 亿元。连续 5 年保持 20％以上的增幅，每年净增 3 500 万元以上。

3.2.3.2　"太平猴魁"地理标志农产品取得的成效

（1）茶产业产值得到巨大提升。"太平猴魁"注册地理标志后快速发展，茶园面积迅速增长了 25% 左右，产量也得到了提升。地理标志注册后，促进了"太平猴魁"品牌价值的提高，茶叶产值翻了几番。"十一五"末期，黄山区兴建了皖南地区规模最大、功能最全的茶叶交易市场，培育了猴坑、六百里等茶业龙头企业，在龙头企业的带动作用和政府的支持政策下，"太平猴魁"发展迅速。

（2）扩大了茶品牌声誉。继太平猴魁地理标志的注册后，先后获得了海峡两岸博览会金芽奖、国际农产品交易会金奖。2007年作为国礼茶由胡锦涛总书记亲手赠送时任俄罗斯总统普京。在2010年太平猴魁成为上海世博会特许产品。太平猴魁手工技艺被列入第二批国家级非物质文化遗产名录。猴坑茶业被商务部命名为"全国中华老字号"，被农业部认定为"全国农产品加工业示范基地"。新明乡被国家经信委命名为"农产品加工集群示范乡镇"。黄山区也因此被评为太平猴魁有机茶国家农业标准化示范区、中国名茶之乡、百姓最信任的产茶地。

（3）种茶人的收入得到的提高。茶农收入继"太平猴魁"地理标志注册后的 2006—2010 年翻了几番，年均收入增长28.8%。到 2011 年同比增长 11.6%。现如今，茶叶收入为茶农带来了巨大的价值，品牌效应使得每年许多人慕名而来，茶农人均茶叶收入得到了巨大的提升，成为收入来源的主要部分，"太平猴魁"核心产区茶叶收入占农民总收入的 90% 以上。"太平猴魁"地理标志的发展，为区内农民生活带来了巨大的改变，提高了茶农的生活水平，互联网、供应链的发展，更是使得"太平猴魁"走出国门。

（4）提升了品牌价值。2015 年年底"太平猴魁茶"的品牌效应不断提升，被中国品牌促进委员会评为地理标志品牌产品，区域品牌价值达 111.4 亿元，是安徽省唯一上榜的茶叶类地标产品。2017 年 5 月 9 日，中国品牌建设促进会等单位联合组织评价的"2018 年中国品牌价值评价信息"在上海发布，太平猴魁茶品牌价值 236.51 亿元。2017 年 6 月，农业部公布第 4 批中国重要农业文化遗产名单，"安徽黄山太平猴魁茶文化系统"光荣入列。2017 年 8 月"太平猴魁"被推介为"安徽省十佳地理标志商标"。

(5) 推广了中国传统文化。近年来，黄山区政府和区市场监督管理部门以地理标志品牌为依托，鼓励黄山市猴坑茶业有限公司、六百里猴魁茶业有限公司等企业开展"走出去"行动，通过参加国际展会等方式拓展海外市场，扩大太平猴魁茶的国际知名度和美誉度。此外，太平猴魁茶生产企业每年都在国内各大城市开展推介会，同时开展茶文化交流活动、茶制作技艺赛事、茶艺表演、茶风情游、茶乡农家乐等品牌活动，促进茶产业与旅游产业融合发展。

根据"太平猴魁"地理标志的发展，可以看出"太平猴魁"本身便是安徽省名特优农产品，但在注册地理标志前，由于各种原因无法快速发展，无法提高产品竞争力，促进农民增收，带动区域经济发展，注册地理标志后，在相关政策标准的制定，政府的扶持下，取得茶业发展，茶农增收，带动了经济发展等一系列成就。通过安徽省"太平猴魁"的发展历程，其注册地理标志前后发展速度与规模的比较，更加印证本书研究安徽省地理标志农产品发展现状、存在问题等相关问题的研究意义，为促进安徽省经济快速发展，补短板，应更加重视地理标志农产品的发展。

3.3　基于波特钻石模型的黄山市地理标志茶产业分析

3.3.1　数据来源

为了客观准确地掌握农产品地理标志发展对经济、社会产生的影响，分析总结制度运行和实际工作中产生的问题，为农产品地理标志工作的健康发展提供科学决策依据。通过 2017 年 3—5 月对黄山市生产地理标志茶叶的茶企进行调研的数据，采用判断抽样的方法，并根据黄山市地理标志茶叶的分布情况，在黄山区、徽州区、休宁县、歙县和祁门县等地选取地理标志茶叶加工企业，对企业中层以上管理人员采用问卷调查，对每个地理标志茶叶的代表性企业进行了实地访谈。访谈企业主要有王光熙松萝茶业股份有限公司、祥源茶业股份有限公司、猴坑茶业有限公司、谢裕大茶业股份有限公司等。样本企业分布状况见图 3-13。本次调查共发放 80 份问卷，收回 80 份问卷，去掉了 4 份无效问卷，有效率达 95%。

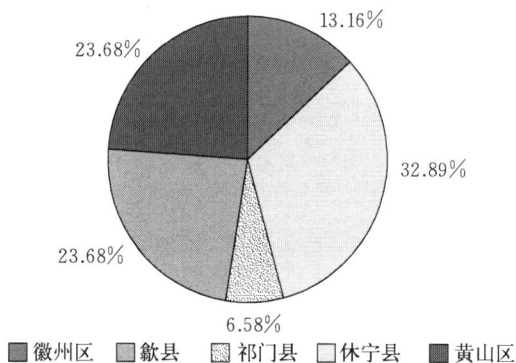

图 3-13 样本企业区域分布图

3.3.2 问卷设计

根据钻石模型的内涵以及结合黄山市地理标志茶叶产业实际情况，设计了此次调查问卷。调查的具体内容有：生产要素包括气候土壤等自然条件、土地价格、劳动力价格、劳动力教育水平、劳动力熟练程度等基本要素和当地科技力量、企业资金状

况、融资环境、基础设施条件（通讯、交通、机器设备）等高级
要素；需求条件包括国内需求层次、国外需求层次、国内需求状
况、国外需求状况、国内需求增长潜力和国外需求增长潜力；相
关及支持产业包括茶叶种植业能力、物流运输业能力、电商能
力、机械制造业能力、包装印刷业能力、生态旅游业能力和农产
品会展服务业等；企业战略、结构与竞争包括在国内发展目标、
在国外发展目标、茶产业集聚程度、三产融合程度、企业间竞争
程度、企业间合作程度；市场机会包括新增市场、示范区的建
立；政府政策环境包括政府重视程度、政府服务效率、政策性支
持力度、政府宣传力度。

共采用了 34 个指标项目，除了在国内外发展目标和市场机
会指标外，其余项目采用李克特五分量表：1 表示很差（低），5
表示很好（高）。

选取的指标均是根据钻石模型的理论分析以及黄山市地理标
志茶产业实际情况得出，可以认为本问卷具有较好的内容时效
性。采用 Cronbach's alpha 系数法来进行信度检验。结果表明，
34 个指标的 CITC 值、六要素的 "Cronbach's α" 均大于 0.6，
均在可接受的信度范围内，如表3－5所示。

表 3－5 黄山市地理标志茶叶钻石模型六要素的 Cronbachs'α 分析

因素	生产要素	需求条件	相关产业和支持产业	公司战略、结构与竞争	政府政策环境
Cronbach's	0.647 6	0.681 6	0.710 3	0.684 7	0.629 6

3.3.3 黄山市地理标志茶产业分析

3.3.3.1 生产要素

生产要素评估得分为 3.53，各主要要素得分见表 3－6。基
于各要素得分情况得出以下结论。

表 3-6　黄山市地理标志茶产业五要素得分表

要素		得分	要素		得分
	气候土壤等自然条件	4.35		茶叶种植业能力	4.09
	当地科技力量	3.51		物流运输业能力	3.85
	企业资金状况	3.30	相关及支	电商能力	3.25
	融资环境	3.04	持产业	机械制造业能力	4.20
生产要素	基础设施条件	3.66	(3.70)	包装印刷业能力	3.39
(3.53)	土地价格	3.74		生态旅游业能力	3.70
	劳动力价格	3.71		农产品会展服务业	3.43
	劳动力教育水平	2.94	企业战略、	茶产业集聚程度	3.71
	劳动力熟练程度	3.54	结构与	三产融合程度	3.27
	国内需求层次	3.42	竞争	企业间竞争程度	3.74
	国外需求层次	2.93	(3.46)	企业间合作程度	3.12
需求状况	国内需求状况	3.74		政府重视程度	3.75
(3.23)	国外需求状况	2.79	政府政策	政府服务效率	3.65
	国内需求增长潜力	3.47	环境	政策性支持力度	3.62
	国外需求增长潜力	3.00	(3.65)	政府宣传力度	3.57

(1) 初级生产要素。 首先是自然条件，黄山市的自然条件得分高达 4.35 分，是其发展茶产业的最大优势所在。从地理位置分析安徽省地处长江、淮河中下游，暖温带与亚热带的过渡地带，季风明显，四季分明，年平均气温 14～17 ℃，全年无霜期 200～250 天，年平均降水量 773～1 670 mm。独特的自然环境成就了茶树品种和茶类的多样性。而黄山市更是地处徽州茶区。徽州茶区素有"绿色金三角"之誉，是中国茶叶生产最集中的茶区之一，也是名茶产区和中国主要的无公害和有机茶产区，而北纬 30°地带适宜的气候条件和复杂的地质变化，不仅造就了生物群种的多样性，也为徽州茶区的茶叶品种多样性造就了条件，从而

使得徽州茶叶有了三大特点：一是外形秀美，二是以香见长，三是滋味醇和。其次，茶叶生产成本较高，该部分成本主要包括土地成本和劳动力成本。由于茶叶种植占地面积大，导致土地成本高；而适龄劳动力多外出务工导致劳动力稀缺，使当地劳动力的成本偏高。最后，劳动力教育水平低，但整体熟练程度较高，黄山市当地存在着严重的劳动力短缺问题，特别是在茶叶采摘时期，招工难就成了当地茶企面临的一大难题；根据访谈得知，当地劳动力老龄化现象十分严重，年轻人多数不愿意在家务农；但是当地劳动力熟练程度高，大多数祖辈就以种植茶叶为生，对茶叶种植有着相当丰富的经验。

（2）高级生产要素。 一是基础设施条件优越，有些茶厂的高端茶叶采用全手工，对机械要求不高。且区位交通条件优越，有利于茶叶的运输与贸易。二是科技力量薄弱，当地虽有安徽省农科院祁门研究所、黄山茶叶学校，也与安徽农业大学茶学系保持联系，但是产学研结合不够深入，农科教脱节。三是茶叶加工企业资金状况和融资环境较差，企业缺乏资金，贷款难，虽然政府对于企业有一定的补助，但是力度还是相对较小，许多企业对相关政策的认识和贷款的申请都存在很大的盲区。

3.3.3.2　需求状况

黄山市地理标志茶产业需求状况评估得分为 3.23（需求状况的各要素得分参见表 3-6）。根据问卷分析和实地访谈，可知需求状况存在以下特征：一是国内需求仍然是黄山市茶产业发展的主要内生动力，茶叶营养价值高，中国茶文化历史悠久，茶叶也是国人日常生活中必不可少的饮品，国内需求量大。而国外需求状况较差，根据黄山市统计年鉴数据，2016 年黄山市茶叶出口产值 17 984 万美元，仅占茶叶总产值的 14.09%，受访企业出口茶叶的仅有 11 家，占比 14.47%。二是国内对茶叶需求层次上对茶叶的品质和品牌提出了更高的要求，但是茶叶加工附加值低。随着人民生活水平的提高，消费观念的变化，消费者不再满足于茶叶的低层次的饮用要求，对茶叶的质量、口感、包装、品牌有了更高的追求，茶叶消费也从普通茶向名优茶转变。特别是很多消费者买茶是为了送礼，这无疑增加了高端茶叶的销量，国内需求增长的潜力巨大。三是国外对茶叶需求层次低，需求潜力有限，外国人对茶文化的了解还是不够深入，饮茶的方式主要是在茶里加糖加奶，这使得他们对茶叶的品质要求相对较低。通过访谈得知，一些有出口贸易的企业都是将上好的茶叶在国内销售，相对较次的茶叶才会出口。

3.3.3.3 相关及支持产业

相关及支持产业状况评估得分为 3.70（各具体因素得分情况参见表 3-6）。调查结果表明：一是当地茶农的种植能力强，能够很好地满足企业的需求，当地茶农对茶叶种植有着丰富的经验，加之企业和政府不定时地提供培训，使得茶农的种茶能力强。二是黄山市物流运输业较好地满足了茶叶加工企业的相关需求，中国供销黄山农产品物流园的建设是对黄山原有老旧市场的一次全面升级，目前总投资 3 亿元、规划用地 160 亩的皖新皖南物流园项目也正在建设，项目建成后将是集图书物流、冷链物流、第三方物流、会展、办公、综合服务为一体的现代物流园。能够有效推动黄山茶叶市场的流动，为黄山市茶叶行业发展升级带来更多机会。三是黄山市旅游业的发展势头迅猛，当地在发展文化旅游而的同时也大大增加了茶叶的销量，也有利于提高名优茶的知名度。四是黄山市茶叶的机械化进程比较快，基本实现了茶叶生产加工机械化。黄山市茶叶加工机械化经历了从传统手工到半自动化到自动化规模化连续化的加工模式，从手工炒茶到小单机到小成套再到清洁化、连续化、自动化、规模化生产流水线的设备变更。黄山市在茶叶加工上不仅实现了清洁化、智能化，还大大提高了生产效率。五是黄山市的生态旅游业发展迅猛，但对当地茶叶销售的带动能力一般。六是电商的发展稍显逊色，淘宝等电商的兴起无疑是黄山市茶叶发展的一个重大机遇，如果利用得当，不仅可以增加销量，更是可以提高知名度。但是由于电商门槛低，茶叶质量也是良莠不齐，许多商家打着名优茶的名号，实际是利用一些质量较差的茶以次充好，这使得许多名优茶品牌声誉受损。加之线上茶叶销售价格低，很容易就会形成低层次的价格竞争，严重削弱了名优茶的市场价值。七是黄山市包装印刷业发展和农业会展服务业稍显不足，这在一定程度上影响了茶叶的销售。

3.3.3.4 企业战略、结构与竞争

企业战略、结构与竞争状况评估得分为 3.46（各具体因素得分情况参见表 3－6）。调查结果表明：一是从产业结构来看，黄山市茶产业集聚程度高，这极大程度上促进了黄山市茶产业的发展；但是黄山市茶产业三产融合程度有待提高，这主要在于企业未能将茶叶的种植、加工、销售同黄山市的旅游业深度结合起来。二是在企业战略方面，黄山市茶叶加工企业发展目标有待提高，缺乏长远的战略规划或者缺乏实施战略的能力。受访企业中 69.74％的茶叶企业今年的国内市场销售目标在 500 万以下，黄山市茶叶企业的发展目标有待提升；大多数企业未将海外作为他们的目标市场，缺乏国际竞争意识。三是在产品结构方面，茶叶生产品种单一，附加值低，难以满足消费者对茶的多层次需求。黄山市目前主要还是以销售茶叶为主，以茶叶为原料的深加工比较落后，产品附加值低。作为产茶大市，黄山市在茶叶深加工方面具有广阔的前景和潜力。四是在企业竞争方面，黄山市茶企呈现出"竞争加剧疏于合作"的局面。黄山市茶企较多，市场竞争较为激烈，现阶段还主要停留在低层次的价格竞争，严重削弱了名优茶的市场价值，黄山市茶企未在激烈的竞争中建立良好的合作关系。

3.3.3.5 市场机会

近年来，皖南国际旅游文化示范区和国家地理标志产品保护示范区等的建立为黄山市茶产业的发展提供了新的市场增长点，

特别是 2018 年太平猴魁国家地理标志保护示范区通过了国家的验收，其作为安徽省首个地理标志产品保护区不仅使当地的茶叶生产变得规范化也使得品牌知名度得到提高。2017 年 6 月，农业部公布第 4 批中国重要农业文化遗产名单，"安徽黄山太平猴魁茶文化系统"光荣入列，2017 年 8 月"太平猴魁"被推介为"安徽省十佳地理标志商标"。

随着国民收入水平和消费水平地提高，对于茶叶特别是优质茶叶的需求也更加旺盛。地理标志产品茶叶每年都要抽样很多送到国家农业标准化与监测中心、安徽省茶叶产品质量监督检验中心等高水平专业机构进行把关，严控产品质量，正逐渐得到消费者认可，在这个大趋势下地理标志茶叶国内贸易的市场机会也日渐凸显。

此外，黄山市作为著名的旅游城市，大量的人口流动给本地的茶产品提供了广阔的销售市场，也有利于地理标志茶叶的宣传推广。由于受到中美贸易战和一些发达国家农产品交易壁垒的波及，对我国茶叶的出口贸易有不利影响。

3.3.3.6 政府因素

政府政策状况评估得分为 3.65（具体要素得分参见表 3 - 6），调查结果显示，首先政府重视程度得分最高为 3.75，表示政府对当地茶产业的发展抱以高度重视的态度，另外，对与其发展有关的政府服务都能高效办理。其次相关政策也具体落实到位，政府为了扶植当地茶产业发展出台了一系列的政策，如：《关于加快茶产业发展的意见》《安徽省人民政府关于加强茶叶品牌建设进一步做大做强茶产业的意见》等；这些政策在多方面给当地茶企的发展提供了机遇，政府的支持除了政策方面还表现在资金方面，如 2018 年黄山市安排茶产业项目专项资金 600 万元等。由于政府的宣传力度较弱，对于品牌的推广建设能力较差，黄山市政府可以加强与其他茶区的交流，每年举办茶叶交流会，通过网络、电视等媒体积极进行传播，打造一批当地赢得消费者认可的当地茶叶品牌。

3.4 黄山市地理标志茶产业发展的策略

根据波特—邓宁模型的分析结果来看，黄山市地理标志茶产业目前仍处于价值链的中底端。针对黄山市地理标志茶叶茶产业存在的问题，对其发展提出以下建议。

3.4.1 完善生产要素保障体系

3.4.1.1 拓宽融资渠道

针对中小茶叶企业资本实力、市场知名度以及融资人才等各个层面较大型茶叶企业较弱，内部融资远远不能满足多数企业发展需要且融资成本较高，外部融资渠道非常有限等茶叶企业融资难的现实问题，政府应和金融机构合作，针对茶叶企业应推出相关优惠政策，加大信贷扶持力度，运用信用担保的方式，提升中小茶叶企业的信用等级，建设中小企业政策性金融机构，有效为中小茶叶企业提供政策性金融支持。一是创新资产抵押投资体系，根据茶叶企业实际市场情况拓展抵押贷款项目，灵活运用各种产权抵押贷款融资方式进行融资；二是充分运用风险投资资金，利用外部自由投资人或非正式投资机构进行投资，获取茶企融资；三是在法律允许范围内，适当在当地开展民间借贷，既促进农户收入也给企业提供资金支持；四是活用融资租赁方式融资，使得茶叶企业能够使用较少资金获得所需设备，并利用租金偿还等方式有效实现茶叶企业扩大生产规模，获取更多利润的目标。

3.4.1.2 加强产学研合作

政府与省内农业类高校积极合作支持其开展涉茶科学技术研究，重点研发适合规模化加工的茶叶机械设备和生产线，充分认可技术创新的价值，通过技术奖酬、技术入股以及技术有偿转让等方式使得技术创新成果与科技人才收入相连接，增强总体技术创新积极性，并鼓励相关专业技术人员实地创办茶企或到相关企业挂职，加强促进茶叶科技成果转化。针对茶产业新型经营主体、社会化服务组织负责人等的教育培训，强化茶产业发展的人才支撑，黄山市可学习其他地区经验，沿着"以人才链助推产业链"发展思路，着力打造"生产—加工—流通—管理—科研"五环节一体化的黄山市茶产业人才链，有效推动加强优秀黄山市茶叶产业人才聚集：一是通过运用实地指导、举办培训班等方式，指导进行科学种植和田间管理，选派多名黄山市茶叶产业技术精英骨干到科学研究院所等机构参加黄山茶产品生产加工工艺研究与创新以及新品种栽培技术培训，快速提升黄山茶叶制茶水平，通过培育生产加工人才进一步夯实黄山茶叶产业发展基础。二是黄山市应大力开展各类经营管理人才培训。做到由生产加工领域向经营流通领域进行延伸，扩大人才作用的发挥领域，通过培育经营管理人才，夯实产业市场基础。三是黄山市应积极培育科研创新人才，成立黄山市茶叶产业技术攻关团队，邀请多名专家学者进行规划指导，大力促进产业创新升级的。推动黄山市茶产业创新升级，实现人才集聚与产业发展互促共赢，进一步解决劳动力教育水平低和农科教脱节问题。四是建立人员流动机制，不仅可通过在茶叶采摘期间从省外、市外引进劳工，还可通过协会联系当地劳动部门，吸收劳动部门富余劳动力来茶山采茶，解决茶季招工难问题，积极为茶山经营者排忧解难，并通过邀请专业人士为招聘到的采茶员工做好业务培训和安全知识宣讲，并要求当地各种茶叶种植大户一定要做好后勤保障，切实保障采茶员工能够既高效又能安全放心地进行采茶工作。

3.4.2 促进相关产业快速发展

3.4.2.1 加快电商行业发展

一方面，充分利用"互联网＋"，在电商平台适时推出各种优惠，并增强电商企业"内功"，致力于把安徽名茶鲜明优点呈现在电商平台上，使得消费客户能够感受到产品的优质，切实提高企业知名度。针对包装问题，应当勇于创新，茶叶包装设计种要考虑文化因素，特别是要把安徽黄山本地的地域文化因素包含进去，注重不同茶品传递的文化品质以及展现茶品文化性的多种方式，从而促使黄山市地理标志茶叶包装多样化来满足顾客的各种需求。另一方面，要规范电商行业健康发展。追责倒逼电商平台，要求其认真查找电商平台本身存在的问题，切实承担平台主体责任，对于平台对经营者的资质资格审核未尽到义务或对消费者未尽到安全保障义务的情况，要依法对平台进行追责，切实提高监管水平，防止假货、伪劣产品影响茶叶企业声誉。

3.4.2.2　加快监管信息系统建设

首先是努力实现信息互联共享，建设事中事后综合监管平台，从而形成完整的信息体系，这样既提高了对于电商平台的监管效率、又降低了对电商平台的监管成本。并且，综合监管平台将具有监管职能的政府以及部门和单位纳入，进行优化改造传统的执法监管流程，对于每个具有监管功能的职责主体、监管依据、执法程序一一明确，使得在平台上稳固下来，精准实现问题来源可查、去向可追、监管留痕、责任可究，真正让不同层级政府与不同职能部门的信息互联共享，实现跨部门协同合作，切实提升综合监管水平。再次是创新监管手段和方式，及时向社会公开监测、抽检、执法、处罚等社会普遍关注的监管信息，使得政府部门所掌握的监管信息流向公众，使得公众能够更为便捷地知情监督。

3.4.3　充分发挥政府引导作用

3.4.3.1　加强地理标志茶叶宣传

在我国，安徽名茶占据了十大名茶中的四席，而现实情况是徽茶普遍认可度并不高，且其覆盖面积主要在长江中下游一带，影响力十分有限。特别是近些年来，云南的黑茶及福建的乌龙茶宣传力度大，市场反应热烈，竞争力强，对黄山茶叶具有不小的冲击。因此，茶产业地理标志的发展亟须充分发挥政府的引导作用，特别是在宣传力度上需要持续加大，努力提高黄山市茶叶品牌的知名度。一方面，积极组织企业参加国内外具有影响力的茶叶展览会，搭建茶文化交流平台和茶叶贸易平台，采取市场化运作办法，委托专业会展公司策划、组织茶及茶相关产品展览、展销，借助媒体推广黄山名茶。另一方面，依托网络信息平台，与新兴传媒积极合作提高知名度，利用央视、安徽卫视等主流媒体，展开全方位广告宣传。此外，政府应加强宏观管理，通过严格奖惩考核以及研究制定鼓励茶叶企业发展的优惠政策等方式，切实保障各项工作落到实处，以加速推动茶叶行业的健康发展。

3.4.3.2 尽力为企业做好服务

农业是弱势产业，特别是农业企业的发展有赖于政府的扶持，政府应为茶企的发展做好服务工作，充分发挥政策的效能。水利、工商、茶叶、金融等部门努力在技术、资金、信息等方面搞好服务，通过各个部门的通力密切合作，进一步促进服务水平增强，全面加快茶叶特色产业发展步伐。并且应更进一步，加强茶叶龙头企业建设，加速推进茶叶企业产业化以及工业化进程。一方面，政府要充分利用资源充足的优势，对于一批骨干茶叶龙头企业要大力进行扶优扶强；另一方面，政府要进一步提高招商引资力度，灵活运用招商引资相关优惠政策，吸引外来商人兴办茶叶企业、茶馆、茶社等茶文化设施，延伸茶产业链，实现一、二、三产业的融合；此外，政府对于中、小型茶叶企业要逐渐规范化，有效实现资源配置、企业结构以及产销秩序的优化。

3.4.4　创新茶叶企业战略结构

3.4.4.1　融合上游产业链

以企业为抓手带动第一、第三产业发展，打造农业产业化联合体。黄山很多茶企采取"企业＋农户""企业＋基地"的模式经营，由于信息不对称，农户之间的凝聚力很低，企业与农户之间没有形成紧密的合作关系，存在管理松散、推行成本高等诸多不利因素。农业产业化联合体是安徽省在全国率先推出的一项改革举措。安徽省为破解农业产业化各经营主体之间产业、要素、利益联结不紧密的问题，降低交易成本，实现规模经济，提出要把现代产业发展理念和组织方式引入农业，提升价值链、延伸产业链、打造供应链，形成全产业链，让农民从产业链增值中获取更多利益，形成农业产业化联合体。因此，黄山茶企可以抓住此次政策机遇，通过"企业＋合作社＋家庭农场"的路径，既能够解决以前"企业＋农户"的弊端，又能够更好地带动农户致富，促进企业的发展。

3.4.4.2　拓宽下游产业链

一方面，鼓励茶叶企业在旅游景点开设特色各异的徽韵名茶店、茶楼、茶文化馆，建设集生产、观光、体验、养生、餐饮于一体的名茶主题庄园。黄山各区（县）结合自身实际，主办方通过各种形式展现景区独特的茶文化魅力，参加活动中的游客可一边观看精彩的节目表演，一边品尝独具风味的特色茶，其后，嘉宾、游客们还能够到茶场、茶园，亲自体验采茶、制茶的乐趣，呈现其乐融融的气氛。近年来，各个旅游景区可通过举行茶文化旅游节，融合茶旅文化打造精品旅游产品，以茶会友，吸引客人前来，有效实现茶叶产业与旅游产业的有机结合，助推绿色健康文化旅游产业带建设，打造"民居生活—生态旅游—产业发展"名茶庄园。另一方面，茶叶企业产品同质化竞争非常激烈，一味模仿难以取得丰硕的成果，因此茶叶品牌必须走差异化的道路。此外，企业间应加强合作，避免过度竞争，尤其要避免茶叶企业之间打价格战的情况出现，努力打造一个茶产业发展的良好环境。

3.5　本章小结

本章从已经在国家相关主管部门登记备案的产品层面，对安徽省农产品地理标志资源情况及发展策略进行了研究。自 2010 年启动地理标志农产品登记工作以来，研究数据表明，安徽省地理标志农产品数量在逐年增加且增长迅速，年均注册增长量在 7 件左右。安徽省现有地理标志产品共 81 件，地理标志商标共有 154 件。

安徽省地理标志农产品的分布区域分化明显，总体上呈现出皖北、皖中和皖南渐增，皖北零散量少而皖南集中量多的两极化趋势；安徽省已登记注册的地理标志农产品类别主要集中于茶叶、蔬菜和中草药材等经济作物。地理标志农产品品牌声誉排名跨度较大，在数量和产品类别上的差距说明，安徽省地理标志农产品与农业强省山东、江苏、四川等省份相比，其品牌价值相对较低。同时，安徽省在地理标志农产品发展过程中存在着重申请、轻建设，应付申报任务的形式主义现象，地理标志使用率不高，地理标志农产品的龙头企业对行业带动能力有限，各地市地理标志农产品品牌建设战略定位不明晰，生产和管理方式不精细，特色优势的发挥不足，农产品特征、属性以及品牌文化跟消费者需求严重脱轨，农产品跨地区的影响力和关注度不高等问题。

本章分析，影响安徽省地理标志农产品发展的原因主要有：农户对地理标志农产品认知程度较低，对地理标志农产品保护意识薄弱，参与积极性不高；地理标志农产品在使用上缺乏监管，相关标准、法律法规以及监督机制不够完善；地理标志农产品质量监管力度不够；安徽省各个地区经济发展的不平衡等因素影响着地理标志农产品品牌价值的发挥。

本章通过对黄山市地理标志茶叶发展现状的分析，根据黄山市地理标志茶叶的分布情况，在黄山区、徽州区、休宁县、歙县和祁门县等地选取地理标志茶叶加工企业，采用问卷调查和实地访谈的方式，基于波特—邓宁模型分析，黄山市地理标志茶产业的发展目前仍处于价值链的中底端。针对黄山市地理标志茶叶茶产业存在的问题，对其发展提出完善生产要素保障体系、促进相关产业快速发展、充分发挥政府引导作用、创新茶叶企业战略结构等建议。

第4章 基于企业行为的地理标志农产品发展研究

4.1 地理标志农产品加工企业质量控制行为理论分析

4.1.1 地理标志对生产者行为影响的相关研究

地理标志本身具有超越市场的价值，地理标志本身可以让地理标志产品生产者获得更高的收益，也会促使生产者提高产品的质量。

Just（2004）认为，生产者生产产品的直接目的是获取利益的最大化，提供高质量产品是其获取收益的途径。只有当生产者从地理标志保护中得到预期收益时，农户才可能会选择去生产地理标志农产品。Golan（2004）提出地理标志农产品生产者农户收益是由生产成本、市场风险和产品售价决定的，这些也是农户选择质量控制的最重要因素。陈玉兰（2011）通过面板数据模型进行实证分析，结果表明，阿克苏苹果进行地理标志认证后降低了总成本，提高了产量。章胜勇和李崇光（2007）认为农产品地理标志可以促使生产者提高产品质量，增加地理标志产品生产者收入。王磊（2012）通过实证分析得出，山东省生产者申请使用地理标志的行为受到多个因素的影响，影响因素主要有生产者的基本特征、对收益的期望、是否签订合同、是否得到政府支持、对虚假地理标志农产品的担心程度和对地理标志的认可程度等。周曙东等（2007）通过实际调研得出，申请地理标志可以使得生产者的成本收益显著提高，陕西苹果申请地理标志保护后的成本纯收益率提高 20.78%，也促进了生产收入的增加。孙亚楠（2014）通过实证分析出地理标志对固始鸡养殖户年收益的影响，认为地理标志固始鸡养殖户和非地理标志固始鸡养殖户的年收益存在着差距。

同时，地理标志具有外部性，存在着"免费搭便车"的现象，每个生产者都希望不付出而享受地理标志带来的收益，却又不愿增进地理标志信誉而增加成本（王岩峰，2008），孙亚楠（2014）通过实证研究，提出生产者间很容易因为各自的利益而损害地区的地理标志来获取不正当利益。杨鹏程（2014）则认为农产品集体声誉会被低质农产品生产者滥用，会引发消费者对正宗优质产品的信任危机。

4.1.2 关于企业质量控制的相关研究

4.1.2.1 企业质量控制行为影响因素的相关研究

Caswell（1998）提出了企业质量控制的动机模型，他认为公开动机（食品质量销售前要求以及售后惩罚措施）和私人动机（市场占有率、企业声誉和营销）是企业提高产品质量安全控制的主要动机。Hassan（2006）认为公司是否采用质量安全和控制主要取决于交易成本、公司规模、责任管理以及供应链下游、政府等对产品质量的要求。Shavell（1987）提出企业对其产品的质量控制能力受到企业规模的影响，企业规模、组织及市场结构影响企业对安全高质量产品的供给。

张婷（2006）通过对 44 家绿色食品企业的调研并从企业自身特征、显性激励机制和隐性激励机制这 3 个方面对企业质量控制行为的影响因素进行了分析，实证得出，企业管理者的受教育年限、政府的惩罚力度、产品销量变化、产品能否优质优价、消费者满意度和企业实施认证后的成本收益变化等是影响绿色食品企业实施质量控制的关键因素。周洁红、胡剑锋（2009）对浙江省蔬菜加工企业进行调研，认为企业进行质量控制行为直接来源于市场，企业的目标市场的选择直接影响企业对质量安全管理机制的选择。崔彬、潘亚东、钱斌（2011）通过江苏省 112 家家禽加工企业的质量控制行为的实证分析得出，政府监管力度和企业的成本收益比较影响着企业的质量控制行为。钱峰燕（2005）通过对茶叶企业生产行为的实证分析结果表明，成本收益状况、鲜叶的农药残留、企业规模等是影响企业进行质量控制的关键因素。展进涛等（2012）通过对猪肉加工企业的调研数据分析得出政府激励行为、供应链管理、企业规模和企业质量管理设计等四个因素影响着企业的质量控制行为。季柯辛（2013）通过对山东省猪肉企业的实证分析得出，核心企业实施质量控制行为的意愿的影响因素按顺序是行为态度、主观规范和知觉行为控制。

4.1.2.2 企业质量控制行为的效益的相关研究

Caswell（1998）从成本和收益两方面对企业质量控制效益进行了研究，提出了衡量企业实施食品质量控制的效益公式。Juan（2003）通过对西班牙柑橘的调研，对西班牙柑橘在常规生产、有机转换生产和有机生产中的成本收益、投资回报、要素投入等进行了深入的比较分析并且提出了计量模型和方法来测算农产品生产者的经济收益。

钱峰燕（2005）通过对茶叶企业生产行为的实证分析结果表明，成本收益是企业是否具有安全茶叶生产行为的主要影响因素，特别是企业获取茶叶安全信息难度大或因质量认证成本高对企业安全生产技术的选择有较大影响。杨万江（2004）比较分析了无公害农产品生产企业和常规农产品生产企业的经济效益，结果表明，无公害农产品生产成本较高，成本结构改变后会使得比较收益率大于成本的溢出率，从而使生产的经济效益更高。杨万江（2006）通过实证研究得出，企业职工受教育年限、目标市场、产品销量、安全投入比例、实行农产品安全控制的责任人制度、拥有细菌控制设备、科技人员比例、建立质量安全管理体系、政府发挥作用和原料检测等变量对企业生产高质量产品的经济效益有显著影响。周洁红、胡剑锋（2009）对浙江省蔬菜加工企业调研数据进行了分析，并且对蔬菜企业质量控制进行了成本收益分析。金晓蕾（2007）通过对 166 家蔬菜企业的调研发现，蔬菜生产企业对质量控制的经济效益总体判断是有效益的。

4.1.2.3 企业实施质量安全认证行为的相关研究

王志刚（2006）分析了企业采纳 HACCP 认证体系对企业生产经营的有效性以及采纳 HACCP 认证体系对企业成本收益的影响，他认为采纳 HACCP 认证体系对于食品加工企业整体上是有效的。周洁红、叶俊焘（2007）对 66 家已实施 HACCP 体系的企业进行了成本—收益分析及 117 家企业采纳 HACCCP 体系的决策机理进行了研究，得到 HACCP 应用的主要困难包括企业基础条件差、对 HACCP 体系认知有限且实施能力低以及缺乏外部推动机制，在此基础上提出了一种以市场激励为主和行政管制为辅的控制方法。王世表（2009）分析得出大部分被调查企业都没有申请水产品认证。被调查企业对与申请产品认证的主动性和积极性不高。余志刚（2010）通过实证分析得出，企业基本特征、对食品安全现状的评价了解和对食品安全的认知程度是影响企业是否愿意通过 HACCP 体系认证。王志刚（2014）通过要素分析得出，企业创新和内外部需求、制度、内部效率、第三方认证、企业家精神和外部贸易压力等是企业采纳 HACCP 的影响因素。

学者对于农产品加工企业质量控制行为的研究主要集中 3 个方面：企业实施质量控制行为的影响因素研究、企业质量控制行为的经济效益研究、企业实施质量安全认证行为研究。

国内外学者对于农产品质量控制的研究也有两方面的不足，一是绝大多数关于农产品的质量控制的研究都是从农户的角度进行分析，而对农产品加工企业的质量控制行为研究还很少，另外在经济学角度下系统性的研究更是缺乏，尚未建起一套足以指导企业进行农产品质量控制的理论体系。二是研究过程普遍缺陷缺乏严密的实证推导和全面翔实的数据，绝大部分的文献都是以理论研究为核心，着重是对相关问题的介绍和分析，很少提出贴合实际的政策建议。

4.2 数据来源与问卷设计

4.2.1 数据来源

本章的数据来源与3.3.1数据来源一致。

4.2.2 问卷设计

对于茶业企业质量控制行为及影响因素的调查问卷主要包括4个部分：①被调查企业的基本特征，包括企业名称、企业规模、企业茶叶加工类型、企业的原材料来源、主要目标市场、企业获得认证情况、企业申请使用地理标志情况等；②企业对地理标志和质量控制的认知、申请使用地理标志和实施地理标志茶叶质量控制的意愿情况以及茶企产前、产中、产后对地理标志茶叶实施质量控制行为的认知情况；③企业对地理标志茶叶的质量控制行为情况，主要是茶企产前、产中、产后对地理标志茶叶实施质量控制所采取的措施以及企业实施质量控制的机制分析等；④企业对地理标志茶叶实施质量控制的影响因素分析和黄山市地理标志茶产业的影响因素分析，主要采用李克特的五分量表形式。

4.2.3 茶企基本情况描述性分析

对样本茶企的基本特征整理可以发现：从所有制形式看，调查的茶企90.79％为私营企业，说明私营企业是黄山市地理标志茶叶生产与供给的主体。

从表4-1中可以看出，样本企业有如下特征。

（1）被调查茶企整体规模偏小，经济实力较弱。94.7％的茶企雇员人数不超过200人，只有5.3％的茶企雇员人数在200人以上。

表 4 - 1 样本企业基本情况

统计指标	类型	频数	频率（%）
企业员工数（人）	1～49	66	86.84
	50～99	4	5.26
	100～149	1	1.32
	150～199	1	1.32
	200 以上	4	5.26
注册资本（万元）	10～99	28	36.84
	100～499	27	35.53
	500～999	8	10.53
	1 000～4 999	10	13.16
	5 000 以上	3	3.95
目标市场	传统市场	49	64.5
	新兴市场	20	26.3
	出口市场	7	9.2
其他认证类型	产品认证	32	41.4
	质量认证	45	58.6

（2）被调查企业以中小型企业为主。注册资本在 500 万元以下的有 55 家，占总体样本的 72.37%；注册资本在 1 000 万元以上的被调查企业仅有 13 家，占比 17.11%。这说明注册资本在 500 万元以下的企业才是生产地理标志茶叶的主体，这与黄山市茶企发展现状基本吻合。

（3）被调查茶企品牌意识较强。68.5% 的茶企都拥有自有品牌，认识到品牌是树立企业形象、提高企业产品竞争力的重要手段。

（4）被调查茶企产品销售以传统市场为主。以传统批发、农贸市场、商超和专卖店为目标市场的茶叶加工企业占企业总数的

64.5％，以国外市场为目标市场的茶企占比 9.2％，以国内新兴市场为目标市场的茶企占比 26.3％。

(5) 电子商务发展缓慢。仅有 34.2％的茶企通过网络展示与销售产品。企业所认知的电子商务形式主要包括：专门的企业网站、专门的电子商务网站等。

(6) 被调查企业重视食品质量安全的控制。47.37％的被调查茶企都申请使用地理标志，并且通过实施产品认证和质量安全体系认证来提高产品的质量控制能力。产品认证主要包括绿色产品认证、有机产品认证和无公害产品认证；质量认证包括 ISO 9000 质量管理体系认证、HACCP 体系认证、ISO 14000 质量管理体系认证、QS 认证等。29.3％的茶企同时实施了茶叶的质量认证和产品认证；12.1％的茶企实施了产品认证；29.3％的茶企实施了质量认证。

4.3 样本企业质量控制行为描述性统计分析

随着农产品加工业的发展，农产品供应链越来越长，影响农产品质量的相关环节也是越来越多。中国茶文化历史悠久，茶叶生产主要是以小规模分散经营的农户为主体，但是由于茶农经济实力、受教育水平、对质量安全的重视程度以及分散管理带来的高管理成本等诸多限制，在保证地理标志茶叶的质量安全供应的问题上，茶企作为茶产业供应链的中端，其生产、加工、包装、储运等环节的质量控制行为更是保证地理标志茶叶质量的关键，茶企积极的质量控制行为对促进其上游环节以及整个茶产业供应链质量水平的提升都具有至关重要的作用。

4.3.1 茶企关于产前质量控制的认知及行为分析

4.3.1.1 实施产前质量控制的认知情况

产前质量控制的认知，是指茶企对地理标志茶叶实施产前质量控制行为来提高茶叶质量这一观点的认可程度。根据问卷结果，76 家受访茶企中，所有企业认为选择良好的原材料来源有助于提高地理标志茶叶的质量；所有企业认为安全的投入品（茶树、化肥、农药）有助于保证地理标志茶叶质量；70 家茶企认为对合作农户进行培训有助于保证地理标志茶叶的质量；71 家企业认为对合作农户的监管有利于控制地理标志茶叶的质量。可见，几乎所有受访企业均认可产前质量控制行为对于提高地理标志茶叶质量的作用。

4.3.1.2 实施产前质量控制行为状况

（1）**原材料来源。**调查结果显示，76 家受访茶企中，有 61 家原材料是主要来源于自有基地或者是有合作关系的合作社和农户，仍有 15 家茶企的原材料是来源于市场收购。这表明，19.74％的企业对于原材料的质量控制能力比较弱。从调查的结果可以看出，大部分受访企业对原材料的质量控制能力比较强，但是仍有两成的企业虽然认可原材料的来源很重要，但未能在具体工作中落实。

（2）**合作行为。**调查结果显示，47.54％的受访企业能够为合作农户或者自有基地统一配送农资产品，在访谈中，我们也了解到一些企业可能无法做到统一配送农资产品，他们会告诉农户应该要用什么肥料和农药，让农户自行采购，这说明大部分受访核心企业能够发挥供应链中核心企业的作用，积极加强对地理标志茶叶的控制。78.69％的受访茶企能够对合作农户进行免费培训和技术指导，培训的授课人员主要有企业内部专职技术人员、有合作关系的高校或农业研究机构以及政府部门指派的专家，这表明受访茶企正努力地将地理标志茶叶的种植进行更加统一化和规范化的管理，以保证地理标志茶叶的质量水平。

（3）**监管行为。**调查结果显示，所有茶企都对合作的农户的茶叶种植行为进行监管，其监管形式主要有：派人定期对茶叶种植过程进行巡视、农户之间互相监督、对农户生产过程随机抽查、建立茶叶种植记录以及不符合地理标志茶叶质量要求的茶叶拒绝收购并对质量合格农户给予一定的奖励等（具体内容见表4-2），除了不符合地理标志茶叶质量要求的茶叶拒绝收购这一项外，其他样本总量是原材料来源包含自有基地和合作农户的企业共61个。受访的大多数企业都发挥了作为供应链核心企业的监管作用，但监管内容并不完善，除拒绝收购质量不合格茶叶外其余每项监管内容的被选比例都在五成左右，由此可见，企业应着手提高对农户种植地理标志茶叶的监管水平。

表4-2 企业产前控制监管状况

监管形式	频数	占比（%）
派人巡视种植过程	31	50.82
农户之间互相监督	32	52.46
生产过程随机抽查	33	54.10
种植记录	35	57.38
拒绝收购	76	100.00
给予奖励	44	72.13

4.3.2 茶企关于产中质量控制的认知及行为分析

4.3.2.1 实施产中质量控制的认知情况

产中质量控制的认知，是指茶企对在茶叶加工生产过程中对地理标志茶叶实施质量控制的行为可以提高茶叶质量这一观点的认可程度。根据调查结果，在受访的76家茶企中，70家受访茶企都认为对茶叶原材料进行质量检测有利于控制地理标志茶叶的质量；所有的茶企都认为对于茶叶加工人员的技术培训和指导有助于提高地理标志茶叶的质量；72家企业认为设立专门的质量控制部门或者有专人负责质量控制有助于地理标志茶叶的质量控制。由此可见，茶企对于茶叶加工的质量控制认知水平普遍比较高。

4.3.2.2　实施产中质量控制行为状况

在企业内部的加工环节，企业应将地理标志茶叶生产标准融入生产、加工、监督检查等企业质量管理之中。

（1）原材料检测行为。根据调查结果，在受访的 76 家地理标志茶企中，59 家受访茶企对地理标志茶叶的原材料进行加工前进行检测，如果检测不合格的茶叶不予生产，这说明大部分茶企还是比较注重地理标志茶叶加工时的质量控制。

（2）培训行为。根据调查结果，受访企业均认为，通过培训，员工可以更好地理解和掌握地理标志茶叶的生产标准，生产操作的流程也更加规范，在受访的 76 家茶企中，有 17 家企业仅是在入职时对员工进行培训，在之后的工作中并没有定期的质量安全培训和技术指导。剩余 59 家企业每年组织质量管理相关培训次数平均达到 4.18 次，授课人多为合作高校的老师或企业技术人员。在问及对员工质量控制培训和技能培训是否重要时，所有的企业都认为很重要，但是在实际调查中，有两成企业并没有落实到工作中去。

（3）监管行为。根据调查结果，57.89％的受访企业建立了企业负责人负责食品质量的管理制度，26.32％的受访企业立有专门的质量控制部门进行地理标志茶叶的质量控制。46％的受访企业对地理标志茶叶加工环节进行监控，随时抽检或全检，保证茶叶质量得以控制；34.21％的受访企业在地理标志茶叶加工过程中建立了茶叶的质量安全可追溯记录，这表明大部分企业虽然遵从地理标志茶叶的加工标准，但是当茶叶质量出现问题时，并不能通过追溯系统快速地找到质量出现问题的原因，不能及时地对污染源进行控制，将企业的损失降到最低。

4.3.3　茶企关于产后质量控制的认知及行为分析

4.3.3.1　实施产后质量控制的认知情况

产后质量控制的认知，是指茶企对产后茶叶质量控制行为来保证茶叶质量作用的认可程度。依据调查结果，76 家受访茶企中，70 家企业认为建立企业自检制度对于企业质量控制很重要，65 家企业认为建立产品召回制度有助于企业提高地理标志茶叶的质量控制。可以看出，对比产前与产中茶企的质量控制认知水平，受访茶企的产后质量控制认知水平相对略显不足，但绝大多数企业都表示认可产后质量控制行为。

4.3.3.2　实施产后质量控制行为状况

（1）企业自检制度。根据调查结果，63.16％的受访企业都建立了企业自检制度，比如购置测验仪器设备，建立产品检验实验室，强化企业自检；60.53％的受访茶企会定期或不定期对最终产品进行抽检或全检，确保上市产品合格。

（2）产品召回制度。根据调查结果，55.26％的受访茶企设立了产品召回制度，能够对立即召回响应的不合格茶叶，这将有利于企业的责任追究，分析原因和整改以及茶叶的质量控制。

4.4　茶企对地理标志茶叶实施质量控制机制分析

张婷（2013）通过对绿色食品企业质量安全控制的研究认为，企业实施绿色食品认证的动机、企业实施食品质量控制的瓶颈、企业关于产品质量安全的培训情况、企业对政府和自身实施质量控制作用的效果评价这 4 个方面，构成了企业实施质量控制的控制机制。在前人研究的基础上进行延伸，以下从企业实施质量控制的动机、企业实施质量控制的瓶颈、企业关于地理标志茶叶的认证状况、企业关于质量控制的培训状况和企业关于质量控制的成本收益状况 5 个方面来分析地茶企实施地理标志茶叶质量控制的机制。

4.4.1　企业实施质量控制的动机

在问及"企业对地理标志茶叶进行质量控制主要意图"时，

64.47%的受访企业选择了"提升企业自身知名度和产品声誉"，53.95%的受访企业选择了"增加销量和实现利润最大化"，44.74%的受访企业选择了"开拓市场"，32.90%的受访企业选择了"满足政府和消费者的质量要求"。根据问卷结果，受访企业对地理标志茶叶实施质量控制的动机从单纯追求利润最大化到提高企业产品知名度和产品声誉。由此可见，企业认识到茶叶质量对企业生存发展的重要性，地理标志茶叶质量水平的高低直接影响企业自身的长远发展，将自家茶叶质量实现与同类产品的差异化这一目标已经提到了企业战略的高度。

4.4.2 企业实施质量控制的瓶颈

在问及"企业实施地理标志茶叶质量控制的瓶颈"时，92.11%的受访企业选择了"原材料质量控制难度大"，主要原因是因为农户质量控制意识不强，集中管理难度比较大，68.42%的受访企业选择了"企业资金缺乏，技术水平低"，主要原因是政府对企业资金和技术等方面支持力度有限，27.63%的受访企业选择了"茶叶检测成本太高"，主要是受访企业大多都是中小企业，资金有限，而茶叶质量检测设备价格较高，很多企业无法承担。

可以看出，原材料的质量控制难度几乎制约了绝大多数茶企的发展，其次是检测技术的落后和生产资金的匮乏，这些问题造成了茶企实施质量控制行为的困境，也影响着地理标志茶叶产品的质量水平。

4.4.3 企业关于地理标志茶叶的认证状况

根据问卷结果，70.7%的受访企业都通过实施产品认证和质量安全体系认证证明地理标志茶叶的质量。产品认证主要包括绿色产品认证、有机产品认证和无公害产品认证；质量认证包括ISO 9000质量管理体系认证、HACCP体系认证、ISO 14000质

量管理体系认证、QS 认证等。29.3% 的茶企同时实施了地理标志
茶叶的质量认证和产品认证；12.1% 的茶企实施了产品认证；
29.3% 的茶企实施了质量认证。由此可见，被调查企业重视地理
标志茶叶质量安全的控制且对地理标志茶叶质量的控制初显成效。

4.4.4　企业关于质量控制的培训状况

根据调查结果，受访企业均认为，员工在生产过程中规范度
和熟练度，都能在培训中得以提高。在受访的 76 家茶企中，有
17 家企业仅是在入职时对员工进行培训，在之后的工作中并没
有定期的质量安全培训和技术指导。剩余 59 家企业每年组织质
量管理相关培训次数平均为 4.18 次。企业除了对内部员工的培
训，78.69% 的受访茶企还对合作农户进行免费的培训，而且授
课人多为合作高校的老师或企业技术人员。由此可见，企业想通
过各种培训让地理标志茶叶质量能够越来越好。

4.4.5　企业关于地理标志茶叶质量控制的成本收益
状况

对 76 家茶企的问卷进行分析得出，有 8 家企业没有核算过
对于地理标志茶叶进行质量控制前后的成本收益变化，主要原因
是因为企业认为成本收益变化不易量化，没有进行过专门的核
算。对于剩余 68 家茶企的问卷结果如下。

（1）茶企质量控制对地理标志茶叶成本的影响。根据问卷结
果显示，76.47% 茶企表明企业申请使用茶叶地理标志后对地理
标志茶叶实施了质量控制且生产成本增加，平均增加 10% ～
20%，23.53% 的茶企认为实施质量控制前后企业的生产成本没
有太多的变化，主要原因是企业对地理标志茶叶质量控制本来就
做得很好，不需要再去提高茶叶质量。

（2）茶企质量控制对地理标志茶叶收益的影响。对地理标志
茶叶实施质量控制行为，企业可以获得直接收益和间接收益。直

接收益仅仅是指财务报表上经济收益或者经济利润的提高，间接收益包括企业知名度的提高、茶叶销量的增加和客户满意度的提高等。根据问卷结果显示，在直接收益方面，64.7%的茶企表明对地理标志茶叶实施质量控制后企业的经济收益增加，平均增加幅度在20%～30%。剩余35.3%的茶企表示他们的经济收益还是维持原状，实施地理标志茶叶的质量控制行为并没有给他们带来经济收益的增加。在间接收益方面，全部的企业都认为对地理标志茶叶实施质量控制后提高了企业的知名度，有利于企业的长远发展；80.88%的茶企认为实施质量控制后的地理标志茶叶销量显著增加，平均增加幅度在10%～30%；88.24%的茶企认为地理标志茶叶质量的提高使得客户对本企业产品的满意度显著提高。

（3）关于企业实施质量控制的成本与带来收益的比较。虽然存在部分茶企认为短期内质量控制投入大于可能带来的收益，但86.76%的茶企还是认为在当前加大对地理标志茶叶质量控制成本的投入是值得的，在以后的生产过程中运营效率会得到显著提升并可以让收益增加弥补前期的成本投入。此外，越早采取提高质量控制水平的企业越可能生产出高质量的产品从而在行业中起到带头作用，加大对优秀人才的吸引，建立品牌号召力。

4.5　企业质量控制行为的影响因素分析

在4.4中，对黄山市受访茶企的基本情况、茶企对地理标志茶叶实施质量控制的认知情况和质量控制行为以及茶企实施地理标志茶叶质量控制的机制进行了描述性的统计分析，为了更深一步探究地理标志茶企实施地理标志茶叶质量控制行为的影响因素，再利用二元Logistic回归分析方法对样本企业数据进行实证分析。

4.5.1　理论分析框架与研究假说

4.5.1.1　理论分析框架

张婷（2006）通过对 44 家绿色食品企业的调研，运用计划行为理论分析绿色食品生产农户质量控制的行为特征，并实证分析得出农户对绿色食品质量控制行为的影响因素主要有态度、主观规范、知觉行为控制和自身因素等。季柯辛（2013）通过对山东省猪肉企业的实证分析得出，核心企业实施质量控制行为的意愿的影响因素按顺序是行为态度、主观规范和知觉性为控制。

考虑到企业相对于个人决策者具有特殊性（如：行为目标稳定、存在规模效应、面临行业竞争等），因此在参考计划行为理论原有框架的前提下，兼顾企业生产决策的客观差异，从基本特征、行为态度、主观规范和知觉行为控制等 4 个方面分析茶企对地理标志茶叶实施质量控制的影响因素，构建基于计划行为理论的茶企实施地理标志茶叶质量控制行为的理论分析框架，详见图 4 - 1。

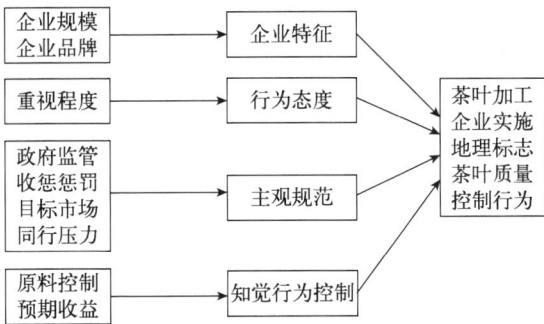

图 4 - 1　茶叶加工企业 TPB 分析框架

根据茶企实施地理标志茶叶质量控制行为的理论分析框架，茶企质量控制行为主要受到企业基本特征、行为态度、主观规范和知觉行为控制等 4 个因素的影响。对于自变量的解释如下。

（1）企业基本特征。 企业基本特征包括企业规模和企业品牌。其中，茶企规模越大就越有能力提高对地理标志茶叶实施质量控制；茶企拥有自己的品牌也更有可能提高对地理标志茶叶实施质量控制。

（2）行为态度。 态度指对特定行为的评价经过概念化之后所形成的态度，本书行为态度主要是指茶企管理者对地理标志茶叶质量控制的重视程度，行为态度越积极，茶企更倾向于控制地理标志茶叶的质量。

（3）主观规范。 主观规范就是人在作出选择时所面临的社会压力，或者是在预测一项行为时，那些具有影响力的个人与团队对决策的影响大小。主观规范包括政府、供应链下游和同行对茶企施加的压力。主观规范程度越强的茶企越倾向于控制地理标志茶叶的质量。

（4）知觉行为控制。 人会由于过去的经验对预期的阻碍进行判断，当个人认为自己所掌握的资源与机会越多、所预期的阻碍越少，则对行为的知觉行为控制就越强。在此知觉行为控制包括原料控制程度和预期收益，茶企对地理标志茶叶原材料控制程度越高，越倾向于提高地理标志茶叶的质量控制。知觉行为控制在提高企业的质量控制表现以及产品品质方面都是有效的。茶企预计提高地理标志茶叶质量收益能够大于成本，则越有可能提高地理标志茶叶质量。

4.5.1.2 研究假说

在茶叶加工企业计划行为理论分析框架的基础上，结合对黄山市 76 家茶叶加工企业的调研，提出以下假设。

假设一：茶企实施地理标志茶叶质量控制行为与企业特征有关。企业规模对茶企质量控制决策有正向影响作用。

假设二：茶企实施地理标志茶叶质量控制行为与行为态度有关。对地理标志茶叶质量的重视程度对茶企质量控制决策有正向影响作用。

假设三：茶企实施地理标志茶叶质量控制行为与主观规范有关。政府监管、政府惩罚、目标市场和同行的压力对茶企质量控制决策有正向影响作用。

假设四：茶企实施地理标志茶叶质量控制行为与知觉行为控制有关。原料控制程度和预期收益对茶企质量控制决策有正向影响作用。

4.5.2　模型构建与变量设定

4.5.2.1　模型构建

模型构建要考察茶企对地理标志茶叶质量控制行为问题，茶企对地理标志茶叶进行质量控制的行为只有提高质量控制和未提高质量控制两种情况，属于离散选择问题。因此，采用二元 Logistic 回归模型对影响茶企提高质量控制行为的因素进行分析，将因变量的取值规定为 [0，1]。二元 Logistic 回归模型的表达式为：$Pi = \dfrac{e^{a+\sum b_i x_i}}{1+e^{a+\sum b_i x_i}}$（1）。则可以得到：$\ln(p_i/1-p_i) = a + \sum b_i x_i$（2）。由此从公式可以得出，当模型中系数为正时，自变量 X 的发生会增加因变量发生的概率。

4.5.2.2　变量设定

根据理论函数，实证分析过程中需要使用的变量有：

（1）因变量。 茶企在生产过程中是否提高质量控制行为为因变量，分别为"是"和"否"两个选择，分别取值 1 和 0。

（2）自变量。 自变量主要包括 4 组。第一组为企业自身特征变量。包括"企业规模"和"企业品牌"变量；第二组为行为态度变量，是指"企业管理者对地理标志茶叶质量控制的重视程度"变量；第三组为主观规范变量，包括"政府质量监管力度""政府惩罚力度""企业目标市场""同行压力"等变量；第四组变量为知觉行为控制变量，采用"原料控制程度"和"预期收益"变量。具体自变量由表4-3可见：

① 企业规模。由于中国茶叶加工企业是劳动力密集型企业，本书选择企业雇佣人数作为衡量企业规模的指标。

② 企业品牌。是指企业是否拥有自己的品牌，如果企业拥有自己的品牌，则他更有可能会因为维护企业的品牌形象去提高产品质量。

③ 企业管理者的重视程度。企业管理者作为企业的重要的决策者，其认知和行为会影响企业的生产行为，企业管理者如果对产品质量更加重视，则企业更有可能会提高产品的质量。

④ 政府监管力度。政府作为食品质量监管的主导力量，对生产流程中的每个环节实施严格的监管，对企业的生产行为有强制作用。

⑤ 政府惩罚力度。政府的惩罚力度越大，对企业的威慑作用就越强，使企业越有可能生产优质产品。

⑥ 目标市场。企业的不同目标市场对产品质量的要求不同。本书将目标市场划分为国外市场、传统市场和新兴市场，其中传统市场包括超市、商场专柜、专卖店、茶叶批发市场、交易会和集贸市场等，新兴市场主要是指各类电商平台。

⑦ 同行压力。同类型茶企若是提高产品质量，也会带动其他企业提高质量来增加销量。

⑧ 原料控制。企业原材料的主要来源决定着它对供应链上游的控制水平，如果企业在原材料产地有自设基地，则视为其对原料控制能力强，若企业原材料的主要来源为市场收购，则视其对原材料控制能力弱。

⑨ 预期收益。主要是指茶企预计提高地理标志茶叶的质量控制水平所获得的收益是否大于成本，如果预计收益大于预计成本，则茶企更有可能去实施地理标志茶叶的质量控制行为。

表4-3　模型变量设定

变量名称	变量含义	性质	取值	取值含义	预期方向
企业规模（X1）	企业雇佣人数	刻度变量	1～5	1＝50人以下， 2＝51～100人， 3＝101～150人， 4＝151～200人， 5＝201人以上	＋
企业品牌（X2）	企业是否拥有自己的品牌	选择变量	0～1	否＝0， 是＝1	＋
重视程度（X3）	企业管理者对地理标志茶叶质量控制的重视程度	刻度变量	1～5	1＝不重视， 2＝不是很重视， 3＝一般重视， 4＝比较重视， 5＝非常重视	＋
政府监管（X4）	政府对地理标志茶叶质量的监管力度	刻度变量	1～5	1＝几乎不监管， 2＝监管力度较小， 3＝监管力度一般， 4＝监管力度较大， 5＝监管力度非常大	＋
政府惩罚（X5）	政府对不合格地理标志茶叶的惩罚力度	刻度变量	1～5	1＝没惩罚， 2＝惩罚力度较小， 3＝惩罚力度一般， 4＝惩罚力度较大， 5＝惩罚力度非常大	＋
目标市场（X6）	不同目标市场对企业地理标志茶叶质量的影响程度	刻度变量	1～5	1＝几乎没影响 2＝较小 3＝一般 4＝较大 5＝非常大	＋
同行压力（X7）	同行提高地理标志茶叶质量对企业的影响程度	刻度变量	1～5	1＝几乎没影响 2＝较小 3＝一般 4＝较大 5＝非常大	＋

（续）

变量名称	变量含义	性质	取值	取值含义	预期方向
原料控制（X8）	企业对供应链上游的控制程度	选择变量	0～1	弱＝0，强＝1	＋
预计收益（X9）	产品预计收益对企业是否提高地理标志茶叶质量的影响程度	刻度变量	1～5	1＝几乎没影响 2＝较小 3＝一般 4＝较大 5＝非常大	＋

为了更加全面、直观地了解各变量，对模型变量做了描述性的统计分析，分析结果如表4-4所示。

表4-4 模型变量描述

变量名称	取值/单位	最大值	最小值	平均值	均值标准差	观测值
企业规模（数值型）	人	508	2	43.31	84.04	76
企业规模（刻度型）	1～5	5	1	1.33	0.98	76
企业品牌	0～1	1	0	0.66	0.47	76
重视程度	1～5	5	1	4.11	0.79	76
政府监管	1～5	5	1	3.29	0.77	76
政府惩罚	1～5	5	1	3.09	0.75	76
目标市场	1～5	5	1	3.32	0.80	76
同行压力	1～5	5	1	3.26	0.88	76
原料控制	0～1	1	0	0.58	0.49	76
预计收益	1～5	5	1	3.38	0.92	76

4.5.3 实证结果与分析

运用SPSS17.0统计软件对样本数据进行了Logistic回归分析，分析结果如表4-5所示。

表4-5 模型回归结果

	B	Wald	Exp（B）
常量	−43.820	0.000	0.000
1. 企业特征			
企业规模（X1）	4.586	0.000	98.108
企业品牌（X2）	1.808	1.077	6.096
2. 行为态度			
重视程度（X3）	−0.245	0.048	0.783
3. 主观规范			
政府监管（X4）	1.925	1.828	6.854
政府惩罚（X5）	6.159*	2.988	472.983
目标市场（X6）	4.242**	4.131	69.572
同行压力（X7）	−2.842	2.695	0.058
4. 知觉行为控制			
原料控制（X8）	4.350*	2.847	77.513
预期收益（X9）	3.626*	3.370	37.552
卡方	1.833		
显著度	0.000		
预测准确率	94.6%		
−2对数似然值	19.576a		
Nagelkerke R^2	0.844		

** 和 * 分别表示在 0.05 和 0.10 水平统计显著。

从回归结果看，茶企对地理标志茶叶实施质量控制的行为决策受到主观规范和知觉行为控制两个变量的正向影响，其中主观规范中的"政府惩罚力度"和"目标市场"两个变量，知觉行为控制中的"原料控制"和"预期收益"两个变量通过了显著性检验，剩余其他变量均未通过检验，并不都与预期相符。

（1）**企业规模**。"企业规模"未通过显著性检验，企业规模对于质量控制水平没有明显的影响。可能的原因有两个：一是，此次调研企业数量较少，且规模普遍较小，影响了研究结果；二是，可能是由于调查企业是茶企，茶叶生产活动在采摘季节需要大量劳动力，茶叶经常采取招募临时劳动力的方式，这样会导致本书的数据在反映茶企规模的真实性上有所误差。季节性、临时性用工现象较为严重，因此调查数据可能未反映出茶企规模的真实差异。

（2）**产品品牌**。"产品品牌"没能通过显著性检验，说明一个产品的品牌大小如何与它的质量没有明显关系，这与预期的结论相悖，但类似结论在相关论文中并不少见，这表示产品品牌对于很多茶企只是起到区分其他企业产品的作用，而没有将品牌建设作为核心竞争力来看待，注重挖掘品牌的价值、内涵及声誉。

（3）**重视程度**。"重视程度"变量未通过检验，表明该变量对茶叶加工企业提高地理标志茶叶质量控制水平没有显著影响，与预期不同。主要原因可能是虽然企业管理者大多数重视地理标志茶叶的质量，可是并没有将想法付诸行动。

（4）**政府监管**。"政府监管"没有通过显著性检验，这与预期不同，可能是政府对地理标志茶叶质量的监管主要是在事后监管上，事前监管力度不足所致。

（5）**政府惩罚**。"政府惩罚"在10％的水平上显著，政府的惩罚力度对茶企提高地理标志茶叶质量控制具有正向的影响，这与预期相同。政府提高不合格地理标志茶叶的惩罚力度，严厉打击货价不能够给企业带来震慑作用，有助于推动茶企提高地理标志茶叶的质量控制水平。

（6）**目标市场**。"目标市场"在5％的水平上显著，表明对于不同的地理标志茶叶销售渠道，企业提供的茶叶质量是有差异的，茶企主要目标市场的客户对地理标志茶叶质量要求高，则企业就会提高地理标志茶叶的质量控制水平。

（7）同行压力。"同行压力"未通过显著性检验，这与预期不符，可能是因为茶叶市场质量参差不齐，大部分地理标志茶叶的受众更倾向于中等价位的茶叶，价格竞争在茶叶市场更具优势。

（8）原料控制。"原料控制"在10％的水平上显著，说明原材料控制水平与地理标志茶叶的质量水平是正相关关系。

（9）预期收益。"预期收益"在10％的水平上显著，对企业提高地理标志茶叶质量控制水平有正向的作用，与预期相同，质量好的茶叶生产成本高于普通茶叶，而决定茶企是否决定提高茶叶质量的关键因素是质量控制所带来的预期收益与成本的关系。若企业预计提高地理标志茶叶质量使得收益大于成本，企业就会提高地理标志茶叶的质量。

4.6　本章小结

本章主要是通过受访茶企对地理标志茶叶质量控制的行为进行了描述和分析，首先描述了约76家受访茶企的基本情况，主要包括企业的分布情况、企业员工人数、注册资本、企业品牌意识、企业电子商务发展状况、企业申请地理标志使用状况和企业认证状况等方面。其次分别从茶叶产前、产中和产后3个阶段，从企业对实施质量控制的认知和所实施的质量控制行为进行了描述性分析，分析结果表明，对比产前与产中茶企的质量控制认知水平，受访茶企的产后质量控制认知水平相对较低，并且发现茶叶加工阶段是受访茶企对地理标志茶叶的质量控制程度最强的阶段。最后从企业实施质量控制的动机、企业实施质量控制的瓶颈、企业关于地理标志茶叶的认证状况、企业关于质量控制的培训状况和企业关于质量控制的成本收益状况5个方面对茶企的质量控制机制进行了分析，结果表明，企业对地理标志茶叶实施质量控制主要原因是为了提升企业自身知名度和产品声誉、增加销量和实现利润最大化等；企业实施质量控制的最大瓶颈在于原材料质量控制难度大；被调查企业重视食品质量安全的控制且对地理标志茶叶质量控制初显成效；企业积极组织对员工和合作农户的培训，通过各种培训让茶叶质量能够越来越好；企业在对地理标志茶叶进行质量控制后，生产平均提高 10％～20％，经济效益均增加幅度在 20％～30％，并且提高了企业的知名度、客户满意度以及增加了茶叶的销量。

本章以 76 家黄山市地理标志茶企作为样本，从企业基本特征、行为态度、主观规范和知觉行为控制等 4 个方面，对黄山市茶企是否实施地理标志茶叶质量控制的行为进行了实证分析。结果表明，主观规范中的"政府惩罚力度""目标市场"和知觉行为控制中的"原料控制""预期收益"4 个因素对茶企是否提高地理标志茶叶质量具有正向的显著影响。第一，促进良好市场环境的形成有利于企业提高地理标志茶叶质量，政府应大力打击劣质茶产品，使得地理标志茶叶质量与价格相符，在公平有序的环境中保障茶企的预计收益，打击"机会主义"的行为。第二，茶叶销售主要目标市场的不同，不同市场的消费者对于地理标志茶叶的质量要求也不同，出口市场的消费者对于茶叶质量的要求最低，而传统市场对于茶叶质量的要求最高，给企业施加的压力也就最大。第三，茶企对地理标志茶叶原料的控制程度直接影响了地理标志茶叶的质量控制水平，对于茶叶加工企业来说原料来源无疑是关键环节。第四，决定茶企是否决定实施地理标志茶叶质量控制决策的关键因素是质量控制所带来的预期收益与成本的关系，若企业预计提高地理标志茶叶质量使得收益大于成本，企业就会提高地理标志茶叶的质量。

第5章　基于农户行为的地理标志农产品发展研究

5.1　地理标志农产品生产农户质量控制行为理论分析

长期以来，以家庭经营为主要特征的小农经济依然是我国当前农业的主要生产形式。在这种生产形式中，农产品质量控制主要还依赖于农户质量控制行为。可以说，农户质量控制行为是供给侧结构性改革、质量兴农的有效推进的微观行为基础与关键性保障。那么，从战略管理的角度上看，一个重要问题就显现出来——哪些变量因素影响作为微观个体的农户的质量控制行为？对这一问题的准确回答将为制定相关政策、激励农户自觉地进行农产品质量控制提供科学基础。本章将从农户对于地理标志的认知程度及农户生产地理标志产品时的质量控制行为两个方面论述基于农户行为的地理标志农产品发展。

5.1.1　农户基本特征

5.1.1.1　农户自身禀赋

在个体特征中影响质量控制行为的变量主要有农户的性别、年龄、受教育程度、种茶年限等因素。从理论上看，农户的年龄越大，对地理标志农产品质量的控制比较弱。陈雨生（2009）通过对农户生产无公害蔬菜的实证分析发现，年龄越大的农户，其使用高毒农药的倾向越大，而年龄较小的农户会使用绿色、环保的生物农药以减少对农产品质量的影响。一般来说，受教育水平的高低是影响农户对地理标志农产品接受以及对新技术选择的关键因素，进而直接影响其质量控制行为。对于农户的种植年限，周洁红（2006）利用396户菜农的调研数据，实证分析种植年限越长的农户种植经验越丰富，比较依赖于自身对生产安全农产品的认知，限制其对生产安全农产品信息和技术使用的关注，同时随着农产品专业化、规模化种植的不断深化，种植复杂系数的提升使得质量控制难度加大。

5.1.1.2　家庭因素

我国现有的农业生产形式以小农户分散经营为主，而农户又以家庭为基本单位生产农产品。因而，家庭因素对农户决策行为有着重要的作用。涉及家庭因素的变量比较多，比如家庭务农人数、种植面积、家庭收入结构占比等。家庭中参与农业生产的人数越多，说明家庭收入的主要构成为农业收入，那么农业收入的高低决定着农户的生产态度。同时农户的决策行为不仅受务农人数、家庭收入结构的影响，还跟种植面积的大小有关。贾雪莉等（2011）通过对种植户农药使用行为的研究发现，农户过量使用农药的行为受到家庭种植面积的显著性影响。其中种植规模较大的农户由于跟相关企业建立长期的合作关系，促使其质量控制行为受到监督和约束，保证了农产品的绿色和健康。另外社会关注度会随着农户种植面积的增加提高，质量问题面临的信誉风险也加大农户的质量控制行为。

5.1.2　农户实施质量控制的行为态度

质量控制的行为态度与农户对质量控制行为的主观评价密切相关，即正面的评价越高，其个体行为态度就越积极。在本部分中，采用农户对质量控制的预期收益、对风险的认知以及对地理标志的了解等变量来反映其行为态度。

5.1.2.1　预期收益和风险

地理标志农产品预期收益的高低对农户质量控制的行为态度

有直接影响。农户进行质量控制的态度会随着预期收益的提高更加积极；而随着预期收益的降低，农户质量控制行为的动力就越弱。由于农户会根据上一年度地理标志农产品的收购价格来预测本期收益，所以当上期地理标志农产品的价格比普通农产品在价格上有明显的优势时，农户质量控制行为的态度就会越积极。同时与收益对等的风险也是影响农户质量控制行为的重要因素。农户面临的风险主要包括市场风险和自然风险。自然风险的不可预测性对于有无质量控制行为影响较小，而市场风险则对农户的质量控制行为影响强烈。如果市场上安全农产品价格的稳定性较差，价格优势的缺失会导致农户应对质量控制的行为态度更加保守。

5.1.2.2 农户对地理标志认知程度

认知程度是指农户对地理标志农产品相关知识的了解状况。包括对地理标志农产品认证标志的区分、对地理标志农产品规范化生产流程的掌握程度、残留农药和重金属对地理标志农产品质量影响的认知等。农户能正确区分地理标志是了解地理标志相关知识的基础。而对地理标志农产品标准化、规范化操作流程的认知程度是质量控制的根本。王洪丽和杨印生（2016）通过研究水稻种植户的质量控制行为，发现农户对技术的了解程度对质量控制有显著性影响。一般而言，农户对农药、重金属残留危害的了解程度越高，就越能明白实施质量控制行为的重要性。张复宏和胡继连（2013）以生产优质苹果为例，实证分析农户对农药、重金属残留的认知程度正向影响优质苹果的生产。随着农户对农药、重金属残留危害的理解越深入，实施质量控制行为的倾向性越大。

5.1.3 农户实施质量控制的主观规范

主观规范指在执行某种行为时所感受到的外界压力。根据对主观规范的理解，农户实施质量控制的主观规范包括在制度法规、社会舆论和市场规范等方面的要求。农户实施质量控制行为其实是在与家人、社会、企业组织和制度等方面做博弈。代云云和徐翔（2012）分析了政府、市场和社会组织对菜农质量监管的影响，实证模型结果发现政府、组织、市场对规范农户生产行为都有显著性影响。其中，政府监管对农户安全生产行为影响最大，社会组织次之，市场影响程度最小。

5.1.3.1　社会舆论

农户在作出地理标志农产品质量控制行为时所感受到的社会压力主要来自家庭、邻里、亲朋好友以及社会大众等，如果个人感受到的社会压力越大，主观规范的作用就越强，促使农户实施质量控制行为的意向。对于媒体曝光的不安全农产品问题，农户会感受到来自社会各界的舆论压力，从而强化了农户实施质量控制行为的主观规范。比如张蓓等（2019）根据结构方程模型对果农的质量安全控制行为的影响因素的分析结果，建议通过发挥媒体、消费者等舆论资源对农户的质量控制行为进行监督，使全社会形成良好的舆论氛围，纠正农户不安全的生产行为，激发农户质量控制意愿。另外家人、亲朋好友的态度对农户生产安全农产品也有显著性的影响。

5.1.3.2　制度法规

由于我国法律制度还处于不断完善的过程，在实践中法律的针对性、操作性、执行度不强对农户无法构成强大的现实压力。但随着地理标志农产品相关法律法规的陆续出台，从不同层面上对农户行为做了强制性的规定。理论上来说，这些法规可以影响农户的主观规范，使农户在法律的框架下生产安全、标准的地理标志农产品。严格的市场准入机制和地理标志认证制度要求农户生产的农产品需经过严格的产前、产中、产后全过程质量控制才能进入市场。因此，相关法律制度的完善带来巨大的压力，促使农户实施质量控制行为、生产安全农产品。

5.1.3.3 市场规范

农户在实施地理标志农产品质量控制行为中感受到的市场压力包括合作企业的监督、同行竞争对手等。规模化的农户为了寻求发展的机会，强大的同行压力会正向引导农户实施质量控制。现有文献对市场规范与农户质量控制行为之间的关系有大量的研究。如肖开红和王小魁（2017）对农户参与安全农产品生产行为的分析中发现，竞争对手的示范效应通过影响主观规范传导作用于农户的安全生产行为。而企业是否对农户生产的地理标志农产品实行规范化流程和是否对收购的农产品进行检查同样也约束着农户行为。程琳和郑军（2014）通过对菜农质量安全控制行为影响因素分析中，发现农户的质量安全控制行为受同行竞争和合作合同的正向影响，说明企业对农户的合同约束与监督正改善着农产品的质量安全问题。

5.1.4 农户实施质量控制的知觉行为控制

农户地理标志农产品质量控制的知觉行为控制来自农户对自己实施质量控制难易程度的认知。这种认知的动力包括政府对地理标志农产品知识的宣传力度、农户对政府支持政策的了解程度、合作组织的参与度、技术资源的掌握程度等。

5.1.4.1 合作组织

随着我国农业现代化的飞速发展，存在着专业合作社、龙头企业等众多的经济组织。上述的农业组织相对于个体小农户来说不仅资金雄厚，在新型农业技术方面的实力也不容小觑。农户参加合作组织不仅可以降低自身应对市场的风险，在种植农产品规范化方面还可以获得技术支持。因此跟无技术保障的农户相比，参加合作组织的农户技术获取能力较强，实施质量控制的难度较小，提供安全可靠的地理标志农产品的操作性较大。江激宇等（2012）对河北菜农实施质量控制意愿的影响因素进行分析，实证结果显示农户接受培训和学习、行业组织化程度等变量显著性影响农户安全生产行为。而袁雪需等（2019）通过农户加入的不同组织所发生的差异性交易模式对安全生产行为的影响，文章根据农户的销售对象分为"农户＋合作社""农户＋批发商""农户＋果企""农户＋网络""农户＋农贸市场"5种交易模式，其中以合作社、果企等为交易模式的农户更倾向于农产品的安全生产。说明程度高的经济组织对农户的行为有一定的影响。

5.1.4.2　支持政策

影响农户对地理标志农产品实施质量控制行为的政策因素包括政府的补贴以及相关知识的宣传教育等。从已有的文献显示政府补贴在一定程度上可以引导农户购买绿色、生物农药替代化学农药，减少农户不安全的生产行为。特别是在生物农药等投入成本较高的背景下，国家对农业的倾向性政策则在一定程度上缓解农户经济上的窘境，因此，持续性的农业补贴和支持，对农户形成安全生产习惯有巨大的促进作用。而农户对地理标志农产品相关知识的接受程度则需通过纸媒、电视、广播、网络等平台加大宣传，扩大农户获取相关信息来源。赵向豪等（2018）从农户认知的角度分析安全农产品生产意愿，模型结果表明政府对绿色模式推广行为、农户对农业补贴的知晓度对农户安全生产意愿产生显著性影响。因此，政府对农户的支持和宣传教育能够强化其认知能力，产生积极的生产意愿。

5.1.5　环境价值观

现代农业的新发展理念和美好乡村建设离不开绿色的生产方式，而可持续性的生产方式则要依赖于农民日常对环境形成的认知。"绿水青山就是金山银山"理论的提出，对大众亲环境行为有着正向的引导作用，人们对人与自然和谐相处理念的理解也更加深入。因此，只有把保护环境的责任感真正做到内化于心，高水平的环境素养才会激励质量安全控制行为的产生。

环境价值观是指人们对环境相关问题所感受到的价值，而农户质量控制行为则是以环境价值观为导向的生产性行为。石志恒等（2020）在现有计划行为理论中引入环境价值观，重新构建农户绿色生产行为的研究框架，并在此基础上进一步分析农户绿色生产方式的影响因素，发现环境价值观对农户绿色生产行为的影响最大。宋燕平和滕瀚（2016）利用获取的调查问卷分析环境认知、环境态度等因素与农业组织中的农民亲环境行为的关系，发现环境态度直接影响着农民的亲环境行为。同样，刘妙品等（2019）分析农户关于环境认知、情感、价值观和技能 4 个方面的环境素养对农田生态保护的影响。结果显示，上述的 4 个方面对农户生态农田保护都有显著性的影响。说明破解生态环境问题的途径跟人对环境的认知有较大的联系。因此农户在判断是否实施质量控制行为时，如果其对环境保护有较强的认知能力，了解剧毒农药、超标化肥的使用对土壤会产生不可逆转的危害时，农户就会产生积极的行为意向，形成可持续的环境价值观，从而促进亲环境行为。

5.2　数据来源与问卷设计

5.2.1　数据来源

本项研究的数据来源于 2018 年 4 月、7 月由作者以及安徽农业大学经济管理学院一名副教授带领 11 位研究生、本科生对安徽省黄山市"黄山毛峰""松萝茶"和"太平猴魁" 3 个地理标志茶叶种植户的入户调查。以这 3 种地理标志茶叶为研究对象的原因在于：一是黄山市地处安徽省南方山区，2017 年全市产茶达到 27 561 吨，位列全省第二；二是作为中国地理标志茶叶确立的先行地级市，早在 2000 年左右，黄山市就开展了地理标志茶叶申请工作，到 2020 年，黄山市地理标志茶叶品种达到 7 项，占安徽省地理标志茶叶的 45.5%；三是黄山市是安徽省地理标志茶叶发展比较迅速的城市之一，自《原产地域产品保护规定》发布以来，黄山毛峰和太平猴魁分别在 2002 年、2003 年成为原产地域产品；随着国家地理标志产品保护制度的不断完善，黄山市松萝茶、安茶、黄山白茶依次获批国家地理标志保护产品称号。可见，选择黄山市作为研究区域具有典型性和代表性。

本项研究样本的选择主要依据地理标志茶叶发展水平、茶的发酵程度与地理位置的差异，在黄山区和休宁县分别选取黄山毛峰、太平猴魁和松萝茶作为研究样本。样本采取典型抽样方法选取，每个样本抽取 3~5 个产地保护乡及村，共抽取了 14 个样本乡及村。农户抽样采取完全随机的方法，共计抽取了 402 户样本农户。调查内容主要包括农户家庭基本因素、生产特征、预期收益、个体行为、外部环境特征 5 个部分。在 402 份问卷中，获得有效问卷 377 份，其中有 221 户对地理标志农产品质量生产进行了控制，占 58.6%；156 户没有对地理标志农产品质量正常进行控制，占 41.4%。这里需要说明的一点是，本研究中所调研的样本农户都是与地理标志茶企签约的种植户，也就是说样本农户都是理标志茶业的种植户，但是在调研的过程中却发现并不是所有的农户都知道他们所种植茶业的就是地理标志茶业，恰恰相反，在这有效的 377 份问卷中仅仅只有 105 位农户听说过地理标志农产品，占比仅为 28%；272 位没有听说过地理标志农产品，占比为 72%。

5.2.2 问卷设计

在上述理论分析中可知，学者对农户进行质量控制行为的研究主要集中于内部特征和外部环境两个方面。从内部特征方面分析，主要体现在 3 个方面：农户自身禀赋、农户生产特征、农户的个体行为。从外部环境特征分析，包括政府、企业和农民专业合作社监管对农户行为的作用、农户对价格和风险的预期、同行影响、农户对环境保护认知程度等。以上研究从不同方面考察了农户对农产品质量控制行为的影响，其中大多数研究主要集中于对农户个体行为的研究，缺少外部环境目标市场对农户决策行为的影响，对于地理标志农产品农户质量控制方面研究的比较少，而农户对于地理标志认知的研究更是少有涉及。农户毕竟是农产品的直接生产者，只有他们充分认识到地理标志产品保护的重要性和必要性，才能落实地理标志产品标准化生产，保障农产品的品质。在此背景下，本研究拟基于黄山市地理标志茶农的调查数据，立足农户家庭基本因素、生产特征、预期收益、个体行为、外部环境特征5个视角，分别从农户对地理标志的认知以及当前地理标志农产品农户质量控制行为这两个视角研究，进一步有效地推进地理标志农产品质量安全的生产。

5.2.3　研究方法

采用二元 Logistic 回归模型分别对农户的认知行为以及质量控制行为进行分析。在农户的认知行为分析中，选择农户是否听说过地理标志农产品作为因变量，则农户对地理标志的认知程度分为两种情况，即农户听说过和未听说过地理标志农产品，属于离散选择问题；在考察地理标志农产品生产农户的质量控制行为问题时，农户进行质量控制的行为同样只有两种情况，即农户进行质量控制和未进行质量控制，也属于离散选择问题。因此，采用二元 Logistic 回归模型对农户的认知行为及影响农户地理标志农产品质量控制的因素进行分析，将因变量的取值规定 $[0, 1]$ 之间。二元 Logistic 回归模型的表达式为：$P_i = 1 + e^{a - \sum b_i x_i}$（1），则可以得到表达式：$\ln(p_i / 1 - p_i) = a + \sum b_i x_i$（2），从公式可以得出，当模型中系数为正时，自变量 X 的发生会增加因变量发生的概率。

5.2.4　农户基本情况描述性分析

从表5-1中可以看出，样本农户有如下特征。

（1）年龄。 户主的平均年龄大致分布在 51 岁以上。30 岁及以下的有 5 户，31～40 岁的有 26 户，41～50 岁的农户有 81 户，51～60 岁农户有 122 户，60 岁以上的有 143 户。

（2）文化程度。 在调查样本中，农村的文盲有 68 户，小学文化程度的有 157 户，初中学历有 108 户，高中和中专学历有 34 户，大专及以上学历有 10 户。

（3）种茶年限。 调查的茶农中由于祖祖辈辈都种植地理标志茶叶，一般从事种茶的年限较长。其中种茶年限在 0～10 年的有 4 户，10～20 年的有 21 户，20～30 年的有 59 户，30～40 年的有 77 户，40 年以上的有 216 户。

（4）家庭的年收入。 在调查样本中，家庭收入 12 万元以上的有 49 户，8 万～12 万元的农户有 31 户，5 万～8 万元的有 58 户，但大部分的农户家庭年收入则主要集中在 3 万元以下达到样本的 45.14%。随着农户家庭年收入的增长，对地理标志的认知比例也由最低的 16.95%，上升到 55.3%。

（5）家庭人数。 样本中调查的家庭人数分布比较平均，2 人及以下的比例为 9.87%，占比最低。同时在地理标志认知程度的比例也为最低水平。家庭人数为 3 人的有 68 户，4 人的有 92 户，5 人的有 94 户，6 人以上的有 86 户，相对比较平均。

（6）茶叶收入在总收入的比重。 在调查样本中，茶叶的收入占农户家庭总收入 95% 以上的有 156 户，茶叶收入比重在 70%～95% 的农户有 30 户，比重在 50%～70% 的有 52 户，比重在 30%～50% 的有 67 户，占比 30% 以下的有 72 户。

（7）茶叶种植面积。 调查样本农户户均地理标志茶叶种植面积在 20 亩以下的居多，达到 85.15。其中，0～5 亩的茶农有 95 户，占比为 25.19%；5～10 亩有 95 户，占比为 27.06%；10～15 亩有 83 户，占比为 22.02%；15～20 亩有 41 户，占比为 10.87%；20 亩以上的有 56 户，占比为 14.85%。

（8）总的来说，此次调查样本大部分人年龄较大，文化程度较低，从事茶农行业时间较长，基本符合现阶段我国农村实情。

表5-1　样本农户基本情况

		个数	占比（%）			个数	占比（%）
户主年龄	30岁以下	5	1.25	有几人专门从事茶叶	2人以下	308	81.80
	31～40岁	26	6.98		3人	38	9.98
	41～50岁	81	21.49		4人	23	6.23
	51～60岁	122	32.42		5人	4	1.00
	60岁以上	143	37.93		6人以上	4	1.00
性别	男	246	65.25	从事茶叶种植时间	0～10年	4	1.06
	女	131	34.75		10～20年	21	5.57
文化程度	文盲	68	18.04		20～30年	59	15.65
	小学	157	41.64		30～40年	77	20.42
	初中	108	28.65		40年以上	216	57.29
	高中中专	34	9.02				
	中专及以上	10	2.65				
种几亩地	0～5亩	95	25.19	一年总收入（万元）	0～3	170	45.14
	5～10亩	102	27.06		3～5	69	18.20
	10～15亩	83	22.02		5～8	58	15.46
	15～20亩	41	10.87		8～12	31	8.23
	20以上	56	14.85		12以上	49	12.97
家里有几口人	2人以下	37	9.87	茶叶收入占总收入比重（%）	95	156	41.38
	3人	68	18.00		70～90	30	7.96
	4人	92	24.44		50～70	52	13.79
	5人	94	25.00		30～50	67	17.77
	6以上	86	22.69		30%以下	72	19.01

5.3 农户对地理标志认知程度的实证分析

农户对于地理标志农产品的种植意愿，即农户主观上是否愿意从事地理标志产品生产活动，实现自己目标的想法。地理标志商品其独特的资源和质量优势能够为生产者带来较高的市场价格和市场占有率，而生产者则需要付出相应的生产成本达到地理标志产品的质量与信誉，占辉斌（2013）、王磊（2012）分别采用二元 Logistic 模型对农户地理标志产品生产意愿和影响因素进行分析，得出农户未来是否愿意生产地理标志产品受众多因素的共同影响，有其内在规律。从调研过程中也可以看出，种植地理标志茶业的农户却不知道什么是地理标志，至少说明两个问题，一是政府与企业对于"三品一标"的宣传远远不够，二是如何能够保证农户在生产地理标志产品时按照标准进行生产。因此，现阶段分析农户对于地理标志认知程度的影响因素具有重要意义。

5.3.1 农户对地理标志认知情况的统计分析

5.3.1.1 农户个人基本特征与认知程度的关系（表 5-2）

（1）**年龄**。从年龄分布来看，其中年龄在 31～40 岁阶段的茶农对地理标志认知程度比例最高，为 42.3%；60 岁以上的农户听说过地理标志的比例为 29.7%，显著高于 51～60 岁的农户认知比例 20.5%。

（2）**性别**。在本次的调查样本中，男性大约占 2/3。而关于听说过地理标志的比例中，男性的比例为 32.9%，高于女性的 18.7%。

（3）**文化程度**。整体上看，农户关于地理标志的认知整体上随着受教育水平的提高，认知比例也在逐渐增加。

（4）**种茶年限**。根据调研的数据可以看出，农户从事的种茶年限比较长，近 60％的农户种茶年限为 40 年以上，而对于地理标志概念认知程度较高的种茶年限主要集中于 20 年以下，随着农户种茶时间越长，农户对地理标志概念的认知比例也越来越低。

表 5 - 2　农户个人基本特征与认知程度的关系

类别		听过		未听过	
		户数（户）	比例（％）	户数（户）	比例（％）
年龄	30 岁及以下	0	0	5	100
	31～40 岁	11	42.3	15	57.7
	41～50 岁	27	33.3	54	66.7
	51～60 岁	25	20.5	97	79.5
	60 岁以上	42	29.7	101	70.3
性别	女	24	18.3	107	81.7
	男	81	32.9	165	67.1
文化程度	文盲	14	20.6	54	79.4
	小学	47	29.9	110	70.1
	初中学历	25	23.1	83	76.9
	高中和中专学历	14	41.2	20	58.8
	大专及以上学历	5	50	5	50
种茶年限	0～10 年	4	100	0	0
	10～20 年	10	47.6	11	52.4
	20～30 年	15	25.4	44	74.6
	30～40 年	25	32.5	52	67.5
	40 年以上	51	23.61	165	76.39

5.3.1.2　农户家庭特征与认知程度的关系（表 5 - 3）

（1）**家庭年收入**。调查样本中显示，家庭收入与是否听说过地理标志成正比。家庭收入 3 万元以下的农户听过地理标志的仅有 30 户，只占 11.76％。家庭收入 3 万～5 万元的家庭中听说过地理标志的有 18 户，占比 26.09％。家庭收入 5 万～8 万元的家庭中听说过地理标志的有 24 户，占比 41.38％。家庭收入 8 万～12 万元的家庭中听说过地理标志的有 16 户，占比 51.61％。家庭收入 12 万元以上的家庭中听说过地理标志的有 27 户，占比 55.1％。随着农户家庭年收入的增长，对地理标志的认知比例也由最低的 11.76％ 逐步上升到 55.1％。

（2）**家庭人数**。样本中调查的家庭人数分布比较平均，2 人及以下的比例为 9.81％，占比最低。同时在地理标志认知程度的比例也为最低水平，仅占 16.22％。而家庭人数为 5 口之家的认知比例最高，为 34.8％。

（3）**茶叶种植面积**。调查样本农户地理标志茶叶的种植面积最多的集中在 5～10 亩，占比为 27.7％。而处在 0～5 亩的茶农对地理标志认知的比例最高，为 33.68％；种植范围在 15～20 亩的农户认知比例最低为 19.51％。

表 5-3　农户家庭特征与认知程度的关系

类别		听过		未听过	
		户数（户）	比例（％）	户数（户）	比例（％）
家庭年收入（万元）	3 以下	20	11.76	150	88.24
	3～5	18	26.09	51	73.91
	5～8	24	41.38	34	58.62
	8～12	16	51.61	15	48.39
	12 以上	27	55.1	22	44.90
家庭人数	2 人及以下	6	16.22	31	83.78
	3 人	19	28.99	49	71.01
	4 人	28	30.43	64	69.57
	5 人	33	35.11	61	64.89
	6 人及以上	19	22.09	67	77.91

（续）

类别		听过		未听过	
		户数（户）	比例（%）	户数（户）	比例（%）
种植面积	0～5	32	33.68	63	66.32
（亩）	5～10	24	23.53	78	76.47
	10～15	26	31.33	57	68.67
	15～20	8	19.51	33	80.49
	20以上	15	26.79	41	73.21

5.3.1.3 农户专业化程度与认知程度的关系（表5-4）

（1）是否参加专业合作组织。 在调查的样本中，有198户参加专业合作组织，占比为52.4%；未参加的有179户，占比为47.6%。参加组织的农户对地理标志的认知比例为19.3%，说明专业合作社功能的发挥存在缺位的现象。

（2）是否得到专业的技术指导。 在调查样本中，241户没有得到专业技术方面的种植指导，占比为63.8%；只有136户得到过专业技术指导；在得到过技术指导的农户当中有30.6%的农户听说过地理标志的概念，对地理标志有一定的了解，而在没有得到指导的农户中其对地理标志的认知比例更低为26.1%。

表5-4 农户专业化程度与认知程度的关系

类别		听过		未听过	
		户数（户）	比例（%）	户数（户）	比例（%）
是否参加专业	参加	38	19.3	160	80.7
合作组织	未参加	67	37.4	112	62.6
是否得到专业	有	42	30.6	94	69.4
的技术指导	没有	63	26.1	178	73.9

5.3.1.4 外部环境与认知程度的关系（表 5-5）

（1）对地理标志农产品相关知识的宣传。 在前面的调查样本分析中可以看出，大部分的农户对地理标志的认知水平比较低。只有 15 个农户认为对地理标志相关知识宣传力度较多，认为地理标志宣传非常多的仅 4 人，大部分的农户认为对地理标志农产品的宣传比较一般或者从未听说过。根据调研数据看出，随着宣传力度的加强，人们对地理标志的认知比例也在不断提高。

（2）政府监管力度。 在调查样本中，在听说过地理标志的农户中，有 39 户认为政府监管完全不严格，36 户认为监管不严格；认为政府监管力度严格或非常严格的农户仅有 8 户。

表 5-5　外部环境特征与认知程度的关系

类别		听过		未听过	
		户数（户）	比例（%）	户数（户）	比例（%）
对地理标志农产品的宣传	完全没有	27	38.57	43	61.43
	比较少	33	27.97	85	72.03
	一般	26	30.59	59	69.41
	比较多	15	17.65	70	82.35
	非常多	4	21.05	15	78.95
政府监管力度	完全不严格	39	27.86	101	72.14
	不严格	36	26.47	100	73.53
	一般	22	34.92	41	65.08
	比较严格	6	18.18	27	81.82
	非常严格	2	40.00	3	60.00
企业监管力度	完全不严格	29	24.58	89	75.42
	不严格	21	30.88	47	69.12
	一般	19	30.65	43	69.35
	比较严格	29	30.21	67	69.79
	非常严格	7	21.21	26	78.79

(3) 企业监管力度。 在调查样本中，在听说过地理标志的农户中，有 29 户认为企业监管力度不够，监管完全不严格，21 户认为监管不严格；认为企业监管力度严格的有 29 户，认为非常严格的农户仅有 7 户。

5.3.1.5　预期收益与认知程度的关系（表 5-6）

对市场价格预期。在调查样本中，只有 4 户认为地理标志茶叶预期收益非常高；178 户认为预期收益一般，其占比最大为 46.9%。说明大部分的农户认为地理标志农产品的前景比较一般。90 户对地理标志茶叶未来收益认为比较低，占比为 23.5%，随着茶农对未来价格预期越来越乐观，对地理标志认知的比例整体呈现"正余弦图像"的形式。

表 5-6　预期收益与认知程度的关系

预期收益	听过		未听过	
	户数（户）	比例（%）	户数（户）	比例（%）
非常低	9	29.03	22	70.97
比较低	38	42.22	52	57.78
一般	32	17.98	146	82.02
比较高	26	35.14	48	64.86
非常高	0	0.00	4	100.00

5.3.2　回归分析变量的定义及预期作用方向

对于农户对地理标志认知的影响因素，本书在国内外学者研究结果和设定的理论模型基础上，选择地理标志农产品农户的认知程度作为因变量，选择 X_1（年龄）、X_2（性别）、X_3（文化程度）、X_4（种茶年限）、X_5（家庭年收入）、X_6（家庭人数）、X_7（种植面积）、X_8（是否参加农民专业合作组织）、X_9（是否得到专业的技术指导）、X_{10}（对地理标志农产品相关知识的宣传）、

X_{11}（政府监管力度）、X_{12}（企业监管力度）、X_{13}（预期收益）
13 个变量作为自变量表 5 - 7。

表 5 - 7 变量描述性统计特征

变量名称	变量定义	预期影响方向
Y 是否听说过地理标志农产品	0＝听过；1＝没有听过	
X_1 年龄	1＝30 岁及以下；2＝31～40 岁；3＝41～50 岁；4＝51～60 岁；5＝60 岁以上	＋／－
X_2 性别	0＝女；1＝男	
X_3 文化程度	1＝文盲；2＝小学；3＝初中；4＝高中中专；5＝大专及以上	＋
X_4 种茶年限	1＝0～10 年；2＝10～20 年；3＝20～30 年；4＝30～40 年；5＝40 年以上	－
X_5 家庭年收入	1＝3 万元以下；2＝3 万～5 万元以下；3＝5 万～8 万元以下；4＝8 万～12 万元以下；5＝12 万元及以上	＋
X_6 家庭人数	1＝2 人及以下；2＝3 人；3＝4 人；4＝5 人；5＝6 人及以上	＋
X_7 种植面积	1＝0～5 亩；2＝5～10 亩；3＝10～15 亩；4＝15～20 亩；5＝20 亩以上	＋
X_8 是否参加专业合作组织	0＝参加；1＝未参加	＋
X_9 是否得到专业的技术指导	0＝有；1＝没有	＋
X_{10} 对地理标志农产品相关知识的宣传	1＝完全没有；2＝比较少；3＝一般；4＝比较多；5＝非常多	＋

（续）

变量名称	变量定义	预期影响方向
X_{11}政府监管力度	1＝完全不严格；2＝不严格；3＝一般；4＝比较严格；5＝非常严格	＋
X_{12}企业监管力度	1＝完全不严格；2＝不严格；3＝一般；4＝比较严格；5＝非常严格	＋
X_{13}预期收益	1＝非常低；2＝比较低；3＝一般；4＝比较高；5＝非常高	＋

注：预期影响方向符号"＋"表示正相关，"－"表示负相关。

5.3.3　农户对地理标志认知影响因素的实证结果分析

使用 stata14.0 软件对茶农地理标志农产品认知程度进行分析（表5－8）。从处理的结果可以得出个人基本特征，家庭特征等因素是影响农户对地理标志农产品认知程度的重要因素，以下按照不同的分组对各解释变量的结果进行分析。

表5－8　农户地理标志茶叶质量控制行为的二元 Logit 分析结果

变量名称	回归系数	标准误差	z	$P>\mid z\mid$	置信区间	
年龄	－0.131	0.185	－0.71	0.479	－0.494	0.232
性别	0.576*	0.315	1.83	0.068	－1.194	0.042
文化程度	0.328**	0.152	2.16	0.031	－0.625	－0.03
种茶年限	0.262	0.179	1.46	0.144	－0.090	0.613
家庭年收入	0.570***	0.104	5.48	0.000	－0.774	－0.366
家庭人数	0.103	0.117	0.88	0.379	－0.126	0.332
种植面积	－0.071	0.112	－0.63	0.528	－0.290	0.149
是否参加专业合作组织	0.970***	0.319	3.05	0.002	－1.594	－0.346
是否得到专业的技术指导	0.249	0.304	0.82	0.413	－0.347	0.845

（续）

变量名称	回归系数	标准误差	z	$P > \mid z \mid$	置信区间	
对地理标志农产品的宣传	0.389**	0.155	2.51	0.012	−0.694	−0.085
政府监管力度	0.293*	0.174	1.68	0.093	−0.049	0.635
企业监管力度	−0.141	0.117	−1.20	0.229	−0.371	0.089
预期收益	0.093	0.171	0.54	0.586	−0.241	0.427
常数项	3.68	1.242	2.96	0.003	1.246	6.114

Log likelihood＝−148.864 42　　　　　　　LR chi2（13）＝66.42

Prob＞chi2＝0.000 0　　　　　　　　　　Pseudo R^2＝0.182 4

从模型拟合优度检验的结果来看，χ_2 对应的显著性水平为 0.000 0，Pseudo R^2＝0.182 4，表明 Logistic 模型估计的结果整体上较为理想。

在"个人基本特征"变量中，农户的年龄、种茶年限变量对农户地理标志农产品的认知程度影响不显著，而农户的文化程度和性别分别在 5％和 10％的统计检验水平上显著，且回归系数为正。说明文化程度高的男性农户对地理标志茶叶的认知程度较高。而年龄和种茶年限未通过显著性检验可能是因为农村地区茶叶种植户都是年龄偏大且种茶年限长的数据分布产生的偏差。

在"家庭特征"变量中，家庭年收入在 1％的统计检验水平上显著，且回归系数为正。说明收入越高的农户其认知程度越强，寻求获取最大收入的动机越强烈，希望通过加深对地理标志茶叶相关知识的认知改善种植等方面的技术来提高家庭的收入。而家庭人数和种植面积不显著可能跟实际投入生产的行为有关，即参加茶叶种植的人数和地理标志茶叶核心产区的种植面积。

在"专业化程度"变量中，是否参加专业化组织会正向影响农户对地理标志农产品的认知程度，而是否得到专业技术指导对农户的认知程度影响不显著。其可能的原因是，现在的民间合作社组织发展虽然还不是很完善，但是合作社会向农户宣传"三品一标"，至少让农户了解什么是地理标志，而松散的管理方式使得专业合作社的组织优势未得到充分发挥，种植地理标志茶叶的技术指导不能满足农户的需求。

在"外部环境"变量中，政府监管力度在 10% 的水平下通过显著性检验，且系数为正，说明对农户的认知程度有显著的正向影响。从模型结果来看，政府监管力度越强，农户对地理标志农产品的认知程度就越深入；而市场监督和宣传力度对农户地理标志茶叶的认知程度影响不显著，可能跟企业监督的方式和农户的种植习惯有关。企业关心的是地理标志茶叶的质量，而种植年限较长的农户则会更依赖于自己的种植经验，对宣传的新型种植技术等知识接受度较低或具有排斥等极端行为。

在"预期收益"变量中，农户作为一个理性经济人，利润是其行为产生的最大动力。但模型结果显示，预期收益对农户地理标志的认知程度不显著，这可能跟农户的多元化经济收入有关，农业收入并不是其唯一收入来源，其他收入的占比也影响着农户对地理标志茶叶的认知程度。

5.3.4　结论与启示

通过黄山市地理标志茶叶种植户的入户调查数据，发现我国农业生产经营方式还是以分散的小农户为主，年轻劳动力的缺乏在一定程度上使得种植户对地理标志的认知程度不高。因此，用二元选择模型进一步分析了农户对地理标志茶叶认知程度的影响因素。其中性别、文化程度、家庭年收入、是否参加专业合作组织、地理标志农产品的宣传力度、政府监管力度对农户认知程度有显著影响，且影响方向为正。

研究结论所得到的启示是：第一，充分发挥农民专业合作社的作用。农民专业合作社是推动农业经营体制机制创新、提高农业生产和农民进入市场组织化程度的重要载体，把分散的农户组织起来，积极发展以地理标志为核心的特色农业，进行产业化生产和现代市场营销。合作社不仅使农户具有了农资采购、产品销售方面的优势，而且有助于区域特色产业竞争力的提升。合作社建设的好，社员不仅可以在经济上受益，而且可以在品牌、文化等意识方面得到提升。合作社引导农户严格按照特定的生产规程生产地理标志农产品，制定地理标志农产品标准和生产规程。第二，有效维护地理标志农户的利益。虽然地理标志的注册人要求是法律规定的具有特定资格的机构，但是地理标志保护的受益主体是广大农民。地理标志产品应将分散的农户以地理标志知识产权为纽带、以龙头企业为通道连接到市场，建立起农户可以分享生产和销售的整个市场的利益。地理标志使用会带来农户农资投入的增加，实施农产品地理标志保护，能够提高农民的知识产权保护意识，促进农户联合经营，参与市场竞争，更好地保障广大农民的权益。第三，在山区积极推广具有高附加值的地理标志农产品种植，应做好地理标志产品的监管保护，确保品质提升和产品质量安全，有利于培育地方主导产业，形成地域品牌，为特定区域内农产品被认知提供了一个信誉先导，为相关企业实施品牌战略构建了一个"高位平台"，从而发挥地理标志产品的品牌影响力；对培育壮大特色产业、推动山区经济发展、提高农民收入具有重要意义。第四，积极引导农户申请使用地理标志。不仅应对消费者加强地理标志产品的宣传，同时政府应对地理标志农产品的含义做一些普及工作，加大对农户地理标志保护相关知识的宣传与培训，加深农户对地理标志产品保护的了解，让农户知道地理标志的价值到底有多大，明确生产者应承担的责任、义务等，可以从提高农户种植地理标志产品的经济效益、发挥科技示范户的示范作用，提高农户对于地理标志使用的申请率。

5.4　农户质量控制行为的影响因素实证分析

　　根据计划行为理论，农户的质量控制是一种有计划的生产过程。虽然实施质量控制行为过程中受到内部需求和外部因素的共同影响，但其生产意愿对其决策过程有着重要的作用。关于质量控制行为，有许多学者利用计划行为对农户安全生产行为做了部分解释。例如：周洁红（2006）利用计划行为理论分析菜农的质量控制行为。尽管该理论对个体行为能够进行大部分的解释，但在研究地理标志农产品质量控制时仍有待完善的地方。例如石志恒等（2020）将环境价值加入计划行为理论中，形成扩展计划行为理论，弥补以前该理论对农户绿色生产行为解释的不足。需要结合扩展计划行为理论和前人对农户质量控制行为的研究成果，从农户基本特征、农户实施质量控制的行为态度、农户实施质量控制的主观规范、农户实施质量控制的知觉行为控制和环境价值观 5 个方面对地理标志农产品质量控制的影响因素理论基础进行分析和总结。

5.4.1　农户质量控制行为的描述性统计分析

5.4.1.1　农户家庭基本因素与质量控制关系（表 5-8）

　　（1）年龄。户主年龄在 40 岁及以下的农户中地理标志农产品质量控制比例为 51.6%；户主年龄在 41～50 岁的质量控制比例为 56.8%；51～60 岁的农户进行质量控制的比例为 61.5%，60 岁以上的农户质量控制的比例为 58.7%。其中年龄在 51～60 岁阶段的茶农进行质量控制的比例最高。

　　（2）文化程度。在调查样本中，随着文化程度的提高，茶农进行地理标志农产品质量控制的比例也在逐渐地增加。

　　（3）种茶年限。调查显示，随着农户种茶时间越长，农户进行质量控制的比例由 25% 上升到 63.9%。

表 5 - 9　农户家庭基本因素与质量控制关系

类　　别		有质量控制		无质量控制	
		户数（户）	比例（％）	户数（户）	比例（％）
年龄	30 岁及以下	2	40	3	60
	31～40 岁	14	53.8	12	46.2
	41～50 岁	46	56.8	35	43.2
	51～60 岁	75	61.5	47	38.5
	60 岁以上	84	58.7	59	41.3
文化程度	文盲	38	55.9	30	44.1
	小学及以下	95	60.5	62	39.5
	初中学历	65	60.2	43	39.8
	高中和中专学历	16	47.1	18	52.9
	大专及以上学历	7	70.0	3	30.0
种茶年限	0～10 年	1	25.0	3	75.0
	10～20 年	9	42.9	12	57.1
	20～30 年	32	54.2	27	45.8
	30～40 年	41	53.2	36	46.8
	40 年以上	138	63.9	78	36.1

5.4.1.2　农户生产特征与质量控制的关系（表 5 - 10）

（1）茶叶收入在总收入的比重。调查样本中显示，当茶叶收入占茶农总收入比继续增长时，进行质量控制的比例由 53.8％上升到 66.7％。

（2）茶叶种植面积。调查样本农户户均地理标志茶叶种植面积大致在 5～15 亩。其中，0～5 亩的茶农进行质量控制的比例为 47.4％，5～10 亩质量控制的比例为 59.8％，10～15 亩的比例为 55.4％，15～20 亩进行质量控制的比例为 80.5％，20 亩以上的比例为 64.3％；其中处在 15～20 亩区间的茶农进行质量控制的比例最高。

表 5 - 10 生产特征与质量控制关系

类 别		有质量控制		无质量控制	
		户数（户）	比例（％）	户数（户）	比例（％）
茶业收入占比（％）	95 以上	84	53.8	72	46.2
	95～70	16	53.4	14	46.6
	70～50	29	55.8	23	44.2
	50～30	44	65.7	23	34.3
	30 以下	48	66.7	24	33.3
茶业种植面积（亩）	0～5	45	47.4	50	52.6
	5～10	61	59.8	41	40.2
	10～15	46	55.4	37	44.6
	15～20	33	80.5	8	19.5
	20 以上	36	64.3	20	35.7

5.4.1.3 农户预期收益与质量控制的关系（表 5 - 11）

对市场价格预期。根据现代经济学"理性经济人"的假设，农户作为经济决策的主体，其行为目标都是使自己的利益最大化。农户是否愿意进行地理标志农产品质量控制是以预期收益最大为导向，而价格预期作为影响农户经济决策行为的主要因素是通过影响农户预期的收益来影响农户是否进行质量控制（周洁红，2007）。

在调查样本中，31 户对地理标志茶叶预期收益非常低，占比为 8.2％；90 户认为预期收益比较低，占比为 23.9％；178 户认为一般，占比占 47.2％；74 户对地理标志茶叶未来收益比较认可，认为比较高的占比为 19.6％，4 户对未来的价格非常乐观，占比为 1.1％。价格预期对茶农进行农产品质量控制的作用比较显著，随着茶农对未来价格预期越来越乐观，进行质量控制的比例也逐渐增加，由原先的 48.4％增长到了 75％。

表 5 - 11　预期收益与质量控制的关系

类　别		有质量控制		无质量控制	
		户数（户）	比例（％）	户数（户）	比例（％）
预期收益	非常低	15	48.4	16	51.6
	比较低	44	48.9	46	51.1
	一般	109	61.2	69	38.8
	比较高	50	67.6	24	32.4
	非常高	3	75.0	1	25.0

5.4.1.4　农户个体行为与质量控制的关系（表 5 - 12）

（1）对地理标志茶叶操作规范的了解。在调查的样本中，其中有 14 户是完全不了解地理标志茶叶，占比为 3.7％；78 户对地理标志茶叶是不了解，占 20.7％；90 户是一般了解的比例占 23.9％；103 户比较了解，占比为 27.3％，92 户对地理标志茶叶非常了解的占比为 24.4％；随着农户对地理标志茶叶的了解程度的加深，进行质量控制的比例也在逐渐增加，由原来的 50％增加到 59.8％。

（2）是否参加农民专业合作组织。在调查的样本中，191 户没有参加，占比为 50.7％；186 户参加，占比为 49.3％。参加组织的农户进行质量控制的占比为 71％％，未参加而进行质量控制的占比为 46.6％。

（3）是否得到专业的技术指导。在调查样本中，227 户没有得到专业技术方面的种植指导，占比为 60.2％；150 户得到过专业技术指导的占比为 39.8％；在得到过技术指导的农户当中有 71.3％进行质量控制，没有得到指导进行质量控制的占比为 50.2％；其中从调研结果分析出有 61.1％的农户认为自己平均一年会得到 1 次左右的质量控制方面培训。

表 5 - 12　个体行为与质量控制的关系

类　　别		有质量控制		无质量控制	
		户数（户）	比例（%）	户数（户）	比例（%）
对地理标志茶叶的了解	完全不了解	7	50.0	7	50.0
	不了解	47	60.3	31	39.7
	一般了解	51	56.7	39	43.3
	比较了解	61	59.2	42	40.8
	非常了解	55	59.8	37	40.2
是否参加农民专业合作组织	参加	132	71.0	54	29.0
	未参加	89	46.6	102	53.4
是否得到专业的技术指导	有	107	71.3	43	28.7
	没有	114	50.2	113	49.8

5.4.1.5　外部环境特征与质量控制的关系（表 5 - 13）

（1）**企业监管力度。**在调查样本中，118 户农户认为企业监管完全不严格的比例为 31.3%；68 户认为监管不严格，占 18%；62 户认为企业对质量的监管一般的比例为 16.4%；96 户认为企业的监管比较严格的比例为 25.5%；8.8% 的农户认为企业监管非常严格。企业对质量的监管越严格，茶农进行质量控制的比例也越来越高，从完全不严格的 50.8% 上升到比较严格的 72.9%，当非常严格的时候，其质量控制的比例又稍下降到 69.7%。

（2）**政府监管力度。**在调查样本中，140 户农户认为政府监管完全不严格的比例为 37.1%；136 户认为监管不严格，占 36.1%；63 户认为政府对质量的监管一般的比例为 16.7%；33 户认为政府监管比较严格的比例为 8.8%；只有 1.3% 的茶农认为政府监管非常严格。政府对质量的监管越严格，茶农进行质量控制的比例也越来越高；从完全不严格的 50% 上升到比较严格严格的 81.8%，其中政府的监管主要针对地理标志茶叶品牌方面管理比较严格，其他方面的监督涉及的比较少。

（3）对地理标志农产品相关知识的宣传。在调查样本中，70 户农户认为没有宣传地理农产品的比例为 18.6%；118 户认为宣传度比较少，占 31.3%；85 户认为宣传密集一般的比例为 22.55%；85 户认为地理标志茶叶的宣传比较多的比例为 22.55%；只有 5% 的茶农认为地理标志茶叶的宣传度非常多。随着对地理标志茶叶的宣传越多，茶农进行质量控制的比例也越来越高。由原来进行质量控制的 38.6% 上升到比较多的 75.3%。

表 5-13　外部环境特征与质量控制的关系

类　　别		有质量控制		无质量控制	
		户数（户）	比例（%）	户数（户）	比例（%）
企业监管力度	完全不严格	60	50.8	58	49.2
	不严格	35	51.5	33	48.5
	一般	33	53.2	29	46.8
	比较严格	70	72.9	26	27.1
	非常严格	23	69.7	10	30.3
政府监管力度	完全不严格	70	50.0	70	50.0
	不严格	74	54.4	62	45.6
	一般	46	73.0	17	27.0
	比较严格	27	81.8	6	18.2
	非常严格	4	80.0	1	20.0
地理标志农产品的宣传	完全没有	27	38.6	43	61.4
	比较少	66	55.9	52	44.1
	一般	51	60.0	34	40.0
	比较多	64	75.3	21	24.7
	非常多	13	68.4	6	31.6

5.4.2 回归分析变量的定义及预期作用方向

5.4.2.1 指标的选取

要从农户家庭基本因素、生产特征、预期收益、个体行为、外部环境特征5个方面,具体从年龄、文化程度、茶叶收入在总收入的比重、种茶年限、茶叶种植面积、收益预期、对地理标志茶叶操作规范的了解、是否参加农民专业合作组织、是否有专业的技术指导、目标市场监管力度、政府监管力度、地理标志茶叶相关知识的宣传度等12个层面来衡量农户质量控制行为。选择指标主要是依据党和政府对地理标志农产品质量的定位和现有文献中衡量农户质量控制行为时所使用的指标来界定(阮荣平,2017)。①农户家庭基本因素。年龄、文化程度、种茶年限考察的是农户家庭基本因素对地理标志农产品质量控制。②生产特征。茶叶收入在总收入的比重、茶叶种植面积考察的是生产特征对农户质量控制的影响。③预期收益。市场价格预期考察的是未来价格波动对质量控制的影响。④个体行为。地理标志茶叶的了解、是否参加农民专业合作组织、是否有专业的技术指导考察的是农户的个体行为对质量控制的影响。⑤外部环境特征。目标市场监管力度、政府监管力度、地理标志农产品相关知识的宣传度考察的是外部的环境对地理标志农产品农户质量控制的影响。

5.4.2.2 模型变量的说明

研究假说。一般来说,农户的质量安全控制行为主要以农药使用行为、化肥使用行为、采后处理行为(周洁红,2006)3个方面为指标。根据茶叶相关生产技术规程,采用种植过程中是否使用生物农药(鱼藤酮、苦参碱、苏云金杆菌等)、是否使用绿色化肥以及是否使用除草剂来解释农户的质量安全控制行为。具体方法是若农户使用生物农药、使用绿色化肥、考虑物理方法除草,则认为农户实行了质量安全控制;若3个中任意一个回答否,则认为没有实行质量安全控制(牛亚丽,2014)。

选择地理标志农产品农户质量控制作为因变量，选择 X_1（年龄）、X_2（文化程度）、X_3（茶叶收入占总收入的比重）、X_4（种茶年限）、X_5（茶叶种植面积）、X_6（预期收益）、X_7（对地理标志茶叶的了解）、X_8（是否参加农民专业合作组织）、X_9（是否得到专业的技术指导）、X_{10}（目标市场监管力度）、X_{11}（政府监管力度）、X_{12}（对地理标志茶叶知识的宣传度）12 个数据作为自变量（表 5-14）。

表 5-14　变量描述性统计特征

变量名称	变量定义	预期影响方向
Y 质量安全控制行为	$Y = Y_1 Y_2 Y_3$（1＝是；0＝否）	
Y_1 是否使用生物农药	1＝是；0＝否	
Y_2 是否使用绿色化肥	1＝是；0＝否	
Y_3 是否使用物理方法除草	1＝是；0＝否	
X_1 年龄	1＝30 岁及以下；2＝31～40 岁；3＝41～50岁；4＝51～60 岁；5＝60 岁以上	＋/－
X_2 文化程度	1＝文盲；2＝小学；3＝初中；4＝高中中专；5＝大专及以上	＋
X_3 茶叶收入占总收入的比重	1＝95％以上；2＝95％～70％；3＝70％～50％；4＝50％～30％；5＝30％以下	＋
X_4 种茶年限	1＝0～10 年；2＝10～20 年；3＝20～30年；4＝30～40 年；5＝40 年以上	－
X_5 茶叶种植面积	1＝0～5 亩；2＝5～10 亩；3＝10～15亩；4＝15～20 亩；5＝20 亩以上	＋
X_6 预期收益	1＝非常低；2＝比较低；3＝一般；4＝比较高；5＝非常高	＋

（续）

变量名称	变量定义	预期影响方向
X_7 对地理标志茶叶的了解	1＝完全不了解；2＝不了解；3＝一般了解；4＝比较了解；5＝非常了解	＋
X_8 是否参加专业合作组织	0＝参加；1＝未参加	＋
X_9 是否得到专业的技术指导	0＝有；1＝没有	＋
X_{10} 企业监管力度	1＝完全不严格；2＝不严格；3＝一般；4＝比较严格；5＝非常严格	＋
X_{11} 政府监管力度	1＝完全不严格；2＝不严格；3＝一般；4＝比较严格；5＝非常严格	＋
X_{12} 对地理标志农产品相关知识的宣传	1＝完全没有；2＝比较少；3＝一般；4＝比较多；5＝非常多	＋

注：预期影响方向符号"＋"表示正相关，"－"表示负相关。

5.4.3 农户质量控制行为影响因素的实证结果分析

使用 stata14.0 软件对茶农质量控制行为进行分析（表 5－15）。从处理的结果可以得出，生产特征、预期收益等因素是影响农户对地理标志农产品进行质量控制的重要因素。以下按照不同的分组对各解释变量的结果进行分析。

表 5－15 农户地理标志茶叶质量控制行为的二元 Logit 分析结果

变量名称	Coef	Std. Err.	Z	$P>\lvert z \rvert$	［95％ Conf.	Interval］
家庭因素						
年龄	.1005351	.140472	0.72	0.474	－.1747849	.3758551
文化程度	.0157294	.1210795	0.13	0.897	－.2215821	.2530409
种茶年限	.1646058	.0772233	2.13	0.033	.0132508	.3159607

（续）

变量名称	Coef	Std. Err.	Z	$P>|z|$	[95% Conf.	Interval]
生产特征						
茶业收入占比	.3348122	.138593	2.42	0.016	.0631749	.6064495
茶叶种植面积	.1640774	.0882434	1.86	0.063	−.0088766	.3370314
未来价格预期						
价格预期	.2328039	.1362666	1.71	0.088	−.0342737	.4998816
个体行为						
对地理标志种植的了解	−.0850822	.100989	−0.84	0.400	−.283017	.1128526
是否参加合作社	−.5634536	.2470058	−2.28	0.023	−1.047576	−.0793311
是否获得技术指导	−.5031955	.2574086	−1.95	0.051	−1.007707	.001316
外部环境						
市场监管力度	.143612	.0890071	1.61	0.107	−.0308387	.3180627
政府监管力度	.2606278	.1421348	1.83	0.067	−.0179514	.5392069
对地理标志产品宣传	.2376654	.1223168	1.94	0.052	−.002071	.4774019
常数项	−3.592336	1.102482	−3.26	0.001	−5.753161	−1.431511

Log likelihood=−221.67552	LR chi2 (12) =68.02
Prob > chi2=0.0000	Pseudo R^2 =0.1330

从模型拟合优度检验的结果来看，χ_2 对应的显著性水平为 0.000 0，Pseudo R^2 ＝0.133 0，表明 Logistic 模型估计的结果整体上较为理想。

在地理标志茶叶农户质量控制行为的"家庭基本因素"变量中，农户户主的年龄、文化程度变量对农户地理标志农产品的质量控制影响不是很明显，而农户的种茶年限在 5% 的统计检验水平上显著。在调研的过程中发现农户使用的农药化肥大多是政府和企业提供的，在其他条件不变的情况下，农户种茶的年限越长，会更愿意使用人工除草的方式，因此对茶叶的质量把控就比较好。而年龄和文化程度未通过显著性检验的原因可能是文化程度高的大多数是年轻人，其外出打零工的机会较多，使其过分依赖于除草剂等影响地理标志茶叶质量的化学物品，即进行质量控制的意愿不高。

在地理标志茶叶农户质量控制行为的"生产特征"变量中，农户茶叶收入占总收入的占比和种茶面积都在5％水平上对其地理标志质量控制行为有显著性的影响，且回归系数都为正，这说明在其他条件不变的情况下，茶业收入占总收入的比重越多的农户其质量控制的行为越强，农户茶业收入占比越大，表明该农户家庭对其生产经营的产品的依赖程度也逐渐增加，因此，更希望通过控制茶叶的质量来提高家庭的收入；同时随着农户种植茶叶的规模扩大，其对地理标志茶叶质量的控制也逐渐增强。

在地理标志茶叶农户质量控制行为的"预期收益"变量中，农户作为一个理性经济人，利润是其追求目标的最大动力。农户对地理标志茶叶经营利润的判断直接影响其参与地理标志茶叶质量控制的行为。农户预期收益变量显著且其系数为正，表明农户预期收益是影响其地理标志茶叶质量控制行为的重要因素。这与本书的初始判断一致。

在地理标志茶叶农户质量控制行为的"个体行为"变量中，农户是否参加合作社和是否得到专业技术指导的变量在10％的水平上通过显著性检验，且两变量的回归系数都为负，其可能的原因是，民间组织的合作社发展还不是很完善，针对地理标志茶叶标准化生产过程中发生的具体问题未落到实处，同时种地理标志茶叶的农户虽然参加合作社和得到专业技术指导，但其种植过程更倾向于依靠自己的种植经验。

在地理标志茶叶农户质量控制行为的"外部环境特征"变量中，政府监管力度和对地理标志产品的宣传在10％的水平下通过显著性检验，且系数为正，说明对农户的质量控制有显著的正向影响。从模型结果来看，政府监管力度越强，农户进行质量控制行为越强烈；在其他条件不变的情况下，对地理标志的相关知识的宣传活动越密集，农户对地理标志茶叶了解的就越多，采用良好的经营方式的期望就越高，因此，进行质量控制的行为就越强。市场监督对农户地理标志质量控制行为的影响不显著，可能是市场上收购地理标志茶叶的商贩竞争激烈，而地理标志茶叶核心产区所生产出来的量比较少，使得农户对收购方的选择机会较大所导致的。

5.4.4 结论与启示

利用黄山市地理标志茶叶种植农户的入户调查数据，运用二元选择模型分析农户地理标志茶叶质量控制行为，得出以下结论：种茶年限、茶业收入占总收入的比例、茶叶种植面积、预期收益、政府监管力度、地理标志产品宣传度对农户质量控制行为均有显著影响，且系数为正。其中，茶业收入占比的促进作用最强，预期收益的促进作用最弱。是否参加合作社、是否获得技术指导对农户质量控制行为均起到了负向作用。研究结论所得到的启示：

第一，目前我国农业的生产经营方式还是以小农经济为主，需要引导农户适度的规模化、集约化经营，扩大茶叶的种植面积，提高茶叶收入占总收入的比例，从而激发农户进行质量控制。

第二，加强政府对地理标志茶叶相关知识的宣传力度。现在大多数地理标志茶叶相关知识的宣传主要是靠当地大企业的作为，农户只是被动地接受并使用企业的农药化肥，而对于相关的种植技术和管理方式认识淡薄和不充分，为此，需要政府在农技方面加强推广并深入到农户的种植过程，促进地理标志健康发展。

第三，应该完善民间合作组织，充分发挥合作社的优势，采取农户易于接受的方式，让农户真切地感受到地理标志茶叶的标准化生产对自身收入的增加有重要的作用，对地理标志茶叶质量的维护发挥积极的作用。

第四，加强人才引进，吸引年轻人务农，培养新型职业农民。传统农民的品牌化观念不强，影响到品牌化农产品市场价值的实现，进而影响到地理标志农产品农户质量控制行为。

第五，核心产区茶叶价格上涨加剧了茶农之间的收入分化，特别是核心产区和周边保护范围茶农之间的收入差距越来越大。贫富分化严重影响周边保护范围茶农对地理标志茶叶质量控制行为，使得地理标志农产品质量参差不齐。所以，应该把重点放在如何建立有效的机制来扩大核心产区，提高地理标志农产品质量标准。

5.5 本章小结

地理农产品种植户的生产行为是供给侧结构性改革、质量兴农的有效推进的微观行为基础与关键性保障。本章着重研究了影响农户对地理标志农产品认知程度与质量控制行为的影响因素。

本章通过黄山市地理标志茶叶种植户的入户调查数据分析，发现我国农业生产经营方式还是以分散的小农户为主，年轻劳动力的缺乏在一定程度上使得种植户对地理标志的认知程度不高。根据相关理论分析，农户对地理标志农产品的认知程度受农户个人基本特征、家庭特征、农户专业化程度、外部环境以及预期收益等4个方面的影响。因此，通过二元选择模型进一步分析了农户对地理标志茶叶认知程度的影响因素。其中，农户对地理标志农产品的认知程度与农户个人基本特征中的性别与学历成正向关系，而年龄与种茶年限的影响则不显著；家庭特征中的收入越高的农户其对地理标志的认知程度越强，而家庭人数和种植面积不显著；是否参加专业化组织会正向影响农户对地理标志农产品的认知程度，而是否得到专业技术指导对农户的认知程度影响不显著；在"外部环境"变量中，政府监管力度越强，农户对地理标志农产品的认知程度就越深入，而市场监督和宣传力度对农户地理标志茶叶的认知程度影响不显著；但是预期收益变量对农户地理标志的认知程度并不显著。

本章结合扩展计划行为理论和前人对农户质量控制行为的研究成果，从农户基本特征、农户实施质量控制的行为态度、农户实施质量控制的主观规范、农户实施质量控制的知觉行为控制和环境价值观5个方面，对地理标志农产品质量控制的影响因素理论基础进行分析和总结。种茶年限、茶业收入占总收入的比例、茶叶种植面积、预期收益、政府监管力度、地理标志产品宣传度对农户质量控制行为均有显著影响，且系数为正。其中，茶业收入占比的促进作用最强，预期收益的促进作用最弱。是否参加合作社、是否获得技术指导对农户质量控制行为均起到了负向作用。

第6章 基于消费者行为的地理标志农产品发展研究

6.1 消费者购买地理标志农产品影响因素的理论分析

地理标志作为"三品一标"认证产品的一部分，其与无公害农产品、绿色食品和有机农产品有着较大的共性，在研究消费者对地理标志农产品认知程度和溢价支付意愿相关成果的基础上，结合"三品"农产品消费者行为的分析与整理，本章将从消费者内部因素和外部环境对影响因素的理论基础进行归纳和总结。

6.1.1 消费者对地理标志农产品认知和购买行为的内部因素分析

6.1.1.1 个体特征

关于个体特征对消费者认知程度和溢价支付意愿研究的变量很多，比如性别、婚姻状况、年龄、受教育水平，个人月收入、家中是否有老人和小孩、健康状况重视程度以及职业差异等。从理论上看，个人特征之间的差异也会导致消费者行为有所不同。在现在的中国家庭，女性作为农户品的主要购买者，出于对家庭成员健康的考虑，可能对农产品地理标志了解更加深入。同理已婚消费者对农产品地理标志认知程度可能比未婚消费者更高，溢价支付意愿可能更强烈。受教育水平不同的消费者对地理标志农产品的认知程度有较大的差异，文化程度较高的消费者可能对农产品地理标志的认知水平越高。地理标志农产品由于在价格上略高于普通农产品，对普通消费者来说可能是一种奢侈品。消费者在满足自身基本生活需求之后如果可支配收入还有一定的富余，并且具备支付意愿的话，才会产生有效的消费者行为。一般来说收入与消费者行为成正比例关系，收入越高，对地理标志农产品的消费行为倾向就越强。一般来说消费者对健康的重视与锻炼频率成正比，如果消费者锻炼次数越多，说明其对身体健康状况更关注，可能会加强对优质产品的搜寻甚至溢价支付来满足需求。而从事不同行业的消费者由于所处社会环境的不同，其消费者行为也会产生较大的差异。比如处于国家事业单位的消费者可能对地理标志认知度更高，溢价支付意愿也更强烈。郝建强等（2012）通过调研数据分析得出消费者文化程度和收入显著影响其认知水平，决定着对地理标志农产品的了解程度。张海英、王厚俊（2009）研究消费者对品牌农产品溢价支付意愿的影响因素，结果表明受教育程度、收入水平等变量对溢价支付意愿起着重要作用。

6.1.1.2 顾客感知价值

顾客感知价值体现在顾客对生产者提供的产品所产生价值的主观认知，即产品的价值会影响消费者对产品的认知程度，顾客感知价格越高，愿意支付的额外价格越高（张国政，2017）。顾客感知价值的构成维度，国内外学者从不同的角度对其进行了探讨。Sheth 等（1991）认为应该从情感价值、情境价值、功能价值、认知价值和社会价值这 5 个角度分析产品带来的效用。Sweeney 等（2001）通过对零售用品的分析，将顾客感知价值分为价格价值、质量价值、社会价值、情感因素。在此基础之上，国内学者张国政（2017）从农产品质量安全的角度，将顾客感知价值分为功能价值、经济价值、质量安全价值、环保价值和情感价值 5 个维度。

在总结前人研究的基础上，结合地理标志农产品的特殊性，将顾客感知价值分为 5 个维度：质量价值、情感价值、社会价值、区域价值（崔登峰，2018）、环保价值。消费者对每一价值维度的感知会影响其对地理标志农产品的认知程度和溢价支付意愿倾向，决定着消费者行为。

质量价值是指消费者从地理标志农产品质量中所获取的效用，产品的色泽、大小、新鲜程度等外观属性经常是消费者消费时判断产品质量高低的外在因素。比如，对肉质产品来说，会首先观察产品的鲜嫩程度，茶叶会考虑成品的色泽、香味等。Alfnes et al.（2006）采用混合 Logit 模型研究色泽不同鲑鱼的消费者支付意愿。分析得出色泽是消费者评价鲑鱼质量最重要的指标之一，并且大多数的消费者愿意为色泽红的鲑鱼支付额外的价格，色泽指标加强了消费者的溢价支付意愿。所以当消费者感知到的质量价值越高，就会越关注该农产品并会提高对该产品的认知度，进而会产生溢价购买倾向。

情感价值主要表现在消费者对产品是否放心，对生产者是否信赖等（张国政，2017）。当顾客对产品产生积极态度时，能够激发消费者的决策行为。Arvola et al.（2007）利用结构方程模型对调研数据进行分析，探讨情感、道德认同度对消费者有决策行为有效性影响。所以顾客积极的情感价值有可能正向影响消费者的行为。

社会价值是指消费者在与地理标志农产品相关的社会群体中所获得的效用。人类是一种群体动物，社会价值满足人类群居生活的精神需求，比如得到社会认可、自己的身份地位得到体现等。为了满足实际的人际交往要求，消费者倾向于选择社会价值比较高的产品。地理标志农产品相对于普通农产品来说，由于其品牌优势和权威性保障，具有高档送礼的特征。因此，顾客购买地理标志农产品的用途影响着消费者对产品的挑选，在加深对产品了解的同时也促进溢价购买的意愿。

区域价值是指顾客从地理标志农产品的地域特色中取得的效用。地理标志农产品的生产不仅跟自身独特的自然环境有密切的联系，是高质量和高品质形成的客观条件，同时还与当地悠久的历史文化积淀有关。比如茶叶作为一种特殊的农产品，中国消费者不仅在意其质量，更加看中茶叶本身所蕴含的历史文化体验（张国政，2017）。产品依靠特殊的地域特征和人文环境，产生的神秘地方色彩使地理标志农产品的附加价值得到提升。从而不仅顾客满足自身好奇心，也加强了对地理标志农产品的消费行为。

质量价值体现在消费者感知产品对身体健康的效用，而环保价值进一步扩展到农产品生产者使用的一些化学物质对环境影响的感知上。自从党的十九大以来，"绿水青山就是金山银山"的环保理念深入人心，消费者对生态环保的重视会让其形成良好的生活方式，推动那些比较注重环保问题的地理标志农产品更多受到消费者的理解和消费意愿，而对于那些生活环境加剧恶化的地理标志农产品其竞争力逐渐下降。

6.1.1.3　消费者体验

杜鹏（2012）在研究消费者对品牌农产品支付意愿时提出顾客体验是一种综合感受。不仅包含消费前的预期，更专注于消费过程中的享受和消费后的使用感知。对于大部分的消费者来说，农产品的购买地点大多集中于超市、农贸市场等，因此，根据N. S. Terblanehe 和 C. Boshoff（2006）对商场购物体验划分了6个维度：产品体验、购物环境体验、员工服务体验、产品多样性体验和抱怨处理体验，结合消费者内部因素分析消费体验感。在消费前对产品品牌体验，消费过程中购物便利性、购物环境、购物服务体验和售后保障等需求是消费者获取产品信息并增强其认知程度的主要因素，同时在提高消费者满意度，引导消费者重复购买进而产生溢价支付等方面也发挥着重要的作用。

在消费前，消费者对产品的认知主要通过网络、电视、报纸等媒介，依赖于广告、口碑发酵等方式的宣传，因此代表产品品牌形象的品牌体验能够给消费者带来深刻的影像记忆，产生深度的品牌认知，增加消费者对产品的信任度和消费意愿（赵宏霞等，2015）。

张均涛等（2008）在研究消费者满意度时，通过调研数据分析大部分的消费者对生鲜农产品的消费时间相对来说比较集中，错开购物高峰提高购物和支付的便利性，会大大缓解消费者对产品的不确定性，影响着消费者的购买意愿和消费行为。同时，陈默等（2015）根据 586 位消费者对品牌牛奶的调研数据，分析得出消费者的偏好和消费行为受产品购买的便利性的显著影响。

愉悦、舒适、卫生的购物环境与消费者行为有着紧密的联系。购买环境是消费者消费体验的一部分，消费者对产品的感知和购买意愿受区域品牌农产品购物环境好坏的直接影响。散乱、拥挤的购买场所负面影响着消费者的满意度和购买意向，良好、有序的购物环境提高消费者的体验感，有利于消费者积极地购买行为的产生（张传统，2014）。

产品的输出是靠员工和消费者之间有效的互动完成的。研究发现为消费者提供创新型的服务内容、服务态度和方式不仅可以满足消费者个性化的需求而且对提高消费者满意度有较大的促进作用，引导着消费者的消费行为（施涛等，2018）。及时、有效地售后服务在为消费者处理问题的同时也逐渐培育消费者对产品的信任。王高等（2006）在研究综合超市顾客满意度时，将购买中的员工服务和售后的保障服务加入测量模型中，得出员工服务和售后保障表现力不足，还需进一步提高培养消费者忠诚度。

6.1.2　消费者对地理标志农产品认知和购买行为的外部因素分析

6.1.2.1　市场环境

（1）信息传播和购买途径。 信息自身因素（比如信息的内容、可信度等）和信息的宣传者（如政府、相关组织、电视报纸等）对消费者的态度有重要的影响（齐振宏、王瑞懂，2010）。地理标志农产品相对于绿色农产品等其他认证农产品来说出现较为滞后，电视和网络成为消费者获取信息的重要途径，作为消费者信任度最高和主要购买渠道的农超（刘宇翔，2013），可以利用电视和网络进行适度适量的宣传，加强消费者对地理标志农产品的了解程度，提高消费者对地理标志农产品的信任度，进而可以激发其溢价支付意愿。靳明、赵昶（2008）通过对优质农产品的研究，发现购买途径会显著影响消费者购买农产品的支出比例。

（2）产品价格。合理的价格会直接影响消费者对产品的接受程度。农产品市场近似于完全竞争市场，市场上产品的同质性较强，虽然地理标志农产品跟普通农产品相比价格高，但是各种认证农产品之间较高的替代率压缩了地理标志农产品的市场空间，因此很难实现较高的溢价，也阻碍了消费者对地理标志产品的了解。李静（2019）分析了价格因素对市场消费者行为的影响。利用经济学中的价格弹性方法研究消费者对不同的地理标志农产品选择的替代品的可能性，对于缺乏价格弹性的生活必需品，比如大米、蔬菜等价格的变动对消费者行为的影响不大，而对于非必需的富有价格弹性的地理标志农产品来说，比如地理标志水果价格的上涨会影响消费者转向选择低廉的同类产品。

（3）营销决策。当前市场上有品种繁多的认证农产品，地理标志农产品要想在市场竞争中占有一席之地，在依靠过硬产品质量的同时还需要多样的积极地营销方式。产品宣传的方式多种多样，主要包括广告、精致的包装、销售人员的推销、口碑营销等形式。通过合理的促销方式不仅可以将产品信息准确地传达给消费者还会给消费者带来良好的印象，在提高消费者对产品认同感的同时还可以加强消费者的溢价支付意愿并培养消费者对产品的忠诚度，增强产品竞争力和溢价能力（王文龙，2016）。董谦（2015）以地理标志品牌羊肉发现，销售人员推销的这种营销方式会对消费者行为有显著的影响。说明合适的宣传方式在消费者认知程度和溢价支付意愿方面有一定的作用，能够适当的调整消费者当前的消费行为。

6.1.2.2 社会环境

（1）**生活区域。**生活在不同地域环境的消费者持有的消费理念存在差异，对消费行为也会有一定的影响。比如生活在城市的消费者其行为与当地社会发展水平以及商业环境有密切的联系，周洁红（2005）通过514位浙江省消费者的调查数据，分别分析生活在乡镇和城市的消费者对安全蔬菜的认知及消费行为。结果表明，城市消费者与城镇消费者相比，对安全农产品有较高的认知水平。可能因为生活在农村或农村周边城镇的消费者对农产品的消费大多来自自给自足，同时由于地理标志农产品高价格等原因阻碍了消费者对农产品的了解动力；而城市的消费者由于生活环境的限制，与农村消费者相比对地理标志农产品的了解更加深入，对地理标志农产品的溢价消费行为倾向越高。

（2）**产品信息标签。**产品质量信息标签在一定程度上可以缓解由于信息不对称造成的市场失灵，对生产者产生的欺骗性机会主义行为提供监督机制。因此产品包装上的信息标签在降低消费者搜寻成本的同时也是获取消费者信任的重要工具。Umberger et al.（2003）利用收集到的273位消费者的调查数据分析对来自原产地品牌牛肉的支付意愿。结果表明对来自原产地的品牌牛肉，大部分的消费者对品牌牛肉信息有强烈的关注意愿，有超过3/4的消费者愿意支付11%～24%的溢价。说明对于品牌产品特别是带有原产地信息标签的地理标志产品而言，原产地是影响消费者行为和偏好的重要因素。朱莉、徐迎军（2017）通过幼儿奶粉的例子，利用458位消费者的调研数据，采用潜类别模型分析消费者对不同信息标签的溢价支付意愿。结果显示，大部分的消费者对可追溯信息标签有较高的溢价意愿，愿意以额外的价格购买奶粉。

（3）**监督力度。**地理标志对于国家规定区域范围内的生产者来说具有非竞争性和非排他性，只需符合相应的规定就可以使用地理标志标签生产产品，但研究发现有一些生产者为获取高额的经济效应而忽视了品质的控制导致机会主义行为的产生，大量低劣的假冒产品充斥市场，不仅消耗了消费者对地理标志产品的信任同时也给整个行业的声誉带来损失。因此，对地理标志产品有效的监督显得尤为重要。杨慧、刘德军（2017）采用结构方程模型的方法，分析组织管理对地理标志品牌资产的影响。其中组织管理分为管理制度、组织协调、监督执行 3 个维度，用品牌认知、品牌忠诚、品牌联想和质量感知 4 个方面衡量地理标志品牌资产。结果显示，监督执行力度会显著影响消费者的质量感知，严格的监督管理方式可以提高消费者对地理标志农产品的信任度和忠诚度并且影响着消费者行为。

6.1.2.3 行为习惯

行为习惯分为购前行为和购买行为。购前行为包括消费者对我国食品安全状况的关注和信任、对安全信息的搜索和储备、饮食态度和习惯等，购买行为包括购买频率和经验等因素。

（1）**对我国食品安全的关注和信任。**"三鹿奶粉""地沟油"等食品安全问题的频发，一直影响着消费者的日常生活。农产品作为人们餐桌上不可或缺的一部分，其质量安全是消费者消费时最先考虑的问题。安全优质的农产品成为消费者关注的焦点，"三品一标"体系的出现和发展在一定程度上缓解了消费者对我国食品安全的担忧，并逐步得到消费者的认同和认可。消费者对认证标志产品认知度和信任度的提高，增加了其对地理标志农产品了解程度，从而对购买有保证的地理标志农产品倾向就越大。

（2）**信息储备。**消费者对产品信息知识的储备是提升认知程度和产生消费行为的起点。尹世久等（2014）将消费者认知状况分为 4 个层次：第一层次为"有无听说过认证产品"；第二层次"知道哪几种安全认证品牌"；第三层次为"安全认证产品与普通产品之间的差异"；第四层次："安全认证产品有哪些特征"。其中各层次的调研结果从 53%、32.3%、24.9%，下降到 12.4%，说明消费者整体的认知率较低。通过对认知状况各分层的分析可知，低层次的认知是高层次认知率提升的前提。因此，在消费者获取的地理标志农产品信息中，是否听说过地理标志农产品和对地理标志农产品品牌的了解是影响消费者认知程度的基础，继而也会影响消费者决策行为的产生。

（3）消费态度和习惯。消费者对农产品态度的差异会形成不同的消费理念，对其消费行为产生差异性的影响。例如，陈新建、董涛（2012）探讨了是否将认证农产品作为日常生活必需品的态度会影响其溢价水平的差异。如果消费者将认证农产品作为非必需品也就是高端农产品的话，其平均溢价支付大概为22%；如果认证农产品被当成生活必需品，其平均溢价意愿约为15%，远远低于非必需品的意愿。而消费者的消费习惯对消费者行为有一定的影响。在基于CKB的样本数据上，管曦等（2018）采用OLS模型分析影响消费者消费茶叶的因素。结论表明，消费者有无饮茶的习惯、是否爱好喝茶等因素会影响消费茶叶行为。

（4）购买频率和购买经验。购买频率的高低影响着消费者的购买经验。消费者购买次数越多对产品的品质就会越了解，李翔等（2015）以番茄为例，研究了消费者支付意愿。在欧盟、巴西、日本和中国的4种认证标签中，消费者对欧盟认证标签的支付意愿最高，因为从消费者处接收到的信息来看，欧盟一直被认为是发达国家的代表，先进的科学技术和完善的政策体系让消费者更加相信其认证标签呈现出的原产国效应。还有另一个显著的发现就是消费者对认证标签的支付意愿跟购买频率有密切的联系，购买频率的提高促进了消费者的购买经验，有利于消费行为的提升。陈新建、董涛（2012）以水果为例，实证分析消费者购买频次对溢价支付意愿的作用。丰富的购买经验是影响支付意愿的重要因素，随着购买频率的上升，消费者以较低支付意愿（溢价30%及以下）购买产品的概率下降18.3%，中等支付意愿（溢价30%~60%）购买的概率上升11.9%，较高支付意愿（溢价60%以上）的概率上升6.5%。

6.2 数据来源与分析方法

6.2.1 数据来源

6.2.1.1 样本的选取

这项调研在 2018 年 2—8 月进行，调研内容为消费者对黄山地理标志茶叶的认知程度和溢价支付意愿。根据调查问卷获取的方式来看，主要包括自填式调查问卷、访谈式调查问卷、网页访问式调查问卷等。自填式问卷调查比较经济、方便，可以调查的样本比较多，但回收的样本质量不高，比如会出现问卷的漏填以及题目较为官方不理解等现象的发生。访谈式问卷调查由访谈者向被调查人员提问并记录相应的回答，这种调查方式在准确获取被调查者相关信息的同时也可以在交流的过程当中挖掘更深层次的调查信息，使得回收的问卷质量较高，样本的最终效果比较好，代表性比较强，但访谈式问卷调查最大的缺点就是需要投入较大的成本。随着近几年互联网的迅速发展，通过微信平台、网页访问等方式获取调查问卷信息越来越快捷，同时人们对这种新兴的网络问卷调查方式比较关注，万聪（2014）提出的网络问卷调查系统的评价功能可以提高问卷的准确率，使得实施性和操作性比较强。根据以上几种方式的比较，本项研究采取访谈式和网页访问式相结合的方法。

主要选取安徽、山东、河北 3 个省的消费者进行调查，访谈式问卷调查主要选取的地点是在人流量较大的超级卖场和超市附近，调查人员由带队老师和经管院的学生组成，在调研前对小组成员开展了相关的培训，针对问卷内容进行研讨并对出现的问题做到及时修改。本次共发放 500 份问卷，其中消费者对地理标志农产品认知程度的问卷共回收 496 份，消费者对地理标志农产品溢价支付意愿的问卷回收 497 份。

6.2.1.2　问卷的设计

在参考地理标志农产品认知和溢价支付意愿的相关文献的基础上，结合相关的理论成果，根据研究的需要并考虑被调查人员的情绪，对问卷内容进行了篇幅上的设置，在问卷语言上尽量做到通俗易懂。问卷主要包括 3 个部分：第一，消费者个人基本信息。主要包括消费者的性别、年龄、文化程度、居住地、消费者个人月收入和一周锻炼的次数等消费者个体特征的调查。第二，消费者对地理标志农产品认知程度。这部分由 12 个问题组成，首先是关于消费者对我国食品市场和农产品市场的评价；其次是消费者对地理标志农产品信息的获取情况，包括是否关注地理标志农产品相关信息、是否听过地理标志农产品、从何处了解到地理标志农产品信息；最后是探寻消费者对地理标志的了解情况。设置的问题包括是否关注地理标志农产品质量更安全、对地理标志与其他认证标志的区分、是否知道地理标志农产品要经过严格的生产流通程序。最后是消费者对地理标志农产品附加价值的关注，这部分从黄山地理标志茶叶比普通茶叶相比较的角度分析，设置了是否更加关注黄山地理标志茶叶的口感营养价值、更利于环境保护、历史文化体验感。第三，消费者对地理标志农产品溢价支付意愿。包括消费者认知信任度，个人习惯，购买偏好的角度，分为是否听说过地理标志农产品、听说的黄山地理标志茶叶品牌数量、是否购买过黄山地理标志茶叶、购买黄山地理标志茶叶的用途、茶叶新鲜程度原产地等问题。这部分主要是获取消费者对地理标志农产品溢价支付意愿的影响因素相关信息。

6.2.2　分析方法

在对消费者行为相关理论分析的基础上，结合前人对地理标志农产品消费行为的研究结果，把消费者对地理标志农产品的认知程度和溢价支付意愿分成 5 个方面进行分析。第一，为消费者对我国农产品质量安全状况的评价；第二，消费者对地理标志农产品的相关信息的关注；第三，为消费者对地理标志农产品质量安全的关注；第四，为消费者对地理标志农产品附加价值的信任；第五，消费者对地理标志农产品溢价支付意愿。通过对 5 个方面的影响因素研究得出影响消费者对地理标志农产品认知程度及溢价支付意愿的因素。

6.2.2.1 研究假设与理论模型

本部分研究的影响消费者对地理标志农产品认知因素的假设具体如下：

[H1]：消费者个人基本特征影响消费者的认知程度

[H2]：获取信息的渠道影响消费者的认知程度

因此，本部分设置的理论模型如下：

模型一：消费者对当前我国农产品质量安全的评价模型

消费者对当前我国农产品质量安全的评价＝f（个人基本特征、获取信息渠道）

模型二：消费者对地理标志农产品相关信息的关注模型

消费者对地理标志农产品相关信息的关注＝f（个人基本特征、获取信息渠道）

模型三：消费者对地理标志农产品附加价值的信任模型

消费者对地理标志农产品附加价值的信任＝f（个人基本特征、获取信息渠道）

模型四：消费者对地理标志农产品质量安全的关注模型

消费者对地理标志农产品质量安全的关注＝f（个人基本特征、获取信息渠道）

其中，消费者的个人特征包括性别、年龄、文化程度、居住地、消费者个人月收入、职业和一周锻炼的次数。

本部分研究的影响消费者对地理标志农产品溢价支付意愿因素的假设具体如下：

[H1]：消费者个人基本特征影响消费者的溢价支付意愿

　　[H2]：消费者认知信任度对消费者溢价支付意愿有一定影响

　　[H3]：消费者个人习惯影响着消费者的溢价支付意愿

　　[H4]：消费者购买偏好影响消费者溢价支付意愿

　　本部分设置的理论模型如下：

　　模型五：消费者对地理标志农产品溢价支付意愿模型

　　消费者对地理标志农产品溢价支付意愿＝f（个人基本特征、认知信任度、个人习惯、购买偏好）

　　其中，消费者个人基本特征包括性别、年龄、文化程度、消费者个人月收入；认知信任度相关因素主要包括消费者对当前我国食品安全状况的评价、消费者是否听说过地理标志农产品、消费者听说的黄山地理标志茶叶品牌数量；个人习惯包括是否喜欢喝茶、是否购买过黄山地理标志茶叶、购买黄山地理标志茶叶的用途；购买偏好包括茶叶新鲜程度、茶叶原产地、销售人员的介绍。

6.2.2.2　**计量模型**

　　为研究影响消费者对地理标志农产品认知程度和溢价购买意愿的因素，模型中设置的被解释变量都是 [0，1] 二分变量，因此采用二元 Logistic 回归模型进行分析。二元 Logistic 回归模型的表达式为 $Pi = \dfrac{e^{a+\sum b_i x_i}}{1+e^{a+\sum b_i x_i}}$ （1）。则可以得到 $\ln\left(\dfrac{p_i}{1-p_i}\right) = d +$ $\sum\limits_{j=1}^{m} x_{ij} B_j$ （2）。从上述的公式可以得出，当模型中系数为正时，解释变量 X 的发生会增加被解释变量发生的概率。

6.3　消费者对地理标志农产品认知程度的影响因素研究

6.3.1　消费者对地理标志认知程度的相关研究

　　陈思（2013）对北京市的消费者进行调研，结果发现，只有

34.6％的消费者听过农产品地理标志的概念，17.8％的消费者认为农产品地理标志与无公害农产品、绿色食品等其他认证产品混淆。谢向英（2012）调研数据显示，20％的消费者对地理标志产品专用标志或证明商标表示认识，但进一步询问，超过65％的消费者对地理标志专用标志和证明标志的主管部门表示不清楚。可见在地理标志实施多年来，消费者在农产品地理标志认知上有很大程度的欠缺。对于如何提高消费者认知水平方面的研究，Gao（1993）采用潜在结构变量模型分析得出受教育水平、性别、种族、城市化和家庭规模是影响消费者对橙汁感知的重要因素。占辉斌、陈超（2010）基于调研数据分析得出，适当的广告宣传和合理的定价能够提高消费者对农产品地理标志的了解程度。杨建辉、任建兰（2015）以消费者个人基本特征为自变量，以农产品质量安全认知、农产品地理标志认知、农产品地理标志支付意愿和农产品质量安全维权意识4个角度为被解释变量，分析消费者对地理标志农产品的认知程度。彭贝贝、周应恒（2019）以"碧螺春"为例，从信息不对称角度出发，研究地理标志的使用对农产品市场价格的贡献率。由于消费者在消费过程当中，对地理标志产品认知程度不高导致在购买时无法辨认出正宗地理标志农产品和伪产品，使得茶叶市场出现"柠檬"困境，致使正宗的地理标志农产品经济效应无法得到保障。

6.3.2 消费者对地理标志农产品认知情况的统计分析

6.3.2.1 调查样本基本特征的情况分析

对消费者个人基本情况的研究和调查，可以从宏观上了解消费者的整体情况。在调查过程中，共回收问卷496份，其中选择"没有听说过地理标志农产品"的比例为61％，选择"听说过地理标志农产品"的有193位，占到调查样本的39％。自1999年地理标志产品保护制度的实施，到2005年《地理标志产品保护规定》的发布，地理标志一词在我国发展已有 20 多年，但从调研的数据来看，大部分的消费者对地理标志感到非常陌生，说明我国在实施地理标志的过程中应加大对消费者群体的宣传并提高其购买力。

经过对选择"听说过地理标志农产品"调查问卷的审核，得到有效问卷 188 份。根据表 6 - 1，从被调查者的性别来看，女性占 49.47%，男性占 50.53%，男性所占的比例略高于女性；从年龄构成来看，31～40 岁占 36.7%，41～50 岁占 32.98%，说明本项调查分析的消费者年龄段大部分集中在中青年群体；从接受教育程度构成来看，初中及以下的有 41 个，占总样本的21.81%，接受文化教育为高中或中专的有 34 个，占总样本的18.09%，本科或大专的消费者有 100 位，占总样本的 53.19%，硕士及以上的消费者有 13 位，占的比例较小为 6.91%。从现有的样本中可以得出大部分消费者的受教育程度为高中以上；从样本的居住地调查结果来看，有 70.74% 的来自城市；除了以上的年龄，性别，文化程度，居住地影响着消费者对黄山地理标志茶叶的认知外，消费者个人月收入的不同也影响着消费者对黄山地理标志茶叶的认知。消费者月收入在 3 000 元以上的占到了70.21%；由样本的职业构成来看，企业人员和自由职业所占比例最多，分别为 28.19% 和 29.79%；在调查样本中，消费者锻炼的次数出现了两极分化，其中比较注重自身身体素质一周锻炼次数在 4 次及以上的占 29.79%，而次数在 1 次及以下的占比为 30.32%。

表 6 - 1　样本消费者基本情况

特征	样本特征分类	人数（人）	比例（%）
性别	男	95	50.53
	女	93	49.47

（续）

特征	样本特征分类	人数（人）	比例（%）
年龄	30 岁以下	43	22.87
	31～40 岁	69	36.7
	41～50 岁	62	32.98
	51～60 岁	11	5.85
	60 岁以上	3	1.6
文化程度	初中及以下	41	21.81
	高中或中专	34	18.09
	本科或大专	100	53.19
	硕士及以上	13	6.91
居住地	城市	133	70.74
	村镇	55	29.26
消费者个人月收入	3 000 元以下	56	29.79
	3 001～5 000 元	70	37.23
	5 001～8 000 元	40	21.28
	8 000 元以上	22	11.7
职业	政府或事业单位人员	22	11.7
	医生、教师、科技人员	30	15.96
	学生	20	10.64
	企业工作人员	53	28.19
	退休人员	7	3.72
	自由职业	56	29.79
一周锻炼的次数	1 次及以下	57	30.32
	2 次	41	21.81
	3 次	34	18.08
	4 次及以上	56	29.79

6.3.2.2　从不同渠道获取地理标志农产品信息的分布情况

如表6-2所示，在调查过程中有77%的被调查者选择"关注地理标志农产品相关质量信息的报道"，而23%的被调查者选择了"不关注"，说明大部分的消费者对地理标志农产品的质量问题是普遍关注的。一方面是与当前我国频发的食品药品质量安全问题和网络、媒体以及"315晚会"等平台对质量问题的曝光有关，人们的安全意识有所提升；同时人们生活水平的提高，对餐桌上的饮食要求也越来越高。消费者对地理标志农产品认知程度的提升跟有效的宣传工作有较大的联系，要想提高相关宣传效果就必须首先了解消费者获取相关信息的渠道，然后做出针对性的宣传和指导。从现有的调查样本来看，消费者对于黄山地理标志茶叶相关信息的获取渠道主要包括广播、书报、展览、网络、亲戚朋友介绍、政府以及销售商或者商场等方式。其中有21人选择"凭个人经验或亲友获得信息"，占到被调查者的11%，其次，选择销售商或者商场等获取信息的比例占28%，选择"书报、展览会等获取地理标志农产品信息"和"网络、广播电视提供地理标志农产品信息"也占到了一定的比例，分别为24%和11%，而选择"由政府提供的地理标志农产品信息"所占的比例

表6-2　关于地理标志农产品信息的描述性分布

特　征	样本特征分类	比例（%）
是否关注地理标志农产品相关信息	是	77
	否	23
消费者获取黄山地理标志茶叶的信息渠道	个人经验成亲友	11
	销售商或商场	28
	书报、展览会	24
	网络、广播电视	11
	政府提供	26

为 26％。以上调查结果显示，消费者选择销货商或商场提供的信息比例较高，这可能与企业的轰炸式广告有关，然而，选择政府部门提供信息仅占总样本的 1/4，说明政府对地理标志的宣传还需有待加强。

6.3.2.3 对当前我国食品安全状况的评价

近些年，食品安全一直是人们关注的焦点。在本次调查过程中（表 6-3），可以看出大部分的消费者对当前我国食品安全状况表示信心不足。消费者在回答"如何看待当前我国的食品安全状况？"时，选择"比较放心"的仅有 7 人，占 4％，选择"有点担忧"和"比较担忧"的分别占 16％和 30％，选择"非常担忧"的占 50％。这与近些年产品市场上屡次发生的食品安全有关，食品质量出现的负面新闻越多，越容易造成消费者对食品质量安全问题的担忧和对我国食品安全评价不高。在继续追问消费者对我国农产品质量安全的评价时，有 155 位消费者选择较差。

表 6-3 关于我国食品安全状况的描述性分布

特 征	样本特征分类	比例（％）
	非常担忧	50
对食品安全的评价	比较担忧	30
	有点担忧	16
	比较放心	4

6.3.2.4 个人关注偏好对认知程度的影响

地理标志的保护制度对打造农产品品牌有着重要的推动力，在一些市（县），地理标志甚至成为当地的形象名片，其附加价值有着不容忽视的作用。如表 6-4 所示，在调查中发现，就"是否认为地理标志农产品比普通农产品附加价值更高"询问消费者时，有 143 人选择是。其中，在黄山地理标志茶叶附加价值信息中，消费者选择最关注的信息依次有：口感、营养价值更高（56％），更利于环境保护（45％），历史、文化体验感（37％）。由以上数据发现，产品的营养价值是消费者最关注的附加价值信息。其原因一方面可能是地理标志茶叶有标准的种植技术流程和严格的质量控制，其口感和营养价值相对于普通茶叶来说品质更高，另一方面消费者消费层次和消费观念产生巨大的转变，农产品的营养效果成为消费者购买需求重要部分（刘贝贝等，2018）。居于第二位的是环境保护，这与最近几年全国上下提倡的"绿水青山就是金山银山"的环保理念相统一，环保意识的加强更有利于农产品质量的提高。消费者关注程度最低的是历史、文化体验感，例如在问到消费者听到黄山毛峰时会不会联想到背后的文化品牌故事，关注程度较低说明与我国传统文化的传承危机和品牌营销有关。历史沉淀是地理标志农产品的内在竞争力，具有极强的品牌价值，对提高消费者的认同感具有较大的促进作用。

表 6-4　关于个人对于地理标志关注偏好的描述性分布

特　征	样本特征分类	比例（％）
是否认为地理标志农产品比普通农产品附加价值更高	是	76
	否	24
最关注的黄山地理标志茶叶附加价值	口感、营养价值更高	56
	更利于环境保护	45
	历史、文化体验感	37

6.3.2.5　对地理标志农产品认知程度的分析

地理标志认证是当前我国安全农产品认证的基本形式之一。通过调查显示（表 6-5），虽然样本中有 188 位听说过地理标志农产品的消费者，但在调研人员进一步的追问中发现，其中大多数消费者只是听过地理标志，而能非常了解、认全我国地理标志农产品标识并能与其他标识做到区分的消费者占 55.4％，听过但是对地理标志农产品标识具体是哪个 logo 不了解的比例为44.6％。这说明，近一半的消费者对地理标志农产品的标识不了解，同时地理标志农产品的宣传工作未落到实处。在消费者被问到是否关注地理标志农产品质量更安全时，151 位消费者选择是，说明大部分的消费者对地理标志农产品有较高的信心，对地理标志农产品保持较高的关注度。继续追问消费者是否知道地理标志农产品要经过严格的申请、检查等程序时，有 77.2％ 的消费者选择"知道"。

表 6-5　对地理标志农产品了解程度分析

特　征	样本特征分类	比例（％）
对地理标志农产品标识、logo 的了解程度	非常了解，与其他 logo 能做到区分	55.4
	听过但是具体是哪个 logo 不了解	44.6

6.3.3　回归分析变量的定义及预期作用方向

影响人们认知的因素很多，对于地理标志农产品认知的影响因素，在国内外学者研究结果和本书设定的理论模型基础上，选择消费者性别、年龄、文化程度、居住地、消费者个人月收入、职业、一周锻炼次数及获取信息渠道为解释变量，对回归分析变量的赋值与其预期作用方向如下表 6-6 所示。

表 6-6　消费者对地理标志农产品认知程度模型的变量定义及预期作用方向

变量名称	变量符号	变量定义及说明	预期作用
当前我国市场农产品质量安全状况评价	Y_1	1＝好；0＝差	
是否关注地理标志农产品信息	Y_2	1＝是；0＝否	

（续）

变量名称	变量符号	变量定义及说明	预期作用
是否认为地理标志农产品 附加价值更高	Y_3	1＝是；0＝否	
是否关注地理标志农产品 质量更安全	Y_4	1＝是；0＝否	
性别	X_1	1＝女；2＝男	＋／－
年龄	X_2	1＝30 岁及以下；2＝31～40 岁；3＝41～50 岁；4＝51～60 岁；5＝60 岁以上	－
文化程度	X_3	1＝初中及以下；2＝高中或 中专；3＝本科或大专；4＝硕 士及以上	＋
居住地	X_4	1＝城市；2＝村镇；	－
消费者个人月收入	X_5	1＝3 000 元以下；2＝3 001～ 5 000 元；3＝5 001～8 000 元； 4＝8 000 元以上	＋
职业	X_6	1＝政府或事业单位人员； 2＝医生、教师、科技人员； 3＝学生；4＝企业工作人员； 5＝退休人员；6＝自由职业	＋／－
一周锻炼次数	X_7	1＝一次及以下；2＝二次； 3＝三次；4＝四次及以上	＋
获取信息渠道	X_8	1＝凭个人经验或亲友获得信 息；2＝销售商或者商场；3＝ 书报、展览会等；4＝网络、广 播电视；5＝政府机构	＋／－

6.3.4 消费者认知行为的实证结果分析

本书采用 Stata14.0 软件在置信区间为 95% 的情况下，对解释变量和被解释变量进行了 Logistics 回归估计，所得结果如下表 6-7 所示。

表 6-7 消费者对我国农产品质量安全状况评价的影响因素估计结果

影响因素	系数	标准误	Z 值
性别（X_1）	−0.862 0**	0.436 5	−1.97
年龄（X_2）	−0.529 6**	0.256 1	−2.07
文化程度（X_3）	0.006 8	0.284 6	0.02
居住地（X_4）	−0.101 4	0.485 8	−0.21
消费者个人月收入（X_5）	−0.234 6	0.234 4	−1.00
职业（X_6）	0.554 1***	0.163 4	3.39
一周锻炼次数（X_7）	−0.065 8	0.180 4	−0.36
获取信息渠道（X_8）	0.010 9	0.155 3	0.07
LR chi2（8）	27.08		
Prob > chi2	0.000 7		
Pseudo R^2	0.155 0		
Log likelihood	−73.795 971		

注：***/**/* 分别表示 1%、5%、10% 显著性水平。

（1）对当前我国农产品质量安全状况的评价。结果显示，性别、年龄对消费者农产品质量安全状况的评价有显著的负向影响，说明女性消费者对当前农产品质量安全状况的评价要比男性乐观，原因可能是女性相对于男性来说处理家庭事务经验丰富，随着近些年市场上农产品质量环境的改善，女性则会显得更加乐观。对于年龄而言，年龄大的消费者具有较为保守的消费心理，对曝光的农产品质量安全问题更加敏感，因而对食品质量安全更加焦虑。职业估计结果在1%水平上显著且回归系数为正，说明职业正向影响着消费者对农产品质量安全的评价。结果见表6-8。

表6-8　消费者对地理标志农产品信息关注的影响因素估计结果

影响因素	系数	标准误	Z值
性别（X_1）	−0.472 6	0.349 5	−1.35
年龄（X_2）	0.048 0	0.182 3	0.26
文化程度（X_3）	−0.512 4**	0.242 0	−2.12
居住地（X_4）	−0.058 4	0.409 0	−0.14
消费者个人月收入（X_5）	−0.095 4	0.177 1	−0.54
职业（X_6）	−0.332 6***	0.128 1	−2.60
一周锻炼次数（X_7）	−0.170 7	0.143 4	−1.19
获取信息渠道（X_8）	0.243 7*	0.128 5	1.90
LR chi2（8）	14.85		
Prob > chi2	0.062 2		
Pseudo R^2	0.065 8		
Log likelihood	−105.312 67		

注：*** / ** / * 分别表示1%、5%、10%显著性水平。

（2）对地理标志农产品信息的关注。结果显示，是否关注地理标志农产品信息受消费者文化程度、职业显著负向影响，受获取信息渠道正向影响，与消费者性别、年龄、居住地、月收入和锻炼次数不相关。说明受教育程度越低的消费者越关注地理标志农产品的相关信息，可能是因为受教育程度越高的消费者婚姻观念比较超前，大部分处于未婚状态，对家庭事务不是特别了解，因此对农产品相关信息的关注较差。而对于文化程度较低的消费者来说可能大多数已经成家并有小孩，对地理标志农产品信息比较敏感加强对其的关注度。消费者对地理标志农产品的关注受职业负向影响说明在政府或事业单位工作的人们更关注地理标志农产品，其原因可能是在政府或事业单位工作的消费者对地理标志相关政策信息接触比较多、较广，并且从事的工作可能与此有所联系，因此，对地理标志农产品的认证等相关信息较为关注。而对于消费者获取信息渠道而言，从政府机构获取信息更具有权威性，可信度较高。结果见表 6 - 9。

表 6 - 9   消费者对地理标志农产品附加价值认同的影响因素估计结果

影响因素	系数	标准误	Z 值
性别（X_1）	−0.739 7*	0.390 5	−1.89
年龄（X_2）	−0.198 6	0.202 0	−0.98
文化程度（X_3）	−0.223 6	0.253 9	−0.88
居住地（X_4）	−0.004 2	0.432 8	−0.01
消费者个人月收入（X_5）	−0.134 4	0.196 9	−0.68
职业（X_6）	−0.520 3***	0.140 3	−3.71
一周锻炼次数（X_7）	−0.099 6	0.156 5	−0.64
获取信息渠道（X_8）	0.161 8	0.140 5	1.15
LR chi2（8）	27.73		
Prob ＞ chi2	0.000 5		
Pseudo R^2	0.134 0		
Log likelihood	−89.601 08		

注：***/**/*分别表示 1%、5%、10%显著性水平。

（3）对地理标志农产品附加值的认同。结果显示，性别和职业对消费者是否认为地理标志农产品附加值更高有显著的负向影响，年龄、文化程度，居住地、月收入锻炼次数和获取信息渠道与之不相关。这表明，女性比男性消费者对地理标志农产品附加值的认同感更强，这可能是因为女性消费者具有更好的动作技能和情景感受能力（Herlitz et al.，1997），对普通农产品和地理标志农产品的区别感受较为深刻。对于政府或者事业单位的工作人员来说，工作环境和工作内容让他们对地理标志农产品有较为深入的了解，对其背后的品牌文化及其附加价值更加认同。结果见表 6 - 10。

表 6 - 10　消费者对地理标志农产品质量信任的影响因素估计结果

影响因素	系数	标准误	Z 值
性别（X_1）	1.073 7**	0.421 1	2.55
年龄（X_2）	0.103 9	0.218 7	0.48
文化程度（X_3）	0.596 2**	0.276 6	2.16
居住地（X_4）	0.802 9	0.511 2	1.57
消费者个人月收入（X_5）	−0.182 3	0.201 3	−0.91
职业（X_6）	0.024 1	0.138 0	0.17
一周锻炼次数（X_7）	−0.329 9**	0.165 3	−2.00
获取信息渠道（X_8）	−0.035 4	0.140 4	−0.25
LR chi2（8）	14.34		
Prob > chi2	0.073 4		
Pseudo R^2	0.076 9		
Log likelihood	−86.070 03		

注：***/**/*分别表示 1%、5%、10%显著性水平。

（4）对地理标志农产品质量安全的关注。调查结果显示，消费者对地理标志农产品质量安全的关注与性别和受教育程度显著的正相关，表明男性比女性以及受教育程度越高的消费者更认同地理标志农产品的质量更安全。这可能是因为男性相对于女性来说对国家政策较为关注。地理标志作为近年来推行的农产品认证方式之一，频繁出现在每年的中央一号文件内。同时当前越来越多的男性开始考虑家庭事务，对家庭成员的健康更加关注，从而也会对地理标志农产品质量安全关注度较高。消费者一周锻炼次数负向显著影响可能是因为注重锻炼的人同时也会注意食品质量，而高质量的农产品除了地理标志农产品以外还有无公害、绿色、有机食品等，消费者会从多方面比较选择符合要求并适合自己的产品。

6.3.5 结论与启示

第一，消费者个人基本情况是影响其认知程度的重要因素。性别、年龄对消费者农产品质量安全状况的评价有显著的负向影响，而职业估计结果在 1% 水平上显著且回归系数为正，说明职业正向影响着消费者对农产品质量安全的评价；是否关注地理标志农产品信息受消费者文化程度、职业显著负向影响；性别和职业对消费者是否认为地理标志农产品附加值更高有显著的负向影响，因此要想提高地理标志农产品品牌化营销，应根据性别和职业的不同个性化和差别化制定营销策略；性别和文化程度与消费者对地理标志农产品质量安全的关注显著的正相关，在实际调查中有 60% 的消费者对地理标志农产品严格的生产程序表示了解，消费者一周锻炼次数负向显著影响对地理标志农产品质量安全的关注。

第二，政府机构等相关权威性组织是提高消费者地理标志产品的认知程度的重要途径，从获取的数据来看，只有 39% 的消费者听过地理标志这一概念，大部分的消费者对地理标志农产品认知程度较低，对地理标志概念感到陌生。通过实证分析政府机构是消费者提高其认知水平的重要工具。

第三，消费者对地理标志农产品附加值信息最关注的是营养价值，其次分别是环保意识和历史文化体验感。从调研数据可以看出产品本身的质量是消费者关注的基础，同时也应注意地理标志农产品背后所承载的文化认同感，随着近些年地理标志农产品成为当地县市脱贫增收的重要利器，产品的文化故事是打造农产品品牌的重要方向。

第四，食品安全消费观念已深入人心，虽现在国家和政府对产品的质量监督和把控力度越来越严厉，但频发的食品安全问题使得大部分的消费者对当前我国农产品市场上的产品仍然信心不足，对安全状况表示担忧。

6.4　消费者对地理标志农产品溢价支付意愿的影响因素研究

从微观角度将消费者认知程度加入消费者溢价支付意愿模型中进行研究，深入分析消费者对地理标志农产品溢价支付意愿受到哪些因素的影响，为生产者及企业开拓市场提供依据。

6.4.1　消费者对地理标志支付意愿的相关研究

地理标志标识是对农产品品质的承诺，附有地理标志标签的农产品可以减少消费者搜寻优质农产品的时间成本、加强其对农产品质量和农产品生产者的信赖，方便了消费者对产品的分辨和购买。所以，一般来说消费者平时有品牌消费习惯的，可能对地理标志产品的支付意愿也高（孙亚楠、胡浩，2015）。刘瑞峰（2014）以地理标志农产品—库尔勒香梨为例，通过实地调研数据采用二元 Logistic 回归模型分析消费者的购买意愿。结果表明，消费者年龄、受教育程度、收入的高低、对农产品质量、新鲜程度的要求、对产品是否来自原产地、对农产品品牌的重视程度以及对亲朋好友推荐产品的接受程度会正向影响消费者的购买行为；而消费者的职业、对产品外包装的要求、产品价格的高低以及销售人员的营销会负向影响购买行为。周安宁，应瑞瑶（2012）从消费者心理因素出发分析影响消费者地理标志农产品"地域"属性支付意愿的因素。结果表明，消费者个人的情感偏好和对地理标志产品的了解程度正向影响支付意愿，而消费者心理压力比如对风险的承担能力等因素负向影响支付意愿。李志方

（2013）认为消费者对地理标志产品的购买行为是一种频数选择行为，所以通过研究影响消费者地理标志产品购买频数的因素来反映消费者行为。结果显示，经常去超市购物、对原产地相关信息的重视程度、对地理标志产品的自我认知评价、对产品的溢价接受程度、购买地理标志产品用于自己食用是决定消费者购买频率的重要因素，影响着消费者的支付意愿。

6.4.2 消费者对地理标志溢价支付意愿的相关研究

消费者对地理标志农产品的溢价支付意愿是指消费者愿意为地理标志农产品支付最高价格与愿意为普通农产品支付最高价格之间的差额。消费者溢价支付意愿是消费者对所提供产品的个人估价，具有强烈的主观效应，不同产品属性上的差异对消费者溢价支付意愿有不同的影响。Maria et al.（2000）用"加利西亚小牛肉"的例子，分析消费者对地理标志农产品的溢价支付意愿。结果表明，附加地理标志标签的高质量肉类，人们可以并且愿意为获得高质量产品支付一定程度的额外价格。尚旭东等（2014）以"盐池滩羊"为例，以收集的消费者调查数据为依据，分析得出受教育水平反向溢价支付意愿，而家庭的收入高低、个人饮食习惯有无羊肉方面的忌口等会正向决定消费者溢价行为。张国政（2017）以地理标志茶叶安茶为例，从地理标志农产品所具有的历史文化底蕴出发，在前人研究的消费者个人特征、消费习惯、消费者认知度、信任度等角度上，考虑到历史文化体验感对消费者溢价购买的影响。地理标志在发挥经济价值的同时，其带来的文化输出价值使得与普通产品相比有更强的溢价能力。因此，冉红（2010）在挖掘地理标志产品具有生产垄断的集体性、内在价值的增值性、价格提升的长期性3个特征后，探讨了影响地理标志产品溢价的因素，其中产品质量特性和历史沉淀为最主要的影响因素。生产者只有在生产优质产品的前提下才有可能产生溢价，而溢价的存在又推动着生产者不断地生产高质量产品，因此溢价与质量这种相互成就的关系需要长期的质量安全为前提。地理标志产品沉淀的时间越长，其产品价值就会得到提升，伴随着价格约会提高。周安宁，应瑞瑶（2012）利用淘宝平台获取交易"碧螺春"茶叶的数据，采用特征价格模型分析的方法，实证的回归结果发现，消费者对含有地域属性或地理标志标签的产品是有溢价支付意愿的。

6.4.3　消费者对于地理标志农产品溢价支付意愿的统计分析

6.4.3.1　调查样本基本情况分析

本次调查共回收问卷 497 份，获得有效问卷 460 份。调查问卷中通过设置以下问题询问消费者溢价支付意愿：现在市场上普通茶叶价格大约为 100 元/斤①，而黄山毛峰、太平猴魁等作为地理标志茶叶其质量受到严格控制导致其生产成本比较高，根据您自身条件"当黄山地理标志茶叶单价高于其他普通茶叶时是否愿意购买？"，不愿意溢价购买黄山地理标志茶叶的有 277 位，占 60.2％，愿意溢价购买黄山地理标志茶叶的有 183 位，占 39.8％。然后根据对市场的调研设置的正常溢价区间进一步询问消费者愿意溢价支付幅度为多少，其中 27％的消费者愿意支付比普通茶叶高 50～100 元的价格，40％的消费者愿意多支付 100～150 元购买黄山地理标志茶叶，在溢价区间为 150～200 元的情况下有 10％的消费者购买；有 7％的消费者愿意多支付 200～250 元进行购买；而 250 元以上的选项中还有 16％消费者仍愿意溢价支付，对这部分消费者进一步调查发现，这些消费者比较了解黄山地理标志茶叶，同时也是一些比较爱茶、喜欢喝茶的消费者，对黄山地理标志茶叶的认知度、信任度比较高。但从整体的调查样本中来看，大部分的消费者溢价支付幅度是有限的。

----

① 斤为非法定计量单位，1 斤＝500 g——编者注

关于消费者基本特征与溢价支付意愿的调查数据见表 6 - 11。从调查数据显示，女性消费者有 272 人，占 59.13%，男性消费者有 188 人，占 40.87%。调查数据显示消费者的平均年龄大致分布在 20~40 岁，20~30 岁的有 161 人，占 35%；31~40 岁的有 147 人，占 31.96%；41～50 岁的有 131 人，占 28.48%；51~60 岁的有 20 人，占 4.35%；60 岁以上的有一人，占 0.21%。其中年龄在 31~40 岁的消费者溢价支付意愿的比例最高，为 39.34%。在调查样本中，根据消费者接受的文化程度数据发现，初中及以下学历的消费者有 108 人，占 23.48%；高中或中专学历者有 87 人，占 18.91%；本科或大专学历者有 247 人，占 53.70%；硕士及以上学历者有 18 人，占 3.91%。样本书化程度主要集中在本科或大专学历，其中硕士及以上学历的消费者溢价支付意愿的比例最低，为 4.37%。从消费者月收入调查数据来看，月收入 3 000 元以下的有 172 人，占 37.39%；3 001~5 000 元的有 168 人，占 36.52%；5 001~8 000元的有 82 人，占 17.83%；8 000 元以上的有 38 人，占 8.26%。随着消费者月收入增加至 5 000 元，其溢价支付意愿的比例由 30.6% 上升到 38.25%，这与前期的假设基本上是一致的，随着月收入越高，消费者溢价支付意愿也更强烈。

表 6 - 11　消费者基本特征与溢价支付意愿的关系

特征	类别	溢价支付意愿			
		频数	频率（%）	频数	频率（%）
性别	男	188	40.87	79	43.17
	女	272	59.13	104	56.83
年龄	20~30 岁	161	35.00	60	32.79
	31~40 岁	147	31.96	72	39.34
	41~50 岁	131	28.48	44	24.04
	51~60 岁	20	4.35	7	3.83
	60 岁以上	1	0.21	0	0.00

（续）

特征	类别	溢价支付意愿			
		频数	频率（%）	频数	频率（%）
文化程度	初中及以下	108	23.48	46	25.14
	高中或中专	87	18.91	34	18.58
	本科或大专	247	53.70	95	51.91
	硕士及以上	18	3.91	8	4.37
消费者月收入	3 000 元以上	172	37.39	56	30.60
	3 001~5 000 元	168	36.52	70	38.25
	5 001~8 000 元	82	17.83	40	21.86
	8 000 元以上	38	8.26	17	9.29

6.4.3.2 认知信任度对溢价支付意愿的影响

消费者对当前我国食品安全状况评价会影响对农产品的信任度进而影响其决策行为。从表 6 - 12 可以看出，在调查样本中，消费者对当前我国食品安全状况非常担忧的有 221 人，占调查总人数的 48.04%，比较担忧的有 142 人，占 30.87%，有点担忧的有 75 人，占 16.3%，比较放心的有 17 人，占 3.7%；非常放心的只有 5 人，占 1.09%。这跟近期"阳澄湖大闸蟹""三全汤圆"等农产品负面新闻的曝光有关，频发的食品安全问题会降低消费者的信任度。随着消费者对我国食品安全状况越来越焦虑，对地理标志农产品愿意溢价支付的比例由 1.64% 上升到 44.81%。消费者对农产品的认知情况会影响其溢价支付意愿，在认知程度问卷设置中我们调研人员浅层次的询问消费者是否听说过地理标志农产品这一概念，根据调查数据并剔除无关数据后得到结果显示听说过地理标志农产品的有 182 人，占 39.57%，未听说过的有 278 人，占 60.43%；其中听说过地理标志农产品的消费者溢价支付意愿的比例为 38.8%。然后进一步跟消费者说明黄山地理标志茶叶包括黄山毛峰、太平猴魁、大方茶等 7 种品牌。询问消费者听过哪几种品牌的茶叶。从样本数据看消费者人均听说过黄山茶叶品牌数量大致分布在 3～4 种品牌。其中听说过 1～2 种品牌的有 83 人，占 18.04%；听说过 3～4 种品牌的有 188 人，占 40.87%；听说过 5～6 种品牌的有 88 人，占 19.13%，听说过六种以上品牌的有 66 人，占 14.35%。随着消费者听过的黄山茶叶品牌数由 1 种以下增加至 4 种，溢价支付意愿的比例由 3.83% 上升到 37.7%。

表 6-12　认知信任度与溢价支付意愿的关系

特征	类别	溢价支付意愿			
		频数	频率（%）	频数	频率（%）
对食品安全的评价	非常担忧	221	43.04	82	44.81
	比较担忧	142	30.87	56	30.60
	有点担忧	75	16.30	31	16.94
	比较放心	17	3.70	11	6.01
	非常放心	5	1.09	3	1.64
是否听说过地理标志	否	278	60.43	112	61.20
	是	182	39.57	71	38.8
听说过黄山地理标志茶叶品牌数量	1 种以下	35	7.61	7	3.83
	1～2 种	83	18.04	27	14.75
	3～4 种	188	40.87	69	37.70
	5～6 种	88	19.13	41	22.40
	6 种以上	66	14.35	39	21.31

6.4.3.3　个人习惯对溢价支付意愿的影响

个人消费习惯对溢价支付意愿的影响数据如表 6-13 所示。在调查样本中，331 人选择喜欢喝茶，占 71.96%；129 人不喜欢喝茶，占 28.04%；喜欢喝茶的消费者其溢价支付意愿的比例为 73.77%，而不喜欢喝茶的消费者其溢价支付意愿比例为 26.23%；针对喜欢喝茶的消费者进一步询问其对黄山地理标志茶叶相对于普通茶叶口感的评价，有 75% 的消费者认为黄山茶叶还是比较好的，说明黄山茶叶品牌得到了大部分消费者的认可。调查数据中，有 289 人有购买黄山地理标志茶叶的经验，所占比例为 62.83%。其中，购买过黄山地理标志茶叶的消费者其溢价支付意愿的比例较高，为 72.68%，而未购买过的消费者其溢价支付意愿比例为 27.32%。通常消费者购买产品的用途也会影响其是否溢价支付，在调研的购买黄山地理标志茶叶的用途样本中，有 273 人购买黄山地理标志茶叶自己喝，占 59.35%，73人购买黄山地理标志茶叶用来招待，占 15.87%；送礼用的有 65人，占 14.13%。其中，购买茶叶来自己喝的消费者其溢价支付意愿的比例为 65.03%，招待用的溢价支付意愿的比例较低，为 10.38%。

表 6 - 13　个人习惯与溢价支付意愿的关系

特征	类别	溢价支付意愿			
		频数	频率（%）	频数	频率（%）
是否喜欢喝茶	是	331	71.96	135	73.77
	否	129	28.04	48	26.23
是否购买过黄山地理标茶叶	是	289	62.83	133	72.68
	否	171	37.17	50	27.32
购买黄山地理标志茶叶的用途	自己喝	273	59.35	119	65.03
	招待用	73	15.87	19	10.38
	送礼用	65	14.13	26	14.21
	其他	49	10.65	19	10.38

6.4.3.4　购买偏好对溢价支付意愿的影响

　　消费者在购买产品时，其消费需求和消费偏好会在很大程度上影响购买行为。因为茶叶的特殊性，所以在消费者购买偏好的问卷设计当中，首先询问了消费者对茶叶新鲜程度评价。调查样本中，有 37 人认为茶叶新鲜程度完全不重要，占 8.04%；20 人认为不重要，占 4.35%；40 人认为一般，占 8.7%；76 人认为比较重要，占 16.52%，287 人认为非常重要，占 62.39%。随着消费者对茶叶新鲜程度的要求越高，溢价支付意愿的比例也在逐级增加，由 3.83% 提升到 62.84%。地理标志茶叶的特点就在于其产品质量和声誉等特性由自然生态环境和历史人文因素决定，并以原产地名称冠名的特有产品。所以将茶叶原产地作为调研重点，在调查的样本中，67 人认为茶叶原产地完全不重要，占 14.56%；29 人认为不重要，占 6.3%；认为比较重要和一般重要的比例均为 16.96%，208 人认为非常重要，占 45.22%。随着消费者对茶叶原产地的重视程度增加，其溢价支付意愿的比例由 5.46% 上升到 53.01%。进一步分析发现在茶叶新鲜程度和原产地中认为"完全不重要"的溢价支付意愿高于认为"不重要"的溢价支付意愿，其可能是受到销售服务、品牌价值等其他因素的影响。从问卷中发现，销售人员的介绍对溢价支付意愿也有一定的影响。样本中 118 人认为销售人员完全不重要，占 25.65%；61 人认为不重要，占 13.26%；122 人认为一般，占 26.52%；53 人认为比较重要，占 11.52%；106 人认为非常重要，占 23.04%。随着对销售人员介绍的关注度增强，消费者溢价支付意愿的比例整体呈"正余弦图像"特征波动，先从 26.23% 下降到 16.39%，再上升至 22.41%，然后下降到 10.93%，最后上升达到波峰 24.04%（表 6-14）。消费者消费需求进一步调研时，发现在消费者溢价购买黄山地理标志茶叶的影响程度中，认为非常重要的因素中茶叶的口感占比最高为 63%，其次分别为茶叶卖家的信誉（62%），茶叶价格（38%），购买的便利性（33%），茶叶包装（22%）。从数据可以看出茶叶的口感是影响消费者行为最主要的因素，只有提升茶叶本身品质和质量，严格控制茶叶操作流程才能够扩大市场份额。在以上五个因素中，茶叶包装的重要程度排在最后。这与我们调研的消费者溢价购买茶叶的用途是一致的，大多数消费者溢价购买茶叶的目的是为了自己品尝，那么就不需要太高端华丽的包装，同时相关茶叶生产商也应注意华而不实的包装并不能够引起消费者支付较高价格购买。

表 6-14 购买偏好与溢价支付意愿的关系

特征	类别	溢价支付意愿			
		频数	频率（%）	频数	频率（%）
茶叶新鲜程度	完全不重要	37	8.04	16	8.74
	不重要	20	4.35	7	3.83
	一般	40	8.70	13	7.10
	比较重要	76	16.52	32	17.49
	非常重要	287	62.39	115	62.84
茶叶原产地	完全不重要	67	14.56	21	11.47
	不重要	29	6.30	10	5.46
	一般	78	16.96	26	14.21
	比较重要	78	16.96	29	15.85
	非常重要	208	45.22	97	53.01
销售人员介绍	完全不重要	118	25.65	48	26.23
	不重要	61	13.26	30	16.39
	一般	122	26.52	41	22.41
	比较重要	53	11.52	20	10.93
	非常重要	106	23.04	44	24.04

6.4.4 回归分析变量的定义及预期作用方向

研究选择消费者是否愿意溢价支付黄山地理标志茶叶作为因变量，选择 X_1（性别）、X_2（年龄）、X_3（文化程度）、X_4（消费者月收入）、X_5（对当前我国食品安全状况评价）、X_6（是否听说过地理标志农产品）、X_7（听说的黄山茶叶品牌数量）、X_8（是否喜欢喝茶）、X_9（是否购买过黄山地理标志茶叶）、X_{10}（购买黄山地理标志茶叶的用途）、X_{11}（茶叶新鲜程度）、X_{12}（茶叶原产地）和 X_{13}（销售人员介绍）13 个数据作为自变量。对回归分析变量的赋值与其预期作用方向如表 6 - 15 所示。

表 6 - 15　消费者对地理标志农产品溢价支付意愿模型的变量定义及预期作用方向

变量属性	变量类型	变量名称	变量定义及说明	符号预期
因变量		Y 是否愿意溢价购买黄山茶叶	1＝是；0＝否	
自变量	基本特征	X_1 性别	1 男；0＝女	＋/－
		X_2 年龄	1＝30 岁及以下；2＝31～40 岁；3＝41～50 岁；4＝51～60 岁；5＝60 岁以上	＋/－
		X_3 文化程度	1＝初中及以下；2＝高中或中专；3＝本科或大专；4＝硕士及以上	＋
		X_4 消费者月收入	1＝3 000 元以下；2＝3 001～5 000 元；3＝5 001～8 000 元；4＝8 000 元以上	＋
	认知信任度	X_5 对当前我国食品安全状况评价	1＝非常担忧；2＝比较担忧；3＝有点担忧；4＝比较放心；5＝非常放心	－
		X_6 是否听说过地理标志农产品	1＝是；0＝否	＋

（续）

变量属性	变量类型	变量名称	变量定义及说明	符号预期
		X_7 听说的黄山地理标志茶叶品牌数量	1＝1 种以下；2＝1～2 种；3＝3～4 种；4＝5～6 种；5＝7 种及以上	＋
自变量	个人习惯	X_8 是否喜欢喝茶	1＝是；0＝否	＋
		X_9 是否购买过黄山地理标志茶叶	1＝是；0＝否	＋
		X_{10} 购买黄山地理标志茶叶的用途	1＝自己喝；2＝招待用；3＝送礼用；4＝其他	＋/－
	购买偏好	X_{11} 茶叶新鲜程度	1＝完全不重要；2＝不重要；3＝一般；4＝比较重要；5＝非常重要	＋
		X_{12} 茶叶原产地	1＝完全不重要；2＝不重要；3＝一般；4＝比较重要；5＝非常重要	＋
		X_{13} 销售人员介绍	1＝完全不重要；2＝不重要；3＝一般；4＝比较重要；5＝非常重要	＋

6.4.5 消费者溢价支付意愿的实证结果分析

结合统计结果，使用 Stata14.0 软件对消费者溢价支付意愿进行计量分析（表 6-16）。从表 6-16 可以看出，认知程度、购买偏好等因素是影响消费者对地理标志农产品溢价支付意愿的重要因素。按照不同分组对各解释变量的结果进行分析。

表 6-16 消费者对黄山地理标志茶叶溢价支付意愿的二元 Logistic 分析结果

	变量名称	系数	标准误	Z 值
基本特征	性别 (X_1)	−0.158	0.222	−0.71
	年龄 (X_2)	−0.269**	0.125	−2.15
	文化程度 (X_3)	−0.290**	0.130	−2.23
	消费者月收入 (X_4)	0.254**	0.119	2.13
认知信任度	对我国食品安全状况的评价 (X_5)	0.185*	0.111	1.67
	是否听说过地理标志农产品 (X_6)	−0.404*	0.223	−1.82
	听说的黄山地理标志茶叶品牌数量 (X_7)	0.348***	0.106	3.27
个人习惯	是否喜欢喝茶 (X_8)	−0.195	0.247	−0.79
	是否购买过黄山地理标志茶叶 (X_9)	0.479**	0.246	1.94
	购买黄山地理标志茶叶的用途 (X_{10})	0.033	0.104	0.32
购买偏好	茶叶新鲜程度 (X_{11})	−0.199*	0.108	−1.84
	茶叶原产地 (X_{12})	0.322***	0.104	3.11
	销售人员介绍 (X_{13})	−0.126*	0.075	−1.69
常数项		−0.963	0.815	−1.18

Log likelihood＝−284.594 76

LR chi2（12）＝49.16

Prob＞chi2＝0.000 0

Pseudo R²＝0.079 5

注:***/**/*分别表示 1%、5%、10%显著性水平。

从模型拟合优度检验结果看，X_2 对应的显著性水平为 0.000 0，Pseudo R²（伪 R²）为 0.079 5，表明 Logistic 模型估计的结果整体上较为理想。

（1）消费者个人基本特征分析。 在黄山地理标志茶叶消费者溢价支付意愿的"个人基本特征"变量中，年龄、文化程度估计结果在 5%水平上显著，且回归系数为负，说明年龄、文化程度负向影响消费者溢价支付意愿。原因可能是年龄偏小的消费者更注重生活品质，因此在选购黄山地理标志茶叶时溢价支付意愿更加坚定；而文化程度越高的消费者对黄山地理标志茶叶的溢价支付意愿越低可能是因为其接收信息能力更强和得到信息渠道较多，在同等层次下会主动搜寻替代品，比如其他认证农产品无公害农产品、有机食品、绿色农产品等，因此其溢价支付意愿不强烈。消费者月收入估计结果在 5％水平上显著，说明收入越高的消费者溢价支付意愿越强。性别估计结果并不显著，且回归系数为负。该估计结果与张国政（2017）的研究结论相一致。虽未通过显著性水平检验，但从调查结果发现男性愿意溢价支付黄山地理标志茶叶的比例多于女性，这可能是因为当今我国男性开始承担家庭事务越来越多，对家庭饭桌上的农产品质量安全更加关注，因此溢价支付意愿越强烈。

（2）**消费者认知信任度度分析。**在黄山地理标志茶叶消费者溢价支付意愿的"认知信任度"变量中，消费者听说的黄山地理标志茶叶品牌数量估计结果在 1％的水平上显著，且回归系数为正，说明随着人们对黄山地理标志茶叶了解程度越深，对茶叶的口感、营养价值以及其被赋予的传统文化更加认同，增强其溢价支付意愿。该估计结果与尚旭东、郝亚玮等（2014）的研究结论相一致。消费者对当前我国食品安全状况的评价估计结果在 10％的水平上显著，且回归系数都为正，说明随着消费者对当前食品安全状况的评价越来越乐观，溢价支付意愿也更强烈。这可能跟我国近几年越来越积极进行质量安全监督和严格流程把控有关，该估计结果与余建斌（2012）的研究结论相一致。消费者是否听说过地理标志农产品在 10％的水平上通过显著性检验，回归系数为负可能的原因是因为虽然食品安全大环境有所改善，但地理标志农产品售假现象还是有少部分发生，例如近期的"阳澄湖大闸蟹""贵州茅台"造假等地理标志农产品负面新闻的曝光降低消费者对其信任度。地理标志对提升品牌价值和客户忠诚度仍有待检验。

(3) 消费者个人习惯分析。在黄山地理标志茶叶消费者溢价支付意愿的"个人习惯"变量中，是否购买过黄山地理标志茶叶在 5% 的水平上通过检验，说明消费者曾经的购买经验会显著影响其溢价支付意愿。是否喜欢喝茶估计结果并不显著，说明是否喜欢喝茶跟消费者溢价支付意愿无关。购买茶叶的用途估计结果不显著可能是黄山地理标志茶叶的知名度和质量不能满足消费者的需求。

(4) 消费者购买偏好分析。在黄山地理标志茶叶消费者溢价支付意愿的"购买偏好"变量中，茶叶原产地在 1% 的水平上通过显著性检验。这表明，消费者对原产地的要求越高，其溢价支付黄山地理标志茶叶的价格就越高。该估计结果与刘瑞峰（2011）的研究结论相一致。这意味着地理标志农产品企业可以利用原产地这个卖点来制定有关的营销策略，加强对地理标志农产品的宣传和推广，强化地理标志产品的自身特点和提升客户文化体验感，以次提高消费者对地理标志农产品的溢价支付意愿。茶叶的新鲜程度、销售人员介绍的估计结果在 10% 的水平上显著，且回归系数均为负，可能的原因是消费者最终买的是成品茶叶，其新鲜度是成品茶叶的基础，但加工工艺等程序也是影响茶叶质量的重要部分；销售人员介绍的回归系数为负可能是因为一些商家进行了虚假宣传，而且大多数消费者非常抵触销售人员轰炸式推销，对溢价支付的意愿不是很强烈。

6.4.6 结论与启示

第一，消费者对黄山地理标志茶叶溢价支付意愿受教育程度、年龄、月收入等个人因素的影响。其中消费者年龄、文化程度负向影响溢价支付意愿，消费者月收入正向影响溢价支付意愿。

第二，消费者认知信任度是影响黄山地理标志茶叶溢价支付意愿的重要因素，结果表明消费者听说的黄山茶叶品牌数量、对我国食品安全状况的评价正向影响消费者溢价支付意愿，是否听说过地理标志农产品负向影响消费者溢价支付意愿。

第三，消费者个人习惯在较低水平上影响其对黄山地理标志茶叶的溢价支付意愿，消费者是否购买过黄山地理标志茶叶正向影响其溢价支付意愿，而消费者是否喜欢喝茶、购买黄山地理标志茶叶的用途未显著影响其溢价支付意愿。

第四，购买偏好对消费者黄山地理标志茶叶溢价支付意愿具有重要影响，其中茶叶原产地对消费者溢价支付意愿有显著正向影响，而茶叶新鲜程度、销售人员介绍负向影响消费者溢价支付意愿。

第五，由于茶叶的特殊性，地理标志茶叶与普通茶叶相比溢价区间比较大，大部分的消费者所能承受的最高溢价有限，同时通过调查数据发现价格确实会影响消费者行为，但并不是影响消费者购买的主要因素，而是茶叶的口感，所以提升地理标志农产品质量才是关键。

6.5　本章小结

本章从微观角度研究消费者对地理标志农产品的认知程度，并且将消费者认知程度加入消费者溢价支付意愿模型中进行研究，深入分析消费者对地理标志农产品溢价支付意愿受到哪些因素的影响，为生产者及企业开拓市场提供依据。

消费者对地理标志农产品的认知程度包括对当前我国市场农产品质量安全状况的评价、对地理标志农产品信息的关注、对地理标志农产品附加价值的感知和对地理标志农产品质量的信任 4 个方面。消费者对当前我国市场上农产品价值评价受性别、年龄的负向影响和职业的正向影响。而关于消费者对地理标志农产品信息的影响因素包括跟文化程度、职业和获取信息渠道。消费者对地理标志农产品附加价值的认同主要跟消费者的性别和职业有关，具体来说，处于政府和事业单位工作环境的女性消费者对地理标志农产品附加价值的认同感更强。对地理标志农产品质量安全的关注跟消费者的性别，文化程度和一周锻炼的次数有关。

　　本章从个人基本特征、认知信任度、个人习惯和购买偏好 4 个角度研究消费者对地理标志农产品溢价支付意愿的影响因素。实证结果表明，溢价支付意愿受消费者个人月收入、对当前我国食品安全状况的评价、听说的黄山茶叶品牌数量、是否购买过黄山地理标志茶叶和茶叶原产地对溢价支付意愿有显著正向影响；消费者年龄、文化程度、是否听说过地理标志农产品、茶叶新鲜程度和销售人员介绍对溢价支付意愿有显著负向影响。具体来说，收入越高、对当前我国食品安全越信任、听说的黄山茶叶品牌数越多、购买过黄山地理标志茶叶和对茶叶原产地的重视程度越高的消费者对溢价支付意愿就比较强烈。

第7章 政策建议与研究展望

彰显地域特色，传承农耕文化，强化精品培育，促进经济发展。立足于区域农耕文化和良好生态环境，把农产品地理标志登记保护与优势农产品区域布局规划、特色农产品基地建设、"一村一品"发展等项目有机结合，优先把品质优异、人文历史悠久、品牌知名度高、地方政府重视的产品纳入登记保护范围，加大工作力度，加快登记进程，加速产业发展。实证研究的结果为生态文明以及美丽乡村建设中地理标志的良性发展提供了理论基础和科学依据。为推动地理标志产品质量的整体提升，提高地理标志农产品的经济效应，提出以下的对策建议。

7.1 基于生产者层面建议

7.1.1 降低产销成本，提高质量控制水平

食品安全一直是人们关注的焦点，政府应进一步加大对地理标志农产品质量安全的监管力度。在调查过程中，有些消费者对地理标志农产品持怀疑态度。因此，需要在地理标志农产品生产、加工和运输等领域继续加强规范化、标准化建设，确保地理标志农产品质量安全。有相关研究显示，消费者愿意为可追溯猪肉的安全信息支付额外的费用，其支付意愿随着安全信息层次的上升也逐渐提高（朱淀等，2013）。

通过调研发现，黄山市茶企的发展尚未达到成熟阶段，茶企整体实力较弱，存在质量控制水平低、生产成本较高的特点，这也代表了地理标志企业普遍面临的现状。针对这些特点，需要做

到以下几点。第一，需要政府给予一定力度的支持，加大在资金、税收、贴息、保险等方面对地理标志企业的扶持力度，让企业在购置质量控制设备时享受税收优惠和扩宽融资渠道。把地理标志发展与现代农业示范区、生态农业产业化建设试点县、标准化示范县、高产示范片区、"三园两场"等项目建设紧密融合，把"三品一标"认定作为项目建设和示范创建活动实施的前置条件，把终端产品通过"三品一标"认证作为项目验收的重要指标；同时，在省级农业产业化龙头（食品类）企业认定、省级农民专业合作社示范社、省级家庭示范农场和省级名优农产品品牌评定中，将"三品一标"产品认证作为考核指标之一。第二，建议与本省相关高校合作，让高校研究人员在企业担任职务，使科研成果下沉，做到与实际工作相结合，做到相关技术的进步来降低质量控制成本，地理标志企业还需根据自身实际情况并充分利用内外部有利资源和条件不断优化产品加工流程，提高产品的科技含量，增加产品的附加值。第三，我国农产品普遍存在物流成本较高的情况，地理标志企业在发展过程也需要对物流成本进行控制，如在黄山市进行物流园的建设，并配套拍卖、冷库、包装等相应设施，集宣传、展示、旅游、批发、销售为一体，逐步形成辐射国内外的茶叶流通体系，在各大城市也可设计直销窗口，健全市场营销体系。

7.1.2 把控生产环节，保证生产原料质量

以县为单位，分作物逐步推进地理标志农产品产地整建制认定，试点开展绿色食品原料生产基地按作物整体创建工作。各级农业行政主管部门要发挥资源、环境优势，采取标准化生产、规模化经营的方式，建设一批"三品一标"生产示范基地，不断加强产地生态环境建设，严格农业投入品管理，严格生产记录和档案管理，强化服务指导和全程控制，强化原料产品抽检和质量监管，从源头上确保认证产品质量安全。加强对原料的控制力度，

需要做到以下几点。第一，企业应着力打造自己的茶叶生产基地以及与信任的农户谋求合作，加大资金和人员的投入，建立标准化、规模化的茶叶生产农场，尽量确保自己加工的茶叶来自自己的自有基地和合作的农户，在生产原料上做到保质保量。第二，引进先进的茶叶检测仪器，按照最新的检测标准，加大对茶叶原料上各种化学残留物质的检测力度，对于企业加工的原材料来源要统一配送物资，定期检测，可以通过推动地理标志农产品安全追溯体系的完善和发展，建立与消费者互动的平台，确保信息渠道发布信息的准确性和权威性以降低其错误消费的概率，提高消费者对农产品地理标志标签的信任水平，这样才能激发消费者对地理标志农产品的溢价支付意愿。第三，与省内农业类高校积极合作，对农户和企业员工进行指导培训，使得地理标志茶叶生产更具科学性。通过加快地理标志标准化示范基地建设带动本地农业标准化生产，实施农业生产方式变革，促进区域经济发展。

各级农业行政主管部门应将地理标志工作体系队伍建设纳入农产品质量安全监管体系建设范围，在机构设置、职能完善、人员配备充实、条件保障等方面予以加强。省级重点抓好认证管理队伍培训、考核、备案和取得国家专业资质证书，确保做到县级以上主管单位至少有 2～3 名持有农业主管机关颁发的资质证书（证明）的检查员、5～6 名监管员；市、县两级要抓好企业内检员的培训和管理，组织开展认证检查、续展年检等管理工作，全面落实地理标志企业内部检查员制度。依托新型农民培训、现代农业示范区、农产品质量安全监管示范县等项目资源，开展地理标志产品生产管理培训，切实提高基地和企业质量控制能力和水平。

7.1.3　加大政府管控力度，创造良好市场环境

研究表明，政府惩罚力度对于地理标志农产品的加工企业进

行质量控制影响效果显著。如上述实证材料中，茶叶作为人民日常消费品，其市场空间巨大，一些茶叶名品的价格更是一路走高，也吸引了不法商贩的注意，进行伪造商标、"以次充好"等行为。仅依靠市场自身的调节是不够的，源头上要加强茶企产品的质量监管力度，绝不姑息造假制假行为，将市场准入体制作为保障手段，将质量低劣产品拒之门外，增强市场信心，实现"优质优价"，还要发挥政府的主导力量，给茶产品销售创造一个公平良好的环境。另外，地理标志企业应将防伪查询系统的构建完善作为重点工作，让消费者充分做到对假冒伪劣产品的识别，增加对地理标志茶叶的信任程度。

要严格认证认定准入关，强化证后跟踪监管，本着"发证负责、监管履职"原则，切实抓好产品检测、产地督查和标志稽查，构建监管长效机制，认真做好风险评估、动态监控、应急处置等管理工作。首先要借鉴国外发达国家对于茶叶质量安全的标准，我国的农产品检验标准虽然在发展中国家属于高水平的，但农药残留、化学指标等与发达国家的标准还有差距，制定一个满足国内外市场需求的科学、统一的质量安全标准，使其充分做到对茶叶生产各级标准的指导作用，并在实践推广中加大相关利益主体的参与度，形成一个完善合理的茶叶质量标准体系。建议各级农业行政主管部门要将"三品一标"纳入例行监测、执法抽查、风险评估的监测范围，以确保产品质量安全为目标，以全程质量控制为主线，指导生产企业建立完善过程管理、包装标识、检验检测、质量追溯、预警分析、内部培训与内部检查员等制度，定期开展督促检查和指导服务，全面提升认证产品质量安全水平。要进一步强化获证企业的产品质量安全"第一责任人"意识，积极探索诚信分级管理，100%落实认证企业责任承诺。其次是加大对相关违法行为的惩罚力度，在新版《中华人民共和国食品质量安全法》的基础上，可以适当完善对于地理标志茶叶质量安全的法条，比如，对伪造商标影响其他企业形象的违法行为给予严惩，提高起罚金额等，有效震慑贪图不法收益的不良商贩。最后对执法人员开展周期性的学习培训，大对执法人员执行能力和综合素质的培养，强化他们作为执法人员的法律意识、责任意识等，做到司法公正、公平、公开，建立完备的考核问责机制，杜绝寻租行为，形成高效严密的执法体系。

7.1.4　开拓目标市场，塑造品牌效应

地理标志作为政府主导的安全优质农产品公共品牌，对指导生产、规范经营、保障安全、满足消费有不可替代的作用；企业和各类农产品生产经营主体在经济活动中逐渐形成了自己的个性化品牌。各地要制定优惠政策，引导"个性品牌"与"公共品牌"的融通结合，从而达到优势互补，相得益彰。鼓励、支持、引导拥有个性品牌的农产品生产经营主体积极申报、认证地理标志，进一步推进企业的标准化、规范化发展，推动企业做大做强。各地要充分发挥地理标志品牌优势，促进地理标志生产企业与超市对接，与电商对接；组织认证企业参加各类农产品交易会、绿色食品博览会等展销推介活动，鼓励有条件的企业和单位参加境外相关专业展会，支持有能力的市、县举办区域性地理标志展销促销活动；支持地理标志企业"走出去"，扩大产品海外影响力。

加强对地理标志茶叶的宣传力度，形成品牌效应，增强信息对称程度。了解和熟知地理标志茶叶是消费者愿意购买相应产品的重要前提，当地政府和企业应当通过电视、网络、报纸、等媒体加大对消费者的宣传力度，对地理标志产品的品质特性、历史文化、生产工艺和流程都可进行相对应的介绍，最终帮助茶叶成品塑造品牌效应和养成用户群体。由于地理标志本身并无任何对产品品质的加成，要想消费者愿意支付货币购买，企业自身产品"质价相符"是最重要的，让消费者得到最佳的消费体验。

7.2 基于消费者层面建议

7.2.1 细分有效市场，选择合适目标客户

研究结果显示，消费者个人特征是影响溢价支付意愿的重要因素。通过市场细分认识到消费者需求呈现多元化、多层次、多变量的特点，在农产品饱和的表面现象下，还存在巨大的市场空间，若深度挖掘则不难发现市场空白点。当前政府和地理标志农产品企业应改善其营销方式，针对不同年龄、学历层次、家庭结构和职业背景的消费者，根据其个人的购买经验和偏好，在充分挖掘地理标志农产品优势的情况下精准定位营销。例如，农产品企业在营销时可适当选择年轻的消费者为目标客户，利用其对农产品属性要求比较高、注重生活质量等特点（唐学玉等，2010），通过绿色、安全、环保等形象重构信任机制来吸引这一消费者群体，或者也可以通过农产品的包装、销售点的服务等来引导消费者消费。与此同时，需改变产品营销形式单一现状，借助多种媒介，采取网络直播、"生产基地体验日"和线下免费品尝等多样性的活动，宣传地理标志农产品，促进潜在需求向现实真实需求转化。同时，改善传统的推销模式，扩大产品营销范围，增强消费者的购买意愿。

7.2.2 加强农产品地域性保护，培育特色主导产业

从实证研究结果看，茶叶原产地是正向影响消费者溢价支付意愿。因此在地理标志农产品发展过程中，应该加强对原产地的规划和管理，建立有效机制加大对地理标志农产品原产地立法保护，要保护好地理标志资源区域内无公害生态环境，防治环境污染推动农产品地理标志资源可持续利用；加强对农产品地理标志资源的品种引进、改良、提纯，生产经营管理的标准化，不断提高农产品品质。同时，相关地区政府和生产商应以原产地为切入

点，挖掘地理标志农产品的比较优势，整合相关资源并以此建立相关的上下游产业，提升生产要素条件，对地理标志保护的产业加大知识、技术等投入，促使向资本和技术密集型发展，加强科技和制度创新，提高产品品质，营造名牌素材，提高地域产品的整体形象，发挥地理标志品牌的综合经济效益。逐步延长地理标志农产品产业链形成适当规模的产业集群，制定和实施产业集群发展的战略与规划，培养和建设区域地理标志主体，提升和强化产业动能，突出产业特色。

7.2.3　加强地理标志农产品内容宣传，提高消费者忠诚度

研究发现，消费者认知水平很大程度上影响消费者溢价支付意愿，所以，加大地理标志农产品的知识普及与宣传推广显得尤为迫切。许多地理标志产品给消费者留下过于传统，甚至脱离时代需求的印象，缺乏对消费者，尤其是对年轻消费者的吸引力，因此，面临市场萎缩、受众老化的困境，不断创新是任何品牌保持其生命力的关键所在，对于地理标志产品的经营企业也不例外。企业需要在保留地理标志品牌精髓的基础上，提高对现代消费需求的适应能力。应建立起不同类型地理标志农产品品牌与消费者之间的心理联结，促使农产品品牌忠诚的形成，并对农产品品牌行为忠诚和情感忠诚进行分类管理；推进地理标志农产品信息化平台的建设，为消费者获取信息提供便捷渠道，加强消费者对地理标志农产品的认知及识别能力，满足其多样化、个性化的消费需求，并且地理标志农产品相关知识的宣传可以重点向男性、文化程度比较低的消费者倾斜。同时还可以适当加强地理标志农产品附加值信息宣传，比如提高消费者对地理标志农产品历史文化的体验感，培养消费者对地理标志农产品的认同感和忠诚度。只有提升产品品牌价值和拓展品牌内涵、发展品牌文化，农产品地理标志品牌效应才能实现其作用，相关产业才能得以健康可持续发展。

7.2.4 构建政策保障体系，调动消费者消费积极性

上述调查分析结果发现，消费者只愿意以较低的额外价格对地理标志茶叶进行支付。因此，在刺激消费者溢价支付意愿和保障地理标志茶叶品质的同时，需要生产者承担大部分的生产成本。随着时代的发展，消费者的生活方式和价值观念也发生了巨大的变化，地理标志产品在保持品牌精髓的基础上，也需要积极适应消费者的现实需求，增加地理标志产品对消费者的吸引力。政府可以出台扶持品质质量提升的扶持政策，比如对符合质量控制行为的茶企减免相应赋税、对生产标准地理标志茶叶的农户进行补贴等支持措施，减轻生产者的负担，调动生产优质农产品的积极性，为市场的良性循环奠定基础条件。同时，政府积极搭建产、学、研平台，为生产者提供技术培训，鼓励创新技术和发展核心技术来降低生产成本。消费地理标志产品的生活理念和生活方式有利于保护环境和可持续发展，具有正向的外部效应。加强消费者权益保护，加快推动商品质量抽检信息定期交流、消费纠纷异地登记与快速办理、群体事件应急处置联动和消费维权信息互通共享，探索组建消费纠纷独立非诉第三方调解组织，积极推进消费纠纷行政调解与人民调解、仲裁和司法调解衔接，建立健全小额纠纷快速调解机制、消费纠纷诉调衔接机制、12315"诉转案"机制。严厉打击制售假冒伪劣商品、虚假宣传、侵害消费者个人信息安全等违法行为，完善消费者维权服务网络信息平台功能。政府作为权威部门，应积极、正确地引导消费者的消费习惯和消费观念，逐步提高消费者对地理农产品的认知程度和增强其溢价支付意愿。

7.3 研究展望

随着我国地理标志农产品注册量的增多，影响力的增强，地

理标志的研究领域也将不断扩大，这是发展的必然趋势。地理标志的经济学研究在未来发展中至少可以在如下 3 个方面进行扩展。

7.3.1　地理标志的生产者行为研究

地理标志产品的生产者行为直接影响到我国地理标志产业的健康发展，但国内学者对这方面的研究非常少。现有研究仅分析了质量控制行为，对地理标志的生产者行为并没有系统研究，如地理标志农产品生产者对于农业创新技术的接受意愿及影响因素以及地理标志对于生产决策行为的影响等都没有涉及。另外，一般而言，社会都会认为地理标志对于生产者来说会增加收入，但目前的关于地理标志产品对生产者收入及福利影响的文献，大多数学者都用了经验主义方法研究，然而更加严谨的方法需要评估地理标志注册是否会增加生产者的福利。因此，从农产品生产者行为的角度完善我国特色的地理标志保护制度，探索地理标志对生产者行为影响的一般内在规律，加强农产品地理标志对区域经济贡献，将对我国地理标志的发展提供有效的支持。

（1）集聚视角下地理标志农产品生产者的技术选择行为研究。地理标志农产品生产者的技术创新意愿分析，包括如何利用博弈论的方法，探讨集聚区地理标志农产品生产者的技术创新意愿。在假定农户、科研机构都是理性人的基础上，分析在有或无地理标志保护的两种前提下，农户分别参与技术创新所带来的参与成本、参与收益，并引入概率，对参与决策进行博弈分析。以论证当存在地理标志保护时，农产品生产者对自己参与技术创新收益的综合概率是否大于未进行地理标志保护时；集聚区地理标志农产品生产者的技术选择行为影响因素分析，地理标志农产品的市场竞争优势是同农业生产者的经济利益密切相连，而要维持这种市场竞争优势就必须确保农民按照绿色、环保、无公害的要求进行生产，保护生态环境，减少农药残留和降低重金属含量等。如何应用 Logit 模型对地理标志产品及其相关利益群体技术选择行为的时空变化趋势进行了研究，期望从生产者内部特征、技术使用效果、技术供给能力、环境因素等内部和外部因素中，提炼出地理标志农产品生产者技术选择的主要影响因素，以此制定促进集聚区地理标志农产品生产者行为转变的策略。

（2）集聚视角下地理标志农产品生产者的生产决策行为研究。集聚区地理标志农产品生产者的生产积极性分析，地理标志保护是否能够调动农业集聚区生产者的生产积极性，取决于农户从事地理标志农产品生产是否具有经济性。因此，如何对集聚区农户从事地理标志农产品生产的经济性进行衡量，通过对地理标志农产品与普通农产品的产出—投入进行比较分析，构建地理标志农产品生产经济比较收益率指标，测度地理标志农产品与普通农产品的经济收益变化，然后进一步分析地理标志变量对生产者福利贡献的大小，以此证实集聚区生产者对于生产地理标志农产品是否具有积极性；集聚区地理标志农产品生产者的生产性投资行为分析，地理标志赋予了农产品富有价值的声誉，提高了其在同类产品中的竞争力，那地理标志是否会直接影响农户的农业生产性投入行为呢？作为理性经济人的农户，在追求收入最大化的目标前提下，农户进行农业生产性投资决策时主要权衡不同生产领域的资本投入边际收益，优化投入比例。通过构建地理标志农产品的生产性投资决策行为模型，应用 Bootstrap 自助抽样法下的结构方程模型，研究影响地理标志农产品生产性投资决策行为的主要因素，以证实地理标志对农业生产投资的作用。

7.3.2　地理标志治理中的群体异质性研究

异质性一般被界定为差异性，是指对变化的一种把握，是将变化的性质科学化、规律化，与同质性是相互对立而又彼此支持的两个方面。在不同集体行为的背景下，群体异质性根据成员的特征，对于组织的合作水平具有混合影响。近年来，我国地理标志农产品屡出现售假危机，各个生产主体各自为战，从未形成过实质性的产区行业集体，更不用说行业内的相互监督，因此，如何通过地理标志建立起一套联合开发市场的共同规则，研究地理标志治理中的群体异质性问题显得非常迫切。目前，仅有国外学者做过相关研究，国内尚未引起重视，从我国地理标志发展的实践出发，建立基于群体异质性的地理标志治理框架是值得深入研究的方向。

（1）群体异质性对地理标志治理的集体合作行为影响机制研究。按照已经形成农业产业集群、具有较高声誉、差异化治理结构的原则，利用德尔菲法选取若干农产品地理标志，进行深入的探索性案例研究；利用"扎根理论"方法，设置一级指标，研究地理标志产业集群主体的群体异质性程度；推导出有关群体异质性与地理标志治理的初始研究命题。利用案例研究中指标和数据，应用 Bootstrap 自助抽样法下的"路径分析模型"检验群体异质性对集群成员之间在未来地理标志治理限制水平的协议和集体合作行动效率的影响路径；结合理论剖析及实证检验总结群体异质性对地理标志治理影响的深层根源。

（2）基于群体异质性的地理标志治理模式的选择与比较研究。根据案例研究结果，将集群主体按照群体异质性分类，按照不同类型主体的比例及行为，建立和解析相关的数学模型，研究地理标志治理模式的选择问题；对不同模式内涵特征进行比较分析，并给出集群选择混合地理标志治理模式的条件和不同治理模式结构下的最优决策；鉴于理论模型的复杂性，或可以通过数值算例，分析群体异质性随参数的变动规律，探讨异质性对地理标志模式选择的价值。

（3）基于群体异质性的地理标志治理效果改进路径与集群升级研究。研究提升地理标志治理效果的路径，实现农业产业集群的升级。构建外部成长机制，从有效降低现有集群组织的异质性的角度，如何通过限制不同特征的外部成员进入或对集群成员提供激励形成统一的战略；构建内部约束机制，从保持集群成员的合作水平的角度，分析如何在高的群体异质性组织里仅保持集体行动所必要的因素。

7.3.3　地理标志使用效率提升路径研究

我国地理标志发展中普遍存在使用效率不高的问题，但却被国内专家学者所忽视。我国各地申报地理标志的积极性较高，地理标志注册量增长很快，但登记后企业或农户使用的积极性却不高，甚至出现有的地理标志品牌仅只有一家企业使用的现象，远未能发挥出地理标志应有的经济效益。因此，加强相关行为主体激励约束机制研究，提高地理标志的使用效率，找出影响企业和农户申请使用地理标志的因素，并规划出提升地理标志使用的路径，这是我国地理标志制度发展中亟待解决的问题，也是未来地理标志研究的方向。

（1）农产品地理标志使用选择行为研究。对农产品地理标志的申请、使用、冒用、经济效益情况进行广泛实地调研，从面上对农产品地理标志的种类、发展的模式进行分类研究。对农业生产主体是否选择申请地理标志进行理论分析，之后通过建立地理标志证书的持有人、使用人、搭便车人的三方不完全信息博弈模型，分析农产品地理标志使用人选择行为的最佳决策方案。

（2）农产品地理标志使用效率测评研究。利用调研的数据，按照地理标志分类，选取具有代表性的农产品地理标志深入调研，从效率的视角出发，通过运用 3 阶段 DEA 模型，拟用生产主体为达到地理标志农产品技术标准的成本作为投入变量，用农民的收入增量、农产品销量增量、品牌知名度的提升等作为产出，对农产品地理标志的使用绩效开展定量评价和优化分析。原则上来说，申请使用地理标志的主体越多，效率应越高。

（3）农业主体申请使用农产品地理标志的影响因素研究。在对地理标志农产品的生产者（农户和企业）进行问卷调查的基础上，分别从企业和农户的角度，运用二元逻辑回归模型，分析影响农业生产主体选择使用地理标志行为决策的因素。根据研究结果，系统地提出改变农产品地理标志重申请、轻使用、轻发展的路径，提出农产品地理标志发展的对策。

附录1 安徽省地理标志产品、商标及农产品基本情况表

（截至 2020.01）

所属地域		地理标志产品及时间	个数	地理标志商标及时间	个数	农产品地理标志、产品编号及时间	个数	备注
省本级				皖南土鸡 2009	1	白云春毫(AGI02085)2017	1	
小计					1		1	
黄山市	黄山市	徽墨 2015	2	黄山毛峰茶 2017	1	黄山毛峰 2019	1	
		歙砚 2015						
		黄山毛峰茶 2002						
	屯溪区							
	黄山区	太平猴魁茶 2003	1	太平猴魁 2016	1			
	徽州区							
	歙县	黄山贡菊 2004	4	三潭枇杷 2011	2	三潭枇杷 2019	1	
		大方茶 2016		问政山笋 2016				
		黄山白茶 2015						
		三潭枇杷 2015						
	休宁县	五城茶干 2010	4	休宁松萝 2012	2			
		松萝茶 2012		蓝田花猪 2016				
		万安罗盘 2013						
		五城米酒 2014						
	黟县					黟县香榧(AGI02190)2017	3	
						黄山黑鸡(AGI02282)2018		
						黟县石墨茶(AGI02399)2018		
	祁门县	安茶 2013	1					

（续）

所属地域		地理标志产品及时间	个数	地理标志商标及时间	个数	农产品地理标志、产品编号及时间	个数	备注
小计			12		6		5	
六安市	金安区	六安瓜片（2007）	1	皖西白鹅 2015	1			
	裕安区			六安瓜片 2012	3			
				六安瓜片 2013				
				六安大麻 2011				
	叶集区							
六安市	霍山县	霍山黄芽 2006	6	霍山黄芽 2012	4	霍山黄大茶（AGI00441）2010	2	
		漫水河百合 2010		霍山红茶 2015		霍山黄芽（AGI02401）2018		
		霍山石斛 2007		霍山石斛 HUO-SHANDENDR-OBIUM2010				
		迎驾贡酒 2007		霍山黄大茶				
		霍山灵芝 2013						
		霍山黄大茶 2015						
	霍邱县	霍邱柳编 2008	2	霍邱龙虾 2019	2			
		临水酒 2011		霍邱麻黄鸡 2019				
	金寨县	金寨猕猴桃 2014	1	金寨板栗 2013	27	金寨红茶（AGI01395）2014	2	新鲜
				金寨板栗 2016		金寨猕猴桃（AGI02018）2017		加工
				金寨黑毛猪 2014				活
				金寨黑毛猪 2014				肉
				金寨高山米 2014				
				金寨丝绸 2014				
				金寨山羊 2014				活
				金寨山羊 2015				肉
				金寨土鸡 2014				活

（续）

所属地域		地理标志产品及时间	个数	地理标志商标及时间	个数	农产品地理标志、产品编号及时间	个数	备注
六安市	金寨县			金寨土鸡 2015				肉
				金寨茯苓 2014				
				金寨西洋参 2014				
				金寨山茶油 2014				
				金寨山核桃 2014				
				金寨天麻 2014				
				金寨灵芝 2014				
				金寨花鲢鱼 2014				活
				金寨花鲢鱼 2015				非活
				金寨黄牛 2014				活
				金寨黄牛 2015				肉
				金寨生姜 2016				新鲜
				金寨生姜 2016				加工
				金寨高山茭白 2016				新鲜
				金寨高山茭白 2016				加工
				金寨猕猴桃 2016				加工
				金寨猕猴桃 2016				新鲜
				金寨葛粉 2016				
	舒城县	舒城小兰花 2016	1	舒城小兰花 2018	3	舒城小兰花（AGI01610）2015	2	
				舒城山茶油 2018		万佛湖鳙鱼 2019		
				舒城油茶 2018				
小计			11		40		6	

附录 1　安徽省地理标志产品、商标及农产品基本情况表

（续）

所属地域		地理标志产品及时间	个数	地理标志商标及时间	个数	农产品地理标志、产品编号及时间	个数	备注
安庆市	迎江区							
	大观区			河口丝瓜 2016	5			
				河口韭菜 2016				
				山口红心山芋 2016				
				大观绿豆糕 2017				
				安庆番鸭				
	宜秀区			五横茶叶 2017	4			
				杨桥朱红橘 2016				
				白泽四季葱 2018				
				白泽湖莲藕 2018				
	潜山市	天柱山瓜蒌籽 2010	2	雪湖贡藕 2016	3			
		舒席 2018		潜山王河舒席				
				潜山糯米封缸酒 2019				
	岳西县	岳西茭白 2011	4	岳西翠兰 2008	2			
		岳西翠兰 2013		岳西黑猪 2017				
		岳西桑皮纸 2015						
		岳西黑猪 2017						
	宿松县	黄湖大闸蟹 2014	1					
	太湖县	天华谷尖 2015	1	太湖黄牛 2014	4			
				太湖六白猪 2014				
				太湖鳙鱼 2016				
				太湖小黄花鸡 2018				

（续）

所属地域		地理标志产品及时间	个数	地理标志商标及时间	个数	农产品地理标志、产品编号及时间	个数	备注
安庆市	怀宁县	怀宁贡糕 2015 龙池香尖 2016	2	怀宁贡糕 2014 怀宁龙尖	2	龙池香尖（AGI02610）2019	1	
	桐城市			桐城水芹 2008 桐城小花 2013 天庄大米 2015	3	桐城小花（AGI02400）2018	1	
	望江县			望江风酿酱油 2017 望江挑花 2017	2			
小计			10		25		2	
宣城市	本市					宣城铁皮石斛（AGI02608）2019	1	
	泾县	宣纸 2002	1	泾县书画纸 2017 泾县兰香茶 2012	2	涌溪火青（AGI00613）2011 苏岭山药（AGI01201）2013 汀溪兰香茶（AGI02084）2017 泾县兰香茶（AGI02471）2018	4	
	宁国市	宁国山核桃 2005 宁国笋干 2013	2	宁国山核桃 2009 宁国牡丹 2016 黄花云尖 2017 宁前胡	4	宁前胡（AGI00310）2010 宁国山核桃（AGI02473）2018 黄花云尖（AGI02609）2019	3	
	宣州区	小窖宣酒 2014 宣城木榨油 2015	2			宣木瓜（AGI00409）2010 水东蜜枣（AGI02281）2018 敬亭绿雪 2020	3	
	郎溪县	南丰黄酒 2017	1	郎溪黄金芽 2016	1	鸦山瑞草魁（AGI00442）2010	1	
	绩溪县	徽墨 2015 歙砚 2015	1	绩溪黑猪 2014	1	金山时雨茶（AGI00311）2010 绩溪燕笋干（AGI00610）2011 绩溪山核桃（AGI00611）2011 绩溪火腿（AGI02550）2019	4	

（续）

所属地域		地理标志产品及时间	个数	地理标志商标及时间	个数	农产品地理标志、产品编号及时间	个数	备注
宣城市	广德县			广德云雾茶	3	广德毛腿鸡（AGI01291）2013	2	
				广德黄金芽		乔亭小籽花生 2019		
				广德竹扇				
	旌德县			旌德灵芝 2017	1	旌德天山真香菜（AGI01957）2016	3	
						旌德灵芝（AGI02280）2018		
						旌德黄牛（AGI02551）2019		
小计			7		12		21	
滁州市	滁州市	滁菊 2002	1			滁州鲫（AGI02192）2017	1	
	琅琊区							
	南谯区			滁州贡菊 2010	1			
	明光市	明绿御酒 2013	3	明光绿豆 2009	1	明光梅鱼（AGI02020）2017	3	
		女山湖大闸蟹 2014				明光甜叶菊（AGI02472）2018		
		明光绿豆 2016				明光绿豆（AGI02548）2019		
	来安县	来安花红 2016						
	定远县			池河梅白鱼 2013	2			
				定远猪 2019				
	凤阳县					凤阳花生 2019	1	
	天长市			天长龙岗芡实 2012	1			
	全椒县			全椒龙虾 2018	1			
小计			4		6		5	

（续）

所属地域		地理标志产品及时间	个数	地理标志商标及时间	个数	农产品地理标志、产品编号及时间	个数	备注
亳州市	亳州市	亳白芍 2013	1			亳菊（AGI01464）2014	2	
						亳丹皮（AGI02127）2017		
	涡阳县	涡阳苔干 2006	1	涡阳大豆 2017	3	涡阳苔干 2019	1	
		高炉家酒 2013	1	涡阳坛闷蒜 2019				
				涡阳槐花 2019				
	谯城区	古井贡酒 2003	1			亳天花粉 2019	1	
	利辛县			利辛香椿 2018	1			
	蒙城县							
小计			4		4		4	
合肥市	市本级			合肥龙虾 2015	1	合肥龙虾（AGI02522）2018	1	
	瑶海区							
	庐阳区					三十岗西瓜（AGI01609）2015	1	
	蜀山区							
	包河区					大圩葡萄（AGI01096）2013	1	
	庐江县	黄陂湖大闸蟹 2013	1	巢湖麻鸭 2010	1	金坝芹菜（AGI01202）2013	3	
						庐江花香藕（AGI01811）2016		
						杨柳荸荠（AGI02398）2018		
	肥西县	三河米酒 2014	1	肥西老母鸡 2010	1			
		丰乐酱干 2016	1					
	肥东县							
	长丰县			长丰草莓 2017	2	长丰草莓 2019		
				下塘烧饼 2014				
	巢湖市					巢湖白虾（AGI01097）2013	4	
						巢湖银鱼（AGI01098）2013		
						中垾番茄（AGI01522）2014		
						都督翠茗（AGI02279）2018		

（续）

所属地域		地理标志产品及时间	个数	地理标志商标及时间	个数	农产品地理标志、产品编号及时间	个数	备注
小计			3		5		10	
淮北市	淮北市	口子窖酒 2002	1	淮北石榴 2016	1			
	烈山区	塔山石榴 2012	1	黄营灵枣 2018	1			
	杜集区	段园葡萄 2014	1	段园葡萄 2018	1			
	相山区					黄里芭斗杏（AGI01958）2016	1	
	濉溪县	临涣酱包瓜 2018	1					
小计			4		3		1	
宿州市	宿州市	砀山酥梨 2003	1					
	埇桥区	符离集烧鸡 2005	1	宿州王枣子 2017	3			
				宿州王枣子 2014				
				夹沟香稻米 2019				
	灵璧县	灵璧石 2010	1	灵璧石艺 2011	1			
	泗县	大路口山芋 2018	1			泗县金丝绞瓜 2019	1	
	萧县	萧县葡萄 2018	1	萧县白山羊 2011	2			
				萧县葡萄 2015				
	砀山县			砀山酥梨 2018	3	砀山酥梨（AGI02126）2017	2	
				砀山黄桃 2018		砀山黄桃（AGI02282）2018		
				砀山黄桃				
小计			5		9		3	
蚌埠市	龙子湖区							
	蚌山区							
	禹会区							
	淮上区							
	五河县	沱湖螃蟹 2009	1	五河螃蟹 2016	2	五河螃蟹 2019	1	
				沱湖螃蟹 2018				

（续）

所属地域		地理标志产品及时间	个数	地理标志商标及时间	个数	农产品地理标志、产品编号及时间	个数	备注
蚌埠市	怀远县	怀远石榴 2010	2	怀远石榴 2009	1	白莲坡贡米（AGI02402）2018	1	
	固镇县	白莲坡贡米 2014		王庄花生 2019				
小计			3		4		2	
马鞍山	花山区							
	雨山区							
	博望区							
	当涂县	石臼湖螃蟹 2010	1	园艺鲜桃 2013	3			
				大陇葡萄 2018				
				姑溪河大米				
	和县	和县黄金瓜 2014	1	和县辣椒 2013	1			
	含山县	运漕酒（运酒）2016	2	含山大米 2017	2	含山大米（AGI02019）2017	1	
		含眉绿茶 2018		含山绿茶 2017				
小计			4		6		1	
池州市	本市			九华佛茶 2011	1			
	石台县	石台富硒茶 2012	1	石台香牙 2017	1	石台香芽（AGI00612）2011	1	
	贵池区	西山焦枣 2015	1			霄坑绿茶（AGI00440）2010	2	
						秋浦花鳜（AGI02284）2018		
	青阳县	九华黄精 2016	1	九华黄精 2017	1			
	东至县			东至云尖 2009	2	九华黄精（AGI02191）2017	2	
				东至麦鱼 2012		黄石溪毛峰（AGI02470）2018		
小计			3		5		5	
阜阳市	颖州区					颖州大田恋思萝卜（AGI01960）2016	1	
	颖东区			口孜大蒜 2017	1			

（续）

所属地域		地理标志产品及时间	个数	地理标志商标及时间	个数	农产品地理标志、产品编号及时间	个数	备注
阜阳市	颍泉区			颍泉草莓	4	枣树行玉铃铛枣（AGI01463）2014	1	
				阜阳葡萄		闻集草莓 2019	1	
				颍泉葡萄				
				枣树行玉铃铛枣 2019				
	阜南县	黄冈柳编 2011	1	会龙辣椒 HL2014	1			
	太和县	李兴桔梗 2014	1	太和香椿 2010	1	太和香椿 2019	1	
	颍上县			颍上大米 YING SHANG RICE2014	2			
				颍上大米 2015				
	界首市			界首彩陶 2016	1	界首马铃薯（AGI01959）2016	1	
	临泉县			老集生姜 2012	2			
				老集生姜 2016				
	小计		2		12		5	
淮南市	淮南市	八公山豆腐 2008	1					
	大通区			寿州窑 2019	1			
	田家庵区							
	谢家集区							
	八公山区			淮南豆腐 2013	1			
	潘集区	潘集酥瓜 2013	1	潘集酥瓜 2018	1			
	凤台县			凤台平菇	1	马店糯米（AGI01099）2013	2	
						凤台淮鱼王（AGI02474）2018		
	寿县							
	小计		2		4		2	

（续）

所属地域		地理标志产品及时间	个数	地理标志商标及时间	个数	农产品地理标志、产品编号及时间	个数	备注
铜陵市	铜陵市	铜陵白姜 2009	2	铜陵白姜 2012	2			
		凤丹 2006		铜陵凤丹皮 2013				
	铜官区							
	郊区							
	义安区							
	枞阳县	枞阳媒鸭 2018	1	枞阳黑猪 2012	4			
				枞阳媒鸭 2013				
				枞阳大闸蟹 2016				
				枞阳萝卜				
小计			2.5		6			
芜湖市	本市					芜湖大米（AGI02549）2019	1	
	镜湖区							
	弋江区							
	鸠江区							
	三山区							
	南陵县	凤丹 2006	0.5	南陵大米 2008	2	南陵大米（AGI00443）2010	4	
				南陵圩猪 2013		南陵紫云英弋江籽（AGI00894）2012		
						南陵圩猪（AGI01465）2014		
						奎湖鳙鱼（AGI01914）2016		
	芜湖县			芜湖大米 2015	2	陶辛青虾（AGI00845）2012	2	
				芜湖江蟹 2015		湾沚山芋（AGI01290）2013		
	繁昌县			繁昌长枣 2013	1			
	无为县			无为板鸭 2013	1	无为螃蟹（AGI01523）2014	1	
小计			0.5		6		8	

（续）

所属地域	地理标志 产品及时间	个数	地理标志商 标及时间	个数	农产品地理标志、 产品编号及时间	个数	备注
总计		78		154		82	
说明							

附录 2 地理标志茶叶加工企业调查问卷

尊敬的女士/先生：

您好！为了研究安徽省地理标志茶产业的发展情况，我们目前正在对茶叶生产过程中的相关信息进行调研，您的参与对我们的研究起着非常重要的作用。问卷所有数据仅用于学术研究，不用于任何商业用途，请您放心。再次感谢您的合作，请协助我们完成以下问卷！

调查地点：_____市_____县（区）_____

调查时间：_____年_____月_____日

一、基本情况

1. 企业名称_____。

2. 生产加工的主要茶类 ①黄山毛峰 ②太平猴魁 ③黄山贡菊 ④休宁松萝茶 ⑤祁门红茶 ⑥黄山白茶 ⑦大方茶 ⑧安茶 ⑨其他_____。

3. 贵企业注册资本_____万元，资产总值_____万元，固定资产价值_____万元，员工数量_____人，其中，专业技术研究人员_____人。

4. 贵企业的成立时间为：_____年，企业年销售收入_____万元，税后利润_____万元。

5. 贵企业的所有制形式为_____。

A. 国有企业　　　B. 合资企业　　　C. 私营企业

D. 集体　　　　　E. 其他

6. 贵公司是否上市：

A. 是　　　　　　B. 否

7. 贵企业产品是否出口（是/否）

如果出口，出口国家为_____

8. 贵企业产品在国内销售区域分布为（可多选）

A. 全国　　　　　　B. 东部地区　　　　C. 中部地区

D. 西部地区　　　　E. 西南地区　　　　F. 安徽省内

9. 贵企业管理者的受教育状况是_____

10. 贵企业地理标志茶叶原材料来源有哪些（可多选）

A. 自有基地　　　B. 有合作关系的合作社和农户

C. 市场收购

11. 贵企业是否有专门的网络渠道

A. 是　　　　　　　B. 否

12. 若贵企业通过网络展示和销售商品，是通过哪种网络途径

A. 企业专门网站　B. 专门的电子商务网站

C. 其他

13. 贵企业的目标市场有哪些

A. 国外市场　　　　B. 超市　　　　　　C. 商场专柜

D. 专卖店　　　　　E. 茶叶批发市场　　F. 集贸市场

G. 交易会　　　　　H. 电商平台

14. 贵企业茶叶除了地理标志认证外，还有哪些认证（可多选）

A. ISO 9000 系列认证　　　　　　　　B. FDA 认证

C. QS 认证

D. HACCP/危害分析和关键点控制

E. GMP/良好生产规范

F. GPP/良好产品规范

G. 有机食品认证

H. 绿色食品认证

I. 无公害食品认证

J. ISO 14000

K. GHP/良好卫生规范

L. GTP/良好贸易规范

M. ETA 认证

15. 贵企业是否有申请使用地理标志证明商标

A. 是　　　　　　B. 否

二、茶企对地理标志茶叶实施质量控制的认知状况

1. 您认为良好的原材料来源是否有助于提高地理标志茶叶的质量

A. 是　　　　　　B. 否

2. 您认为安全的投入品（茶树、化肥、农药）是否有助于保证地理标志茶叶质量

A. 是　　　　　　B. 否

3. 您认为对合作农户进行培训是否有助于保证地理标志茶叶的质量

A. 是　　　　　　B. 否

4. 您认为对合作农户的监管是否有利于控制地理标志茶叶的质量

A. 是　　　　　　B. 否

5. 您认为对茶叶原材料进行质量检测是否有利于控制地理标志茶叶的质量

A. 是　　　　　　B. 否

6. 您认为对于茶叶加工人员的技术培训和指导是否有助于提高地理标志茶叶的质量

A. 是　　　　　　B. 否

7. 您认为设立专门的质量控制部门或者有专人负责质量控制是否有助于提高地理标志茶叶的质量

A. 是　　　　　　B. 否

8. 您认为建立企业自检制度是否有助于提高地理标志茶叶

的质量控制

　　A. 是　　　　　　　B. 否

　　9. 您认为建立产品召回制度是否有助于企业提高地理标志茶叶的质量控制

　　A. 是　　　　　　　B. 否

　　10. 您对茶叶地理标志的了解程度

　　A. 很了解　　　　　B. 了解很少　　　　C. 听说过，不了解

　　D. 没有听说过

　　11. 您认为茶企使用地理标志对企业发展的重要性

　　A. 非常重要　　　　B. 较重要　　　　　D. 基本不重要

　　E. 完全没影响

　　12. 您认为以下哪个环节最容易出现茶叶质量问题

　　A. 在茶叶种植时进行质量控制

　　B. 在茶叶加工环节进行质量控制

　　C. 在茶叶包装贮藏环节

　　D. 其他＿＿＿＿＿＿＿＿＿＿＿

　　13. 您认为生产地理标志茶叶质量较差对以下哪些产生不良影响（可多选）

　　A. 消费者健康　　　B. 产品品牌　　　　C. 企业声誉

　　D. 生态环境　　　　E. 企业发展　　　　F. 产品价格和销量

　　14. 近年来消费者是否对地理标志茶叶提出了更高的质量要求

　　A. 是　　　　　　　B. 否

　　15. 您了解地理标志茶叶生产标准吗

　　A. 很了解　　　　　B. 了解很少　　　　C. 听说过，不了解

　　D. 没有听说过

　　16. 您认为消费者对地理标志的认可度如何

　　A. 不认可　　　　　B. 一般　　　　　　C. 非常认可

　　17. 您认为贵企业有必要去提高地理标志茶叶的质量水

平吗

    A. 有必要　　　　　B. 没必要　　　　　C. 不清楚

    D. 觉得有必要，但不知道怎么做　　　E. 与您无关

    18. 贵企业申请使用地理标志茶叶认证的主要意图（限选 3 个）

    A. 提升企业自身知名度和产品声誉

    B. 增加销量和实现利润最大化

    C. 开拓市场

    D. 满足政府和消费者的质量要求

    19. 当竞争企业提高地理标志茶叶质量时，贵企业是否愿意提高地理标志茶叶质量（选 A，请做第 20 题；选 B. 请做第 21 题）

    A. 是　　　　　　　B. 否

    20. 若贵公司愿意提高地理标志茶叶质量，最主要原因是

    A. 提高产品竞争力

    B. 提升企业自身知名度

    C. 开拓市场

    D. 需求方要求

    21. 若贵公司不愿意提高地理标志茶叶质量，最主要原因是

    A. 成本太高

    B. 质量控制难以操作

    C. 对销售价格没有影响

    D. 对销售量没有影响

    22. 当竞争企业降低地理标志茶叶质量压低价格时，贵企业是否愿意提高地理标志茶叶质量（选 B. 请做第 7 题）

    A. 是　　　　　　　B. 否

    23. 若贵公司不愿意提高地理标志茶叶质量，最主要原因是

24. 假定贵企业在社会上有一定的知名度，企业品牌已深入消费者，如果因茶叶质量问题被查处，是否担心企业品牌受损

　　A. 是　　　　　　　B. 否

25. 假定贵企业在生产地理标志茶叶时已经采用了质量控制技术，但在销售过程中发现了假冒的该产品，企业首先想到的是通过哪种途径来解决问题

　　A. 法律手段　　　B. 政府部门　　　C. 媒体

　　D. 自己　　　　　E. 其他

三、企业质量控制行为情况

1. 贵企业是否对农户提供的原材料进行检测

　　A. 是　　　　　　　B. 否

2. 为使农户供给原材料达到地理标志农产品标准，企业采取的措施主要有哪些（可多选）

　　A. 免费培训农民生产标准关键技术指导

　　B. 严格按照地理标志茶叶生产标准进行监督

　　C. 统一配送农资用品

3. 企业收购农户地理标志农产品原料价格与市场价格相比

　　A. 高于市场价格　　B. 低于市场价格　　C. 按市场价格

4. 签约农户或被收购农户向企业提供茶叶能否满足地理标志茶叶质量水平

　　A. 是　　　　　　　B. 否

5. 农户的产品质量未达标准，企业将如何处理

　　A. 当年拒绝收购，下一年不签约

　　B. 当年拒绝收购，技术指导后下一年继续签约

　　C. 当年拒绝收购，并且罚款

6. 企业与农户签约的地理标志茶叶协议与普通茶叶协议主要的区别在于

　　A. 对农产品达到地理标志农产品质量标准的要求

B. 对产品数量的要求

C. 没有什么区别

7. 贵公司对订单履行过程中表现好的农户有否奖励措施

A. 有　　　　　　　　B. 没有

8. 订单有否规定违约赔偿的条款

A. 有　　　　　　　　B. 没有

9. 贵企业在订单履行过程中，是如何对农户生产过程进行监督与控制的，以确保茶叶的质量（可多选）

A. 通过对农药、化肥与茶树等投入品的控制，确保茶叶的质量

B. 通过派人巡视对种植过程进行控制，确保茶叶的质量

C. 通过农户之间互相监督，确保茶叶的质量

D. 通过对农户生产过程随机抽查

E. 其他方式

10. 贵企业每年组织茶叶加工质量控制培训的次数？

A. 没有培训　　　B. 5 次以下　　　C. 6～10 次

D. 10 次以上

11. 培训讲师来源于（可多选）

A. 企业内部专职技术人员

B. 有合作关系的高校或农业研究机构

C. 政府部门指派的专家

D. 供应链下游企业派遣的专门技术人员

12. 贵企业加工地理标志茶叶时，由谁负责茶叶质量的管理

A. 企业负责人

B. 企业设立的一个专门的部门

C. 其他

13. 贵企业加强地理标志茶叶质量控制的措施有哪些（可多选）

A. 购置测验仪器设备

B. 建立产品检验实验室

C. 设立有专门的质量控制部门

D. 对加工环节进行监控，随时抽检或全检

E. 对最终产品实施抽样检查

F. 建立产品质量可追溯记录

14. 贵企业是否设有专门的产品召回制度

A. 是　　　　　　　　B. 否

15. 贵企业在对地理标志茶叶进行质量控制的主要困难是什么（可多选）

A. 原材料质量控制难度大

B. 企业资金缺乏，技术水平低

C. 茶叶检测成本太高

D. 农户质量控制意识不强，集中管理难度大

E. 政府对企业资金和技术等方面支持力度有限

F. 政府标准体系不健全

G. 政策连贯性不强

H. 申请使用地理标志费用过高

16. 政府相关部门对贵企业地理标志茶叶监管主要表现在哪些方面

A. 生产过程抽检

B. 在销售环节抽检

C. 按照地理标志农产品认证要求实行的检查

D. 无监管

17. 政府对抽检不合格的地理标志茶叶如何处罚

A. 按相关规定罚款

B. 停产整顿

C. 公开公布不合格地理标志茶叶信息

18. 贵企业希望得到政府的哪些帮助（可多选）

A. 政府的政策支持（包括资金支持、技术支持、和基础设

施建设等方面）

B. 希望政府加强企业违规生产、掺假造假行为的惩罚力度，规范市场环境，实现地理标志茶叶优质优价的良性可持续发展格局

C. 希望得到政府检测费用的补贴

D. 希望政府对地埋标志茶叶进行市场宣传

19. 您认为当地政府部门进行地理标志茶叶质量控制作用成效如何

A. 很显著　　　　B. 比较显著　　　　C. 一般

D. 基本没影响　　E. 完全没影响

20. 实施地理标志农产品认证后顾客满意度的变化

A. 提高　　　　　B. 没有变化　　　　C. 下降

21. 实施地理标志农产品认证后产品销量较认证前的变化

A. 增加　　　　　B. 不变　　　　　　C. 减少

22. 认证后产品销量增加的幅度大约为

A. 10%以下　　　B. 10%～30%　　　C. 30%～50%

D. 50%～80%　　E. 80%～100%　　　F. 100%以上

23. 实施地理标志农产品认证后企业成本的变化为

A. 增加　　　　　B. 不变　　　　　　C. 减少

如果认证后成本增加，增加的幅度大约为：＿＿＿＿＿＿

如果认证后成本减少，减少的幅度大约为：＿＿＿＿＿＿

24. 实施地理标志农产品认证后企业经济效益的变化为

A. 增加　　　　　B. 不变　　　　　　C. 减少

如果认证后效益增加，增加的幅度大约为：＿＿＿＿＿＿

如果认证后效益减少，减少的幅度大约为：＿＿＿＿＿＿

25. 获得地理标志茶叶认证后是否实现优质优价

A. 短期内能实现　B. 未来 3 年内可实现

C. 不能实现

26. 贵企业在今后的发展规划中

A. 扩大现有地理标志农产品的供给量

B. 增加获得地理标志农产品认证的品种

C. 保持现有规模不变

27. 贵企业是否对地理标志茶叶和普通茶叶的生产有不同的质量标准

A. 是　　　　　　B. 否

四、企业质量控制行为的影响因素分析

1. 贵企业的员工人数_____人。

2. 贵企业年利润大概_____万元。

3. 贵企业管理者对地理标志茶叶质量控制的重视程度

A. 非常重视　　　B. 比较重视　　　C. 一般重视

D. 不是很重视　　E. 不重视

4. 您认为政府对于地理标志茶叶的监管力度如何

A. 几乎不监管　　B. 监管力度较小

C. 监管力度一般　D. 监管力度较大

E. 监管力度非常大

5. 您认为政府对于地理标志茶叶的惩罚力度如何

A. 没惩罚　　　　B. 惩罚力度较小　C. 惩罚力度一般

D. 惩罚力度较大　E. 惩罚力度非常大

6. 贵企业一年对职工进行几次培训

A. 0 次　　　　　B. 1～5 次　　　　C. 6～10 次

D. 11～15 次　　　E. 16 次及以上

7. 贵企业对地理标志茶叶是否进行检测

A. 是　　　　　　B. 否

8. 贵企业是否查阅生产记录

A. 是　　　　　　B. 否

9. 主要目标市场的定位对企业进行地理标志茶叶质量控制的影响程度

A. 几乎没影响　　B. 较小　　　　　C. 一般

D. 较大　　　　　E. 非常大

10. 需求方对茶叶质量要求对企业进行地理标志茶叶质量控制的影响程度

A. 几乎没影响　　　B. 较小　　　　　C. 一般

D. 较大　　　　　E. 非常大

11. 地理标志茶叶成本收益状况对贵企业进行地理标志茶叶质量控制的影响程度

A. 几乎没影响　　　B. 较小　　　　　C. 一般

D. 较大　　　　　E. 非常大

12. 贵企业是否拥有自己的品牌

A. 是　　　　　　B. 否

13. 同类型企业降低质量压低价格对贵企业进行地理标志茶叶质量控制的影响程度

A. 几乎没影响　　　B. 较小　　　　　C. 一般

D. 较大　　　　　E. 非常大

五、地理标志茶叶产业发展的影响因素分析

1. 贵企业今年国内市场销售目标大概为_____万元。

2. 贵企业今年国外市场销售目标大概为_____万元。

请根据您对地理标志茶产业发展情况的了解，针对下列各项问题，在您认为合适的看法等级上打"√"。

	因素	很好	较好	一般	较差	很差
生产要素	气候土壤等自然条件					
	当地科技力量					
	企业资金状况					
	融资环境					
	基础设施条件（通讯、交通、机器设备）					

（续）

	因素	很好	较好	一般	较差	很差
需求状况	国内需求状况					
	国外需求状况					
	国内需求增长潜力					
	国外需求增长潜力					
相关产业和支持产业	茶叶种植业能力					
	物流运输业能力					
	电商能力					
	机械制造业能力					
	包装印刷业能力					
	生态旅游业能力					
	农产品会展服务业					
生产要素	土地价格					
	劳动力价格					
	劳动力教育水平					
	劳动力熟练程度					
需求状况	国内需求层次（中高档）					
	国外需求层次					
企业战略、结构与竞争	茶产业集聚程度					
	三产融合程度（第一、二、三产业）					
	企业间合作程度					
	企业间竞争程度					

	因素	很好	较好	一般	较差	很差
政府	政府重视程度 （对地理标志茶叶发展）					
	政府服务效率 （政府政策落实状况）					
	政府政策性支持力度					
	政府宣传力度					

附录 3 地理标志茶叶生产农户调查问卷

尊敬的女士/先生：

您好！为了研究安徽省地理标志茶产业的发展情况，我们目前正在对茶叶生产过程中的相关信息进行调研，您的参与对我们的研究起着非常重要的作用。问卷所有数据仅用于学术研究，不用于任何商业用途，请您放心。再次感谢您的合作，请协助我们完成以下问卷！

调查地点：_____市_____县（区）_____

调查时间：_____年_____月_____日

一、农户基本情况

1. 户主的年龄_____
①30 岁以下 ②31～40 岁 ③41～50 岁 ④51～60 岁
⑤60 岁以上

2. 性别_____
①女 ②男

3. 文化程度_____
①文盲 ②小学 ③初中 ④高中中专 ⑤大专及以上

4. 您家种_____亩地，茶叶品种_____
①5 亩 ②5～10 亩 ③10～15 亩 ④15～20 亩 ⑤20 亩以上

5. 您家有_____人，有_____人专门从事茶叶
①2 人以下 ②3 人 ③4 人 ④5 人 ⑤6 人以上

6. 您家从事茶叶种植的时间
①0～6 年 ②6～12 年 ③12～18 年 ④18～24 年
⑤24 年以上

7. 您家一年的总收入为多少

①0～3万　②3万～5万　③5万～8万　④8万～12万
⑤12万以上

8. 您与企业协议销售给企业的茶叶收入占您总收入的多少

①全部　②70％～90％　③50％～70％　④30％～50％
⑤30％以下

二、个体行为

1. 您听过地理标志茶叶吗

①听过　　　　　　②没有听过

2. 您了解地理标志茶叶的种植技术和标准吗

①完全不了解　②不了解　③一般了解　④比较了解
⑤非常了解

3. 您是否加入合作社

①参加　　　　　　②未参加

4. 您加入合作社后，合作社有提供过服务和技术指导吗
（比如农机服务和种植技术方面的）

①有　　　　　　　②没有

5. 您是否得到了专业技术指导

①有　　　　　　　②没有

6. 您得到的技术指导是涉及哪些方面的

①防虫防害　②采摘技术　③修剪技术　④土壤管理　⑤种
植方式

7. 您是否得到质量控制方面的培训

①有　　　　　　　②没有

8. 农技人员进行质量控制方面的培训频率

①0　②1～2次/年　③2～3次/年　④3～4次/年　⑤5次
以上

三、价格和风险预期

1. 同去年的价格相比，您对未来地理标志茶叶价格的预期

①非常低　　②比较低　③一般　　④比较高　　⑤非常高

2. 根据之前的自然灾害的发生情况，您对未来自然风险的预期

①非常不乐观　②不乐观　③一般　　④比较乐观　⑤非常乐观

3. 您在种植地理标志茶叶后成本的变化表现为

①成本不变　　　②成本上升

4. 如果种植地理标志茶叶的成本上升，那主要表现在哪些方面

①劳动力投入　　②农药、化肥费用较高　　③物质资料的投入

5. 为企业提供地理标志茶叶后与种植普通茶叶相比，您收入的变化

①收入上升　②收入变化不大

6. 如果种植地理标志茶叶的收入上升，那上升的空间为

①0~200元/亩　②200~400元/亩　③400~600元/亩④600~800元/亩　⑤800元/亩以上

四、外部环境特征

1. 您在平常的地理标志茶叶种植过程当中，政府有进行监管吗

①有　　　　　②没有

2. 政府对你们平常的监管主要体现在哪些方面

①生产记录查阅　②种植过程监管　③产品抽样检查④其他

3. 您觉得政府的监管严格吗

①完全不严格　　②不严格　③一般严格　④比较严格
⑤非常严格

4. 您觉得政府有对地理标志茶叶进行宣传吗

①有　　　　②没有

5. 您觉得政府对地理标志茶叶的宣传力度如何

①完全没有　②比较少　③一般　　④比较多　⑤非常多

6. 您是从哪个渠道了解到地理标志茶叶的

①政府的农业技术推广部门　　②企业和合作社人员　③书本、电视、电脑等传播媒体　④其他

7. 您在种植地理标志茶叶的过程中，政府对茶农是否给予补贴

①有　　　　②没有

8. 政府对您的补贴力度是多少

①0～100 元/亩　②100～200 元/亩　③200～300 元/亩
④300～400 元/亩

五、同企业合作关系

1. 您与企业签约提供地理标志茶叶的原因是

①降低风险　②增加经济收益　③信赖企业　④大家加入，我也加入　⑤其他

2. 您在签订合同后，有过违约的情况吗

①有　　　　②没有

3. 在订单履行过程中，您不能履约的主要原因是

①卖给出价高的第三方　　②质量不符合要求　③交货时间不及时　④数量达不到要求

4. 您觉得企业的监管措施严格吗

①完全不严格　②不严格　③一般　④比较严格　⑤非常严格

5. 企业是如何对您生产过程进行监督的

①通过对农药、化肥与茶树等投入品的控制，确保茶叶的质量

②通过派人巡视对种植过程进行控制，确保茶叶的质量

③通过农户之间互相监督，确保茶叶的质量

④通过对农户生产过程随机抽查

6. 若您种植的地理标志茶叶达不到企业的要求，企业会有什么样的惩罚措施（选①，询问罚款的范围）

①罚款　②将茶叶退回并提供指导　③以后不会继续合作

六、农户质量控制行为

1. 您在地理标志茶叶种植过程中会使用哪些农药或措施防虫害

①鱼藤酮（鱼藤精）、苦参碱（苦参素）、苏云金杆菌、白僵菌、核型多角体病毒、喷雾、粉虱真菌制剂等生物农药

②实时采摘幼虫，合理修剪茶树

③灯光诱杀

④三氯杀螨醇、氰戊菊酯、克百威、甲拌磷、甲基异柳磷等在茶叶上禁用农药

⑤其他农药

2. 您在地理标志茶叶种植过程中会使用什么除草

①草甘膦、草铵膦、灭草松、扑草净、莠去津、西玛津

②人工除草、割草机切割、行间中耕、埋草和松土等中耕

③间覆盖茶树以条栽为主，行间使用山草作物秸秆、茶树修剪彩物、绿肥等进行土壤覆盖

3. 您在地理标志茶叶种植过程中使用的化肥有哪些

①有机肥、茶叶专用肥、炭基肥

②复合肥

③脱毒脱重金属的畜禽肥

④无机化肥（尿素等）

4. 您在茶叶采摘完后，有进行采后处理吗（选①，回答第 5 题）

①有 ②没有

5. 您采后会进行哪些处理

①病虫害防治 ②浅耕防治杂草 ③及时追肥促进夏茶生长 ④入冬前进行修剪 ⑤石硫合剂封园

6. 您在种植地理标志茶叶时，是否会因农药对茶叶质量产生影响而考虑所使用的间隔期

①有 ②没有

7. 您在种植地理标志茶叶时，多久使用一次农药

①0～2 次/年 ②2～4 次/年 ③4～6 次/年 ④6 次/年以上

附录 4　地理标志茶叶消费者调查问卷

尊敬的女士/先生：

您好，我们是安徽农业大学经济管理学院的学生，我们正在对消费者地理标志农产品的认知程度及溢价支付意愿进行调查，您对问卷的参与对我们的研究起着重要的作用，本问卷所获取的数据仅用作学术研究，对您的回答我们将严格保密，请您放心。在此对您的参与表示最衷心的感谢。

调查地点：_____ 省 _____ 市 _____ 县（区）_____

调查时间：_____ 年_____ 月_____ 日

地理标志农产品，是指产自特定地域，所具有的质量、声誉或其他特性本质上取决于该产地的自然因素和人文因素，经审核批准以地理名称进行命名的产品。

地理标志主要用于鉴别某一产品的产地，即是该产品的产地标志。地理标志也是知识产权的一种。例如：苏州阳澄湖大闸蟹、黄山毛峰、砀山酥梨、沧州金丝小枣、烟台红富士等均为地理标志农产品。地理标志农产品都需要经过严格的质量审核才能够投入到市场进行销售。

一、消费者的个人情况

1. 您的性别

A. 男　　　　　　B. 女

2. 您的年龄

A. 30 岁及以下　　B. 31～40 岁　　　　C. 41～50 岁

D. 51～60 岁　　　E. 60 岁以上

3. 您的婚姻状况

A. 已婚   B. 单身

4. 您家中是否有 12 岁以下的孩子

A. 有   B. 没有

5. 您的文化程度是

A. 初中及以下   B. 高中或中专

C. 本科或大专   D. 硕士及以上

6. 您的居住地是

A. 城市   B. 村镇

7. 您的月收入是

A. 3 000 元以下   B. 3 001~5 000 元

C. 5 001~8 000 元   D. 8 000 元以上

8. 您的职业是

A. 政府或事业单位人员

B. 医护、教师、科技人员

C. 学生

D. 企业工作人员

E. 退休人员

F. 自由职业

9. 您对当前环境污染问题的关注程度

A. 非常关注   B. 比较关注   C. 一般

D. 不太关注   E. 很不关注

10. 您如何看待我国当前的食品安全状况

A. 非常担忧   B. 比较担忧   C. 有点担忧

D. 比较放心   E. 非常放心

11. 您一周锻炼的次数

A. 一次及以下   B. 两次   C. 三次

D. 四次及以上

二、地理标志农产品的认知程度情况（以黄山地理标志茶叶为例）

1. 您是否听说过地理标志农产品

A. 是 　　　　　　B. 否

若选"否"，安徽农业大学管理学院的学生向消费者解释地理标志农产品的概念和相关质量信息，使消费者对地理标志农产品有初步的了解。调查完第3题后请直接回答下面三、部分。

2. 介绍完地理标志农产品概念后，您觉得您对地理标志农产品了解吗?

A. 完全不了解 　　B. 不了解 　　　　C. 一般

D. 比较了解 　　　E. 非常了解

3. 请从下面的标识中选择您认识的地理标志 logo

A. 非常了解，与其他 logo 能做到区分

B. 听过但是具体是哪个 logo 不了解

4. 您对当前我国农产品质量安全状况的评价是

A. 好 　　　　　　B. 差

5. 您是否听说过或遭遇过农产品质量安全问题

A. 没有听说也没有遭遇过

B. 只听说没遭遇过

C. 没有听说但自己遭遇过

D. 听说过并且也遭遇过

6. 您是否知道地理标志农产品需要经过严格的申请、审批、认证、检测等程序

A. 知道 　　　　　B. 不知道

7. 您是否认为地理标志农产品质量更安全

　　A. 是　　　　　　　B. 否

8. 您是否关注地理标志农产品相关质量信息的报道

　　A. 关注　　　　　　B. 不关注

9. 您从何处了解到黄山地理标志茶叶的

　　A. 个人经验亲友　　B. 销售商或商场

　　C. 书报、展览会　　D. 网络、广播电视

　　E. 政府宣传

10. 您是否认为地理标志农产品与普通农产品相比其附加价值更高

　　A. 是　　　　　　　B. 否

11. 以黄山地理标志茶叶为例，您在购买黄山地理标志茶叶时会关注的附加价值信息有哪些（多选）

　　A. 口感、营养价值更高

　　B. 更利于环境保护

　　C. 历史、文化体验感的提升

三、地理标志农产品消费者溢价支付意愿（以黄山地理标志茶叶为例）

1. 现在市场上普通茶叶价格大约为 100 元/斤，而黄山毛峰、太平猴魁等作为地理标志茶叶其质量受到严格控制导致其生产成本比较高，根据您自身条件，当黄山地理标志茶叶单价高于其他普通茶叶时是否愿意购买

　　A. 愿意　　　　　　B. 不愿意

2. 您愿意溢价支付的价格范围区间是多少呢

　　A. 比普通茶叶高 50～100 元

　　B. 比普通茶叶高 100～150 元

　　C. 比普通茶叶高 150～200 元

　　D. 比普通茶叶高 200～250 元

E. 比普通茶叶高 250 元以上

3. 跟消费者介绍黄山地理标志茶叶的品种有黄山毛峰、太平猴魁、休宁松萝茶、黄山白茶、歙县大方茶、安茶、黄山贡菊等 7 种品牌，然后询问消费者听过哪几种品牌的茶叶

A. 1 种以下　　　　B. 1～2 种　　　　C. 3～4 种

D. 5～6 种　　　　E. 6 种以上

4. 您喜欢喝茶吗

A. 喜欢　　　　　　B. 不喜欢

5. 如果您喜欢喝茶并品尝过黄山地理标志茶叶的话，您觉得黄山地理标志茶叶相对于普通茶叶的口感

A. 比较好　　　　B. 一般　　　　　C. 比较差虚有其名

6. 您是否有购买过茶叶的经验

A. 是　　　　　　　B. 否

7. 平时购买茶叶会选择哪些地方

A. 专卖店　　　　B. 超市　　　　　C. 茶叶原产地

D. 农贸市场或者街头小贩　　　　　E. 网络

8. 如果您家购买黄山地理标志茶叶的话，您购买的最主要用途是

A. 自己家喝　　　B. 招待用　　　　C. 送礼用

D. 其他

9. 在购买黄山地理标志茶叶时，您对茶叶的哪些属性的比较关注（多选）

A. 茶叶的口感　　B. 茶叶包装　　　C. 茶叶价格

D. 购买的便利性　E. 茶叶卖家的信誉

10. 如果您在购买黄山地理标志茶叶时，您认为茶叶的新鲜程度重要吗

A. 完全不重要　　B. 不重要　　　　C. 一般

D. 比较重要　　　E. 非常重要

11. 如果您在购买黄山地理标志茶叶时，您认为茶叶的原产

地重要吗

    A. 完全不重要   B. 不重要   C. 一般

    D. 比较重要   E. 非常重要

    12. 如果您在购买黄山地理标志茶叶时，您认为茶叶的导购员重要吗

    A. 完全不重要   B. 不重要   C. 一般

    D. 比较重要   E. 非常重要

    13. 目前市场上正常的黄山地理标志茶叶比普通茶叶价格略高，您怎样认为其性价比

    A. 非常高   B. 比较高   C. 一般

    D. 比较低   E. 非常低

参考文献

蔡海涛，常志强，武小燕，2014. 黄山市茶叶生产机械化现状及对策［J］. 现代农业科技（16）：289-291.

蔡荣，2011. "合作社农户"模式：交易费用节约与农户增收效应——基于山东省苹果种植农户问卷调查的实证分析［J］. 中国农村经济（1）：58-65.

曹琳，2012. 地理标志产业集群自律机制分析——基于品牌关联的视角［J］. 华东经济管理（2）.

常倩，王士权，李秉龙，2016. 农业产业组织对生产者质量控制的影响分析——来自内蒙古肉羊养殖户的经验证据［J］. 中国农村经济（3）：54-64，81.

陈洪超，李键，2019. 机理与路径：地理标志助推云南精准脱贫［J］. 重庆交通大学学报（社会科学版），19（4）：13-21.

陈捷敏，曹炳汝，颜东绪，2009. 中国地理标志农产品保护研究——以"陕西苹果"为例［J］. 安徽农业科学，37（21）：10182-10184.

陈萌山，2013. 农产品地理标志产业发展研究的有益探索——《农产品地理标志保护利用与产业发展研究》评价［J］. 农业经济问题（3）.

陈默，尹世久，徐迎军，2015. 消费者自述偏好与现实选择比较研究——以有机牛奶为例［J］. 统计与信息论坛，30（1）：100-105.

陈思，2013. 中国农产品地理标志保护对策研究［D］. 北京：中国农业科学院.

陈新建，董涛，2012. 有机食品溢价、消费者认知与支付意愿研究——以有机水果为例的实证分析［J］. 价格理论与实践（11）：84-85.

陈学军，2003. 消费者心理特征对新产品购买的影响作用研究［J］. 商业研究（4）：62-64.

陈雨生，乔娟，闫逢柱，2009. 农户无公害认证蔬菜生产意愿影响因素的实证分析——以北京市为例 [J]. 农业经济问题，30（6）：34 - 39.

陈玉兰，刘瑞峰，陈彤，2011. 地理标志对阿克苏苹果生产经济效益影响的实证分析——基于阿克苏地区 220 户农户的微观调查数据 [J]. 经济研究导刊（29）：84 - 86.

陈玉兰，刘瑞峰，宋玉兰，2011. 地理标志对库尔勒香梨生产经济效益影响的实证分析—基于库尔勒地区 215 户农户的微观调查数据 [J]. 生态经济学（学术版）（10）.

程琳，郑军，2014. 菜农质量安全行为实施意愿及其影响因素分析——基于计划行为理论和山东省 497 份农户调查数据 [J]. 湖南农业大学学报（社会科学版），15（4）：13 - 20.

崔彬，潘亚东，钱斌，2011. 家禽加工企业质量安全控制行为影响因素的实证分析——基于江苏省 112 家企业的数据 [J]. 上海经济研究（8）：83 - 89.

崔彬，潘亚东，钱斌，2011. 家禽加工企业质量安全控制行为影响因素的实证分析——基于江苏省家企业的数据 [J]. 上海经济研究（8）：83 - 89.

崔登峰，黎淑美，2018. 特色农产品顾客感知价值对顾客购买行为倾向的影响研究——基于多群组结构方程模型 [J]. 农业技术经济（12）：119 - 129.

代云云，徐翔，2012. 农户蔬菜质量安全控制行为及其影响因素实证研究——基于农户对政府、市场及组织质量安全监管影响认知的视角 [J]. 南京农业大学学报（社会科学版），12（3）：48 - 53，59.

董谦，2015. 中国羊肉品牌化及其效应研究 [D]. 中国农业大学.

杜鹏，2012. 消费者绿色食品支付意愿研究：顾客体验视角 [J]. 农业经济问题，33（11）：98 - 103，112.

高鸿业，2018. 微观经济学（第七版）[M]. 北京：中国人民大学出版社.

管曦，杨江帆，谢向英，等，2018. 基于 CKB 数据的中国茶叶消费行为研究 [J]. 茶叶科学，38（3）：287 - 295.

郭红生，2009. 地理标志农产品品牌的水平营销策略 [J]. 商业研究（1）.

郭洁，刘维忠，2013. 影响设施农产品质量安全生产的行为因素分析——

以北疆设施生产者调查为例［J］. 南方农村（2）.

郭娟，2017. 安徽茶产业集聚程度及其影响因素分析［D］. 合肥：安徽农业大学.

韩杨，陈建先，李成贵，2011. 中国食品追溯体系纵向协作形式及影响因素分析——以蔬菜加工企业为例［J］. 中国农村经济（12）：54-67.

郝建强，伊黎，周绪宝，等，2012. 消费者对农产品地理标志认知度和购买行为的分析［J］. 农产品质量与安全（4）：18-21.

衡凤玲，2004. 消费者行为学［M］. 北京：北京工业大学出版社.

胡铭，2008. 基于产业集群理论的农产品地理标志保护与发展［J］. 农业经济问题（5）：26-31.

胡瑞冬，2019. 地理标志农产品对农村经济发展的作用机制研究［J］. 农业经济（10）.

黄华均，2006. 农业现代化与地理标志的知识产权保护法学研究，1. 103-105.

黄贤涛，王文心，李士杰，2012. 加强原产地保护建设现代农业强国［J］. 求实（7）.

黄祖辉，钱峰燕，2005. 茶农行为对茶叶安全性的影响分析［J］. 南京农业大学学报（社会科学版）（1）：39-44.

姬志恒，王兴元，2013. "中国地理标志"品牌治理模式的多案例研究［J］. 现代经济探讨（12）.

季柯辛，孙世民，彭玉珊，2013. 优质猪肉供应链核心企业良好质量行为实施意愿的影响因素分析——基于9省522家生猪屠宰加工企业的调查数据［J］. 物流科技，36（7）：5-10，16.

贾雪莉，董海荣，戚丽丽，等，2011. 蔬菜种植户农药使用行为研究——以河北省为例［J］. 林业经济问题，31（3）：266-270.

江激宇，柯木飞，张士云，等，2012. 农户蔬菜质量安全控制意愿的影响因素分析——基于河北省藁城市151份农户的调查［J］. 农业技术经济（5）：35-42.

蒋冰晶，2015. 地理标志农产品产业集聚的发展与法律保护研究［J］. 现代管理科学（6）：112-114.

蒋永穆，王丰，2011. 中国特色农产品安全：基本内涵、体系框架与政策

措施 [J]. 学海 (3)：124 - 129

解强，2016. 基于感知价值视角的消费者绿色农产品支付溢价研究 [D].
  杨凌：西北农林科技大学，2016.

金多才，2007. 我国地理标志保护制度存在的主要问题及解决对策 [J]. 中
  国软科学 (3)：139 - 142.

金晓蕾，2007. 蔬菜生产企业质量安全管理机制研究 [D]. 杭州：浙江大学.

靳明，赵昶，2008. 绿色农产品消费意愿和消费行为分析 [J]. 中国农村经
  济 (5)：44 - 55.

孔宪遂，2002. 试论建构主义理论对教学的启示 [J]. 清华大学教育研究
  (S1)：128 - 133.

李光裕，1999. 评述现代认知心理学 [J]. 云南教育学院学报 (4)：
  75 - 79.

李江鹏，2019. 地理标志农产品品牌建设及经济效益研究 [D]. 兰州：兰
  州大学.

李静，2019. 地标农产品价格及其竞争力提升研究——基于生产、价格、
  竞争的三方博弈与仿真 [J]. 价格理论与实践 (8)：128 - 131.

李启平，赵溯，晏小敏，2014. 地理标志促进农业经济发展的实证研究
  [J]. 经济经纬，31 (3)：26 - 30.

李巍，2004. 关于旅游地形象的认知心理研究 [D]. 南京：南京师范大学.

李翔，徐迎军，尹世久，等，2015. 消费者对不同有机认证标签的支付意
  愿——基于山东省 752 个消费者样本的实证分析 [J]. 中国软科学 (4)：
  49 - 56.

李秀丽，2012. 农业知识产权评估研究 [D]. 保定：河北农业大学.

李艳军，董伟，2009. 商标和地理标志在农业产业化发展中的运用—以我
  国茶叶产业发展为视角 [J]. 农村经济 (7).

李志方，2013. 地理标志农产品质量维护策略研究 [D]. 天津：天津大学.

李祖明，2009. 地理标志制度对我国农业经济的影响 [J]. 中国发明与专利
  (6)：50 - 55.

林东华，2009. 基于产业集群的农产品地理标志管理——以天宝香蕉为例
  [J]. 福州大学学报（哲学社会科学版），23 (4)：45 - 50.

刘贝贝，青平，游良志，2018. 创新型农产品类型、消费者主观知识与购

买意愿分析——以营养强化农产品为例 [J]. 农村经济（8）：51-55.

刘福刚，2005. 保护地理标志产品 推动农产品加工 [J]. 农产品加工（10）：44-47.

刘华军，2011. 地理标志的空间分布特征与品牌溢出效应——基于中国三部门地理标志数据的实证研究 [J]. 财经研究，37（10）：48-57.

刘妙品，南灵，李晓庆，等，2019. 环境素养对农户农田生态保护行为的影响研究—— 基于陕、晋、甘、皖、苏五省 1 023 份农户调查数据 [J]. 干旱区资源与环境，33（2）：53-59.

刘瑞峰，2010. 新疆地理标志农产品：生产、消费与政策效应 [D]. 乌鲁木齐：新疆农业大学.

刘瑞峰，2014. 消费者特征与特色农产品购买行为的实证分析——基于北京、郑州和上海城市居民调查数据 [J]. 中国农村经济（5）：51-61.

刘瑞峰，陈彤，于冷，2010. 地理标志农产品生产质量控制行为分析——基于新疆地理标志水果 405 户果农的调查 [J]. 农业系统科学与综合研究，26（3）：310-316.

刘瑞峰，陈彤，于冷，等，2011. 消费者地理标志农产品购买行为实证分析——基于上海、北京和郑州市消费者的调查 [J]. 农业系统科学与综合研究，27（4）：453-462.

刘宇翔，2013. 消费者对有机粮食溢价支付行为分析——以河南省为例 [J]. 农业技术经济（12）：43-53.

卢良恕，孙君茂，2002. 中国农业的新发展与现代农业建设 [J]. 科学对社会的影响（3）.25-30.

鲁钊阳，2018. 农产品地理标志在农产品电商中的增收脱贫效应 [J]. 中国流通经济，32（3）：16-26.

陆德彪，苏祝成，2009. 我国地理标志（产品）保护现状与问题：以茶叶为例 [J]. 中国茶叶，31（4）：21-23-36.

马卫，黄蕾，2008. 特色农产品垄断竞争经营的经济学分析——从成本收益视角 [J]. 江西社会科学（9）：90-94.

马歇尔，朱志泰，陈良璧，2009. 经济学原理 [M]. 北京：商务印书馆.

聂凤云，刘相兵，2011. 基于钻石模型的烟台苹果产业集群竞争力研究 [J]. 安徽农业科学，39（5）：3118-3119，3122.

农业部农产品贸易办公室，农业部农业贸易促进中心，2012. 中国农产品贸易发展报告［M］. 北京：中国农业出版社.

彭贝贝，周应恒，2019. 信息不对称情况下地理标志农产品"柠檬市场"困境——基于淘宝网"碧螺春"交易数据的分析［J］. 世界农业（5）：91-95，111.

彭争光，张学文，吴宗璇，2018. 安徽省地理标志农产品发展问题与对策研究［J］. 新疆农垦经济（9）：27-32.

齐振宏，王瑞懂，2010. 中外转基因食品消费者认知与态度问题研究综述［J］. 国际贸易问题（12）：115-119.

钱峰燕，2005. 茶叶质量安全管理问题研究［D］. 杭州：浙江大学.

乔洁，沈山，汪鹏，2012. 江苏省地理标志概况与价值评估体系构建研究［J］. 资源开发与市场（1）.

冉红，2010. 地理标志产品的溢价特征及对策［J］. 商业时代（16）：137-138.

萨缪尔逊，1954. The Pure Theory Of Public Expenditure［J］Review of Economics and Statistics（11）.

尚旭东，郝亚玮，李秉龙，2014. 消费者对地理标志农产品支付意愿的实证分析——以盐池滩羊为例［J］. 技术经济与管理研究（1）：123-128.

尚旭东，李秉龙，2011. 我国地理标志农产品保护和发展：问题与对策［J］. 价格理论与实践（11）：72-73.

尚旭东，李秉龙，2013. 我国农产品地理标志发展运行特征、趋势与问题——基于农业部、质检总局、工商总局的分析［J］. 生态经济（4）：92-97，120.

邵伟杰，2009. 农产品地理标志保护的意义及其路径［J］. 齐鲁学刊（1）.

施涛，苑双杰，李忆，2018. 组织学习影响顾客满意度——创新的中介与领导风格的调节作用［J］. 软科学，32（10）：75-79.

石志恒，崔民，张衡，2020. 基于扩展计划行为理论的农户绿色生产意愿研究［J］. 干旱区资源与环境，34（3）：40-48.

宋燕平，滕瀚，2016. 农业组织中农民亲环境行为的影响因素及路径分析［J］. 华中农业大学学报（社会科学版）（3）：53-60，134.

苏悦娟，2013. 地理标志区域品牌化策略研究［J］. 广西社会科学（6）.

苏悦娟,孔祥军,孔璎红,2008. 基于地理标志培育资源禀赋型产业集群核心竞争力的研究 [J]. 生态经济:学术版 (2).

孙庆忠,2012. 地理标志产品与县域经济发展 [J]. 南京农业大学学报:社会科学版 (1).

孙亚楠,2014. 地理标志农产品的品质控制及监管效果研究 [D]. 南京:南京农业大学.

孙亚楠,胡浩,2014. 我国地理标志市场发展对策 [J]. 经济地理 (4).

孙亚楠,胡浩,2015. 地理标志农产品发展对策研究 [J]. 经济纵横 (7):81-84.

孙智,2019. 地理标志国际保护新发展的路径分歧及我国选择 [J]. 知识产权 (1):88-96.

邰秀军,杨慧珍,陈荣,2017. 地理标志农产品产业化的减贫增收效应——基于山西省 110 个县的实证分析 [J]. 中国农业资源与区划,38 (6):144-149,225.

唐学玉,李世平,姜志德,2010. 安全农产品消费动机、消费意愿与消费行为研究 [J]. 软科学 (11):53-59.

田芙蓉,2009. 地理标志法律保护制度研究 [M]. 北京:知识产权出版社:143.

万聪,2014. 网络问卷调查系统分析与设计 [D]. 北京:北京交通大学.

汪益,葛庆,2005. 消费者认知导向的整合设计观 [D]. 深圳:深圳康桂通信开发中心,深圳职业技术学院设计分会.

王博文,姚顺波,杨和财,2010. 法国原产地保护制度对推进我国优势农产品发展的启示——基于法国葡萄酒原产地保护实证分析 [J]. 经济地理,30 (1):114-111.

王高,李飞,陆奇斌,2006. 中国大型连锁综合超市顾客满意度实证研究——基于 20 家大型连锁综合超市的全国调查数据 [J]. 管理世界 (6):101-110.

王国华,2017. 消费者对地理标志农产品的认知情况及购买意愿研究——以辽宁省大米地理标志产品为例 [J]. 商业经济 (6):28-30.

王国猛,黎建新,廖水香,等,2010. 环境价值观与消费者绿色购买行为——环境态度的中介作用研究 [J]. 大连理工大学学报(社会科学版),

31 (4)：37-42.

王寒，陈通，2008. 我国农产品地理标志发展现状分析 [J]. 西安电子科技大学学报（社会科学版），18 (4)：101-105.

王洪丽，杨印生，2016. 农产品质量与小农户生产行为——基于吉林省293户稻农的实证分析 [J]. 社会科学战线 (6)：64-69.

王磊，赵瑞莹，2012. 农户申请使用地理标志行为决策的影响因素分析——基于山东省16市的调查 [J]. 农业技术经济 (1)：83-89.

王世表，阎彩萍，李平，等，2009. 水产养殖企业安全生产行为的实证分析——以广东省为例 [J]. 农业经济问题 (3)：21-27, 110.

王思翌，2019. 江西省地理标志农产品发展现状及其品牌建设 [J]. 江西农业 (12)：99-101.

王文龙，2016. 中国地理标志农产品品牌竞争力提升研究 [J]. 财经问题研究 (8)：80-86.

王笑冰，2015. 关联性要素与地理标志法的构造 [J]. 法学研究 (3)：82-101.

王岩峰，刘俊华，2008. 地理标志保护中的主体利益联结机制研究 [J]. 知识产权 (12).

王艳荣，唐静，王丹丹，2019. 地理标志农产品农户质量控制影响因素分析——基于黄山地理标志茶叶377户茶农的调查 [J]. 云南农业大学学报（社会科学），13 (2)：99-107.

王艳荣，王丹丹，高诗雨，2019. 长江经济带特色产业发展现状及对策——以黄山茶产业发展为例 [J]. 长江大学学报（社会科学版），42 (1)：65-69, 113.

王志本，2006. 实施地理标志保护 促进中国东北大豆产业发展 [J]. 中国农村经济 (12)：25-31.

王志刚，翁燕珍，杨志刚，等，2006. 食品加工企业采纳 HACCP 体系认证的有效性：来自全国482家食品企业的调研 [J]. 中国软科学 (9)：69-75.

王志刚，周永刚，2014. 食品加工企业采纳 HACCP 的激励因素探索 [J]. 食品科学技术学报，32 (3)：77-82.

韦光，左停，2006. 农业产业集群发展与"地理标志"区域品牌建设——

基于 SWOT 分析框架的战略选择研究 [J]. 经济界，2：90-97.

魏启文，2007. 国内外农产品质量安全标准的比较研究 [J]. 世界标准化与质量管理（1）：8-10.

吴彬，2008. 中国农产品地理标志保护中存在的问题及原因 [J]. 世界农业（3）：24-26.

夏龙，姜德娟，隋文香，2015. 中国地理标志农产品的空间分布与增收效应 [J]. 产经评论（1）.

夏英，2001. 食品安全保障：从质量标准体系到供应链综合管理 [J]. 农业经济问题（11）：59-62.

夏紫莹，罗伟平，2018. 消费者对可追溯地理标志农产品的购买意愿分析——以水果为例 [J]. 中国商论（32）：62-64.

肖开红，王小魁，2017. 基于 TPB 模型的规模农户参与农产品质量追溯的行为机理研究 [J]. 科技管理研究，37（2）：249-254.

谢向英，2011. 福建白茶地理标志品牌结盟研究 [J]. 农业经济问题（6）.

谢向英，2012. 地理标志品牌成长研究 [D]. 福建：福建农林大学.

熊德平，2012. 地理标志保护视角下山区特色优势产业现代化研究—以衢州碰柑为例 [J]. 福建论坛：人文社会科学版（6）.

徐伟，严志强，徐小任，等，2009. 基于 DPSIR 模型的地理标志产品开发与保护研究 [J]. 热带地理，29（6）：555-560.

许文苹，陈通，2011. 我国地理标志农产品品牌化的必要性分析 [J]. 天津大学学报（社会科学版）（4）.

许文苹，曾燕，2011. 地理标志农产品品牌治理组织协同模式研究 [J]. 西安电子科技大学学报（社会科学版）（4）.

薛彩霞，姚顺波，2016. 地理标志使用对农户生产行为影响分析：来自黄果柑种植农户的调查 [J]. 中国农村经济（7）：23-35.

薛亮，2003. 推进优势农产品区域布局提高农业国际竞争力 [J]. 农业经济问题，1：34-38.

杨慧，刘德军，2017. 组织管理对农产品地理标志品牌资产的影响机制研究——基于消费者视角的实证分析 [J]. 经济经纬，34（4）：37-42.

杨建辉，任建兰，2015. 消费者对农产品地理标志认知的评价及影响因素分析 [J]. 调研世界（1）：19-23.

杨军成，2007. 基于旅游者认知角度的西安文化资源开发研究［D］. 西安：西北大学．

杨鹏程，周应恒，2014. 农产品地理标志的声誉衰退及治理策略［J］. 现代经济探讨（3）．

杨万江，2006，安全农产品生产经济效益研究［D］. 杭州：浙江大学．

杨万江，李勇，李剑锋，等，2004. 我国长江三角洲地区无公害农产品生产的经济效益分析［J］. 中国农村经济（4）：17-23.

杨志花，2005. 宋林对中国地理标志产品保护制度现状的研究［J］. 世界农业，12（320）：5-7.

尹世久，吴林海，徐迎军，2014. 信息认知、购买动因与效用评价：以广东消费者安全食品购买决策的调查为例［J］. 经济经纬，31（3）：102-107.

余建斌，2012. 消费者对不同认证农产品的支付意愿及其影响因素实证分析［J］. 消费经济（6）：90-94.

余志刚，戴晓武，郭翔宇，2010. 出口食品加工企业对 HACCP 体系认证意愿的实证分析［J］. 中国乳品工业，38（11）：53-56.

袁雪霈，刘天军，侯晓康，2019. 交易模式对农户安全生产行为的影响——来自苹果主产区1001户种植户的实证分析［J］. 农业技术经济（10）：27-37.

约瑟夫·E·斯蒂格利茨，2005. 公共部门经济学［M］. 北京：中国人民大学出版社：183

曾洁，2009. 中国酒类地理标志保护制度研究［D］. 北京：中国农业科学院．

翟玉强，2012. 地理标志农产品的价格两极现象探析［J］. 价格理论与实践（12）．

展进涛，徐萌，谭涛，2012. 供应链协作关系、外部激励与食品企业质量管理行为分析——基于江苏省、山东省猪肉加工企业的问卷调查［J］. 农业技术经济（2）：39-47.

占辉斌，2011. 黄山茶叶地理标志保护制度的经济效益研究［D］. 南京：南京农业大学．

占辉斌，2013. 农户地理标志产品生产行为研究——以江西、安徽为例［J］. 农业技术经济（3）：105-111.

占辉斌，陈超，2010. 消费者对地理标志产品的认知程度以及购买意愿研究——基于黄山地理标志茶叶的个案调查分析 [J]. 消费经济，26（4）：55-57.

占辉斌，陈超，2011. 消费者对黄山地理标志茶叶认知及购买行为的计量经济分析 [J]. 农业系统科学与综合研究，27（2）：181-185.

张蓓，高惠姗，吴宝姝，等，2019. 价值认同、社会信念、能力认知与果蔬农户质量安全控制行为 [J]. 统计与信息论坛，34（3）：110-118.

张传统，陆娟，2014. 农产品区域品牌购买意愿影响因素研究 [J]. 软科学，28（10）：96-99，116.

张复宏，胡继连，2013. 基于计划行为理论的果农无公害种植行为的作用机理分析——来自山东省16个地市（区）苹果种植户的调查 [J]. 农业经济问题，34（7）：48-55，111.

张国政，彭承玉，张芳芳，等，2017. 农产品顾客感知价值及其对购买意愿的影响——基于认证农产品的实证分析 [J]. 湖南农业大学学报（社会科学版），18（2）：24-28.

张国政，徐增，唐文源，2017. 茶叶地理标志溢价支付意愿研究——以安化黑茶为例 [J]. 农业技术经济（8）：110-116.

张海英，王厚俊，2009. 绿色农产品的消费意愿溢价及其影响因素实证研究——以广州市消费者为例 [J]. 农业技术经济（6）：62-69.

张吉国，2004. 农产品质量管理与农业标准化 [D]. 泰安：山东农业大学.

张均涛，李春成，李崇光，2008. 消费经历对顾客满意感影响程度研究——基于武汉市生鲜农产品的实证研究 [J]. 管理评论（7）：21-27，63-64.

张婷，2013. 绿色食品生产者质量控制行为研究 [D]. 雅安：四川农业大学.

张亚峰，许可，刘海波，等，2019. 意大利地理标志促进乡村振兴的经验与启示 [J]. 中国软科学（12）：53-61.

张云华，孔祥智，罗丹，2004. 安全食品供给的契约分析 [J]. 农业经济问题（8）：25-28.

章胜勇，李崇光，2007. 运用地理标志提升农产品市场竞争力 [J]. 农业经济（9）：80-81.

赵宏霞，周宝刚，姜参，2015. 消费者体验内容与网络购物信任演化 [J].

商业研究（9）：123-129，142.

赵建欣，张忠根，2007. 基于计划行为理论的农户安全农产品供给机理探析［J］. 财贸研究（6）：40-45.

赵金利，张落成，陈肖飞，2014. 江苏省地理标志品牌溢出效应及地区差异分析［J］. 中国科学院大学学报（11）.

赵向豪，陈彤，姚娟，2018. 认知视角下农户安全农产品生产意愿的形成机理及实证检验——基于计划行为理论的分析框架［J］. 农村经济（11）：23-29.

钟莲，2020. 我国地理标志保护规则困境及体系协调路径研究［J］. 华中科技大学学报（社会科学版），34（1）：84-92.

周安宁，应瑞瑶，2012. 我国消费者地理标志农产品支付意愿研究——基于淘宝网"碧螺春"交易数据的特征价格模型分析［J］. 华东经济管理，26（7）：111-114.

周安宁，应瑞瑶，2012. 消费者对地理标志农产品支付意愿及其影响因素研究——基于消费者行为心理因素的分析框架及实证检验［J］. 学术探索（5）：110-113.

周洁红，2005. 消费者对蔬菜安全认知和购买行为的地区差别分析［J］. 浙江大学学报（人文社会科学版）（6）：113-121.

周洁红，2006. 农户蔬菜质量安全控制行为及其影响因素分析——基于浙江省396户菜农的实证分析［J］. 中国农村经济（11）：25-34.

周洁红，胡剑锋，2009. 蔬菜加工企业质量安全管理行为及其影响因素分析——以浙江为例［J］. 中国农村经济（3）：45-56.

周洁红，叶俊焘，2007. 我国食品安全管理中 HACCP 应用的现状、瓶颈与路径选择——浙江省农产品加工企业的分析［J］. 农业经济问题（8）：55-61，111-112.

周曙东，张西涛，2007. 地理标志对陕西苹果经济效益影响的实证分析［J］. 农业技术经济（6）：56-61.

周曙东，张西涛，2007. 论我国地理标志保护和发展［J］. 现代经济探讨（3）.

朱淀，蔡杰，王红纱，2013. 消费者食品安全信息需求与支付意愿研究［J］. 公共管理学报（3）：129-136.

朱莉，徐迎军，2017. 消费者对食品质量信息标签支付溢价研究——以婴幼儿配方奶粉为例 [J]. 价格理论与实践 (11)：146－149.

Agarwal，S.，Barone M，2005. Emerging issues for geographical indication branding strategies. Matric research paper. 05－MRP 9，Iowa State University.

Agdomar M.，2008. Removing the Greek from feta and adding korbel to champagne：The paradox of geographical indications in international law [J]. Fordham Intellectual Property，Media and Entertainment Law Journal，18，541－560.

Akerlof G.，1970. The market for 'lemons'：quality uncertainty and the market mechanism [J]. Q. J. Econ. 84 （August），488－500.

Albisu，L. M.，2002. Link between origin－labeled products and local production systems，supply chain analysis. WP report 2，Development of Origin－Labeled Products：Humanity，Innovations，and Sustainability （DOLPHINS） project，Le Mans，France.

Alfnes F，Guttormsen A G，Steine G，et al，2006. Consumers" Willingness to Pay for the Color of Salmon：A Choice Experiment with Real Economic Incentives [J]. American Journal of Agricultural Economics，88 （4）：1050－1061.

Anders，S.，& Caswell，J. A.，2009. The benefits and costs of proliferation of geographical labelling for developing countries [J]. Estey Centre Journal of International Law and Trade Policy，10 （1），77－93.

Armistead，J.，2000. Whose cheese is it anyway? Correctly slicing the European Regulation concerning protections for Geographic Indications [J]. Transnational Law and Contemporary Problems （10），303－318.

Arvola A，Vassallo M，Dean M，et al.，2007. Shepherd R：Predicting intentions to purchase organic food：The role of affective and moral attitudes in the Theory of Planned Behaviour [J]. Appetite，50 （2）：443－454.

Axelrod，R.，1984. The evolution of cooperation [M]. New York：Basic Books.

Barham，E.，2003. Translating terroir：The global challenge of French

AOC labeling [J]. Journal of Rural Studies, 19, 127 - 138.

Barham, E. , Sylvander, B. (Eds), 2011. Label of Origin for Food. Local Development, Global Recognition. CAB International, Cambridge, MA.

Belletti, G. , Marescotti, A. , 2002. Link between origin - labeled products and rural development. WP report 3, Development of Origin - Labeled Products: Humanity, Innovations, and Sustainability (DOLPHINS) project Le Mans, France.

Belletti, G. , Marescotti, A. , 2011. Origin products, geographical indications and rural development. In E. Barham, & B. Sylvander (Eds.), Labels of origin for food: Local development, global recognition [M]. Wallingford: CAB International: 75 - 91.

Benerji, M. , 2012. Geographical indications: Which way should asean go? . Boston College Intellectual Property & Technology Forum, 1, 8.

Beresford, L. , 2007. Geographical Indications: The current landscape, fordham intellectual property [J]. Media and Entertainment Law Journal, 17 (979).

Be' rard, L. , Marchenay, P. , 2006. Local products and geographical indications: taking account of local knowledge and biodiversity [J]. International Social Science Journal, 187: 109 - 16.

Bilge Dogana, Ummuhan Gokovali, 2012. Geographical indications: the aspects of rural development and marketing through the traditional products. Procedia - Social and Behavioral Sciences, 62: 761 - 765.

Boisvert, V. , 2006. From the conservation of genetic diversity to the promotion of quality foodstuff: can the French model of ' Appellation d ' Origine Controlée' be exported? CAPRI Working [M]. Washington: International Food Policy Research Institute: 49.

Bowen, S. , & De Master, K. , 2011. New rural livelihoods or museums of production? Quality food initiatives in practice [J]. Journal of Rural Studies, 27 (1), 73 - 82.

Bowen, S. , & Zapata, A. V. , 2009. Geographical Indications, terroir, and socioeconomic and ecological sustainability: The case of tequila [J].

Journal of Rural Studies, 25 (1), 108 – 119.

Bowen, S. , 2010. Embedding local places in global spaces: Geographical indications as a territorial development strategy [J]. Rural Sociology, 75 (2), 209 – 243.

Bramley, C. , Bie' nabe, E. , 2012. Developments and considerations around geographical indications in the developing world [J]. Queen Mary Journal of Intellectual Property, 2 (1), 14 – 37.

Brunori, G. , & Rossi, A. , 2000. Synergy and coherence through collective action: Some insights from wine routes in Tuscany [J]. Sociologia Ruralis, 40 (4), 409 – 423.

Callois, J. M. , 2004. "Can quality lables trigger rural development? A micro – economic Model with Co – operation for the Production of a differentiated agricultural good". Working Paper. 2004/6 CESAER.

Carina F, 2005. Geographical Indications and rural development in the EU [D]. Lund: Lund Uniwersiy.

Caroline, L. G. , Andrea Z. , 2017. The Role Played by the US Government in Protecting Geographical Indications [J]. World Development (98). 35 – 44.

Casewell, J. A, 1998. Valuing the Benefits and Costs of Improved Food Safety and Nutrition [J]. The Australian Journal of Agricultural and Resources Economics (4): 409 – 424.

Casewell, J. A, Brudahl, M. E. Hooker, et al. , 1998. How qudlity management metasystems are affecting the food industry? [J]. Review of Agricultural Economics (20): 547 – 557.

Claire D. , Ste' phane F, 2017. Can Geographical Indications Modernize Indonesian and Vietnamese Agriculture? Analyzing the Role of National and Local Governments and Producers Strategies [J]. World Development (98), 93 – 104.

Delphine M. , Vivien. Estelleble' nabe. , 2017. The Multifaceted Role of the State in the Protection of Geographical Indications: A Worldwide Review [J]. World Development (98), 1 – 11.

Dimara，E.，Petrou，A.，Skuras，D.，2004. Agricultural policy for quality and producers' evaluations of quality marketing indicators：a Greek case study [J]. Food Policy，29：485－506.

Dogan，B.，Gokovali，U.，2012. Geographical indications：the aspects of rural development and marketing through the traditional products [J]. Procedia Soc. Behav. Sci.（62），761－765.

Dwijen Rangnekar，2009. Indications of Geographical Originin Asia：Legal and Policy Issues to Resolve，inRicardoMel6ndez－0r－tiz&Pedro Roffe（eds.）' Intellectual Properly and Sustainable Development，Cheltenham UK&Northampton' MA，USA：Edward Elgar，p. 277.

Fearne，A.，Walters，R.，2004. The costs and benefits of farm assurance to livestock producers in England. Centre for Food Chain Research－Imperial College London，England，Final Report.

FRIED H LOVELLK，2002. Accounting for environment effects and statistical noise in data envelopment analysis [J]. Journal of Productivity Analysis（17）：157－174.

Galtier，F.，Belletti，G.，& Marescotti，A.，2013. Factors constraining building effective and fair geographical indications for coffee：Insights from a Dominican case study [J]. Development Policy Review，31，597－615.

Gao，X. M.，Reynolds，A.，& Lee，J. Y.，1993. A structural latent variable approach to modelling consumer perception：A case study of orange juice [J]. Agribusiness，9（4），317－324.

Giovanni Belletti a，Andrea Marescotti a & Jean－Marc Touzard.，2017. Geographical Indications，Public Goods，and Sustainable Development：The Roles of Actors' Strategies and Public Policies，World Development（98）：45－57.

Giovanni Belletti a.，Andrea Marescotti.，Javier Sanz－Canada.，et al.，2015. Linking protection of geographical indications to the environment：Evidence from the European Union olive－oil sector [J]. Land Use Policy（48），94－106.

Golan E，Krissoff B，Kuchler F，et al.，2004. Traceability in the

U. S. Food Supply: Economic Theory and Industry Studies [M]. Agricultural Economic Report.

Hassan, F. , Casewell, J. A. Neal, H. H, 2006. Motivations of Fresh‐cut Produce Firm to Implement Quality Management System [J]. Review of Agricultural Economics, 28 (1): 132‐146.

Herlitz, A. , Nilsson, L. G. , &Backman, L. , 1997. Gender differences in episodic memory [J]. Memory&Cognition, 25 (6): 801‐811.

I Bardaji, B Iráizoz, M Rapún, 2009. The effectiveness of the European agricultural quality policy: a price analysis [J]. Spanish Journal of Agricultural Research, 7 (4): 750‐758.

Jena, P. R. , & Grote, U. , 2010. Changing institutions to protect regional heritage: A case for geographical indications in the Indian agrifood sector [J]. Development Policy Review, 28 (2), 217‐236.

Josling, T. , 2006. The war on terroir: Geographical indications as a transatlantic trade conflict [J]. Journal of Agricultural Economics, 57 (3), 337‐363.

Juan F. Hamilton, David L. Sunding, David Zilberman, 2003. Public goods and the value of product quality regulations: the case of food safety [J]. Journal of Public Economics. 87: 799‐817.

Kaul, I. , Mendoza, R. U. , 2004. Advancing the concept of public goods. In UNDP (Ed.), Providing global public good‐Managing globalization (pp. 78‐111) . Oxford: UNDP.

KM Grimsrud, JJ Mccluskey, ML Loureiro, 2007. Policies and Attitudes toward Genetically Modified foods in Norway [J]. Eurochoices, 3 (3): 38‐45.

Landes, W. M. , and R. A. Posner, 2003. The Economic Structure of Intellectual Property Law. Cambridge: The Belknap Press of Harvard University Press.

Lence, S. H. , S. Marette, D. Hayes, and W. Foster, 2007. Collective Marketing Arrangements for Geographically Differentiated Agricultural Products: Welfare Impacts and Policy Implications. American Journal of

Agricultural Economics, 89: 947 - 963.

Loureiro M. L., Mccluskey J. J., 2000. Assessing consumer response to protected geographical identification labeling [J]. Agribusiness, 16 (3): 309 - 320.

Marie - Vivien, D., Garcia, C. A., Kushalappa, C. G., et al., 2014. Trademarks, geographical indications and environmental labelling to promote biodiversity: the case of agroforestry coffee in India [J]. Develop Policy Rev. 32 (4), 379 - 398.

Marsden, T., Banks, J., Bristow, G., 2000. Food supply chain approaches: exploring their role in rural development [J]. Sociol. Rural. 40 (4), 424 - 438.

Maza, M. T., Pardos, L., Fantova, E., 2008. Analysis of the contribution of sales of Ternasco de Aragón PGI to the economic results of farms [J]. Options Méditerranéennes, Série Séminaires (78), 133 - 138.

Moran, W., 1993. "Rural space as intellectual" [J]. Political Geography, 12 (3), 263 - 277.

Morris, C., Kirwan, J., 2011. Ecological embeddedness: an interrogation and refinement of the concept within the context of alternative food networks in the UK [J]. Rural Stud, 27 (3), 322 - 330.

Moschini, G., L. Menapace, D. Pick, 2008. Geographical Indications and the Provision of Quality [J]. American Journal of Agricultural Economics 90 (3): 794 - 812.

Neilson, J., 2008. Global private regulation and value - chain restructuring in Indonesian small holder coffee systems [J]. World Development, 36 (9), 1607 - 1622.

Niederle, P. A., & Gelain, J., 2013. Geographical indications in Brazilian food markets: Quality conventions, institutionalization and path dependence [J]. Journal of Rural Social Sciences, 28 (1), 26 - 53.

Nieuwveld, L. B., 2007. Is this really about what we call our food or something else? The WTO food name case over the protection of geographical indications [J]. International Lawyer (41), 891.

N. S. Terblanehe, C. Boshoff, 2006. The relationship between a satisfactory in – store shopping experience and retailer loyalty [J]. S. Afr. J. Bus. Manage, 37 (2): 33 – 43.

Ostrom, E. , 1990. Governing the commons: The evolution of institutions for collective action [M]. Cambridge: Cambridge University Press.

Parasecoli, F. , &, Tasaki, A. , 2011. Shared meals and food fights: Geographical indications, rural development, and the environment [J]. Environment and Society, 2 (1), 106 – 123.

Porte, B. , &, Rochard, J. , 2012. Biodivine: Demonstrating the ties between biodiversity and landscapes in seven European vineyards [J]. Bulletin de l' OIV, 6, 2 – 10.

Raynaud, E, . Sauveeand L. Valceschini, E. , 2002. Governance of Agri – Food Chains as a Vector of Credibility for Quality Signalization in Europe, 10th EAAE Congress on Exploring Diversity in the European Agri – Food System, Zaragoza, Spain, August 28 – 31.

Reviron, S. , Thevenod – Mottet, E. , and Benni N. , 2009, Geographical indications: Creation and distribution of economic value in developing countries, Working Paper 2009/14, NCCR Trade Regulation.

Riccheri, M. , Gorlach, B. , Schlegel, S. , et al. , 2006. Assessing the Applicability of Geographical Indications as a Means to Improve Environmental Quality in Affected Ecosystems and the Competitiveness of Agricultural Products. European Commission Project, Impacts of the IPR Rules on Sustainable Development.

Ricky Conneely, Marie Mahon. , 2015. Protected geographical indications: Institutional roles in food systems governance and rural development [J]. Geoforum. (60) . 14 – 21.

Sanz – Canada, J. , Coq – Huelva, D. , Sánchez – Escobar, F. , 2012. Environmen – tal and territorial problems of the Spanish olive oil sector and priorities for research and innovation: a Delphi analysis. In: Arfini, F. , Mancini, M. C. , Donati, M. (Eds.), Local agri – food systems in a global world: market, social and environmental challenges [M]. Cambridge: Cambridge scholars publishing, 173 - 193.

Sarah Bowen a, Ana Valenzuela Zapata. , 2009. Geographical indications, terroir, and socioeconomic and ecological sustainability: The case of tequila [J]. Journal of Rural Studies, 25 (1), 108 - 119.

Scudeller, A. , 2009. Les produits sous indications ge'ographiques. Avantages et inconve'nients pour les producteurs; le ro˘le des institutions re' gionales et locales. In Y. Tekelioglu, H. Ilbert, & S. Tozanli (Eds.), 67 - 71.

Shavell. Ross, 1987. The Economics Theory of Agency: the Principal's Problem [J]. American Economic Review (63): 134 - 139.

Sheth J N, Bruce I, Newman, 1991. Why we buy what we buy: A theory of consumption values [J].Journal of Business Research, 22 (4): 159 - 170.

Slvander, B. , Allaire, G. , Belletti, G. , et al. , 2006. Les dispositifs franc, ais et europe'ens de protection de la qualite' et de l'origine dans le contexte de l' OMC: justifications ge 'ne' rales et contextes nationaux [J]. Revue canadienne des sciences re'gionales, 29 (1), 43 - 54.

Smith, A. , 2008. The politics of food labeling: Europe, the New World, and the WTO. In W. Genieys, & M. Smyrl (Eds.), Elites, ideas, and the evolution of public policy [M]. New York: Palgrave - MacMillan: 67 - 84.

Stigler, G. J. , 1964. Public regulation of the securities markets [J]. Journal of Business, 37: 117 - 142.

Sweeney C Jillian, Soutar N Geoffrey, 2001. Consumer perceived value: The development of a multiple item scale [J].Journal of Retailing, 77 (2): 203 - 220.

Sylvander, B. , Isla, A. , & Wallet, F. , 2011. Under what conditions Geographical Indications protection schemes can be considered as public goods for sustainable development. In A. Torre, & J. - B. Traversac (Eds.), Territorial governance. Local development, rural areas and agrofood systems. Heidelberg: Physica Verlag.

Teuber, R., 2011. Consumers' and producers' expectations towards geographical indications: empirical evidence for a German case study [J]. Br. Food J, 113 (7), 900 – 918.

The' venod – Mottet, E., 2010. Geographical indications and biodiversity. In S. Lockie, & D. Carpenter (Eds.), Agriculture, biodiversity and markets. Livelihoods and agroecology in comparative perspective [M]. London: Earthscan: 201 – 213.

Tregear, A., Arfini, F., Belletti, G., & Marescotti, A., 2007. Regional foods and rural develop – ment: the role of product qualification [J]. Journal of Rural Studies, 23 (1), 12 – 22.

Umberger W. J., Feuz D. M., Calkins C. R, 2003. Country – of – origin labeling of beef products: U. S. Consumers' perceptions [J]. Journal of Food Distribution Research, 34.

van Caenegem, W., 2003. Registered geographical indications. Between intellectual property and rural policy – Part I [J]. The Journal of World Intellectual Property, 6 (5), 699 – 719.

Vanni, F., 2013. Agriculture and public goods: The role of collective action [M]. Netherlands: Springer.

Verbeke, W., & Roosen, J., 2009. Market differentiation potential of country – of – origin, quality and traceability labeling [J]. Estey Centre Journal of International Law and Trade Policy, 10 (1), 20 – 35.

Vittori, M., 2010. The international debate on geographical indications (GIs): The point of view of the global coalition of GI producers [J]. Journal of World Intellectual Property, 13 (2), 304 – 314.

Zago M. A., & D. Pick., 2004. Labeling Policies in Food Markets: Private Incentives, Public Intervention, and Welfare Effects [J]. Journal of Agricultural and Resource Economics 29 (1): 150 – 165.

后记 POSTSCRIPT /////////

本书写作的初衷在于：纵观国内外的相关研究，众多学者已经对"地理标志"进行了大量的开拓性的研究。研究着重体现在法学领域，研究的内容主要集中在地理标志法律保护制度研究。虽然也有学者从品牌、产业发展、经济效益等角度对地理标志进行了较为深入地研究，并在一定程度上有力地解释了地理标志所带来的附加价值，但从现有研究的内容来看，从经济学领域对地理标志的研究并不成系统。如何基于对地理标志农产品的发展现状，从生产和消费两方面讨论地理标志发展的相关机理，进而分析地理标志农产品的发展路径是理论研究需要探讨的领域。

本书结合行为理论、质量控制理论以及经济学的相关理论，以黄山地理标志茶产业为例，分析了生产者的认知和质量控制行为、消费者的认知与购买行为、生产者和消费者对当前监管政策的响应，为地理标志农产品的经济发展和监管政策的制定提供理论支撑。在写作过程中，本书大部分的观点得到了严密的论证，并已经成为作者的多篇学术论文公开发表，希望本书的读者能够从中获得些许收获。

本书得到了教育部人文社科项目"农业产业集群视角下

地理标志的生产者行为研究"（项目编号：14YJC790126）、安徽省哲学社会科学规划项目"农业产业集群视角下地理标志治理中的群体异质性研究"（项目编号：AHSKY2016D97）的资助。在本书的成书过程中，感谢我的两位研究生王丹丹和唐静参与了部分章节的研究，其中王丹丹提供了第四章的初稿（2.5 万字），唐静提供了第六章的初稿（3 万字）。

本书从经济学视角对地理标志的发展进行了有益的探索，同时，难免存在许多不足和疏漏之处，恳请同行专家和读者进行批评和指正。

王艳荣

2019 年 9 月于牛津大学中国中心

图书在版编目（CIP）数据

地理标志农产品发展的经济学研究：以黄山地理标志茶产业为例／王艳荣等著 . —北京：中国农业出版社，2020.12
ISBN 978 - 7 - 109 - 27665 - 9

Ⅰ.①地… Ⅱ.①王… Ⅲ.①茶业－地理－标志－研究－黄山市 Ⅳ.①F326.12

中国版本图书馆 CIP 数据核字（2020）第 253312 号

中国农业出版社出版
地址：北京市朝阳区麦子店街 18 号楼
邮编：100125
责任编辑：陈 亭
版式设计：王 晨 责任校对：吴丽婷
印刷：北京印刷一厂
版次：2020 年 12 月第 1 版
印次：2020 年 12 月北京第 1 次印刷
发行：新华书店北京发行所
开本：850mm×1168mm 1/32
印张：8.75
字数：230 千字
定价：69.00 元
